中国鱼

一个鱼头和千岛湖的故事

郑家平 屈波 ◎ 著

中国经济出版社
CHINA ECONOMIC PUBLISHING HOUSE

北京

图书在版编目（CIP）数据

中国鱼：一个鱼头和千岛湖的故事/郑家平，屈波著．
—北京：中国经济出版社，2019.9
ISBN 978-7-5136-5739-6

Ⅰ.①中… Ⅱ.①郑… ②屈… Ⅲ.①渔业经济—企业经营管理—经验—淳安县 Ⅳ.①F326.475.54

中国版本图书馆 CIP 数据核字（2019）第 120373 号

策划编辑	崔姜薇
责任编辑	张　博
特约编辑	宋甜甜
责任印制	马小宾
封面设计	任燕飞装帧设计工作室

出版发行	中国经济出版社
印 刷 者	北京富泰印刷有限责任公司
经 销 者	各地新华书店
开　　本	787mm×1092mm　1/16
印　　张	22.5
字　　数	213 千字
版　　次	2019 年 9 月第 1 版
印　　次	2019 年 9 月第 2 次
定　　价	98.00 元

广告经营许可证　京西工商广字第 8179 号

中国经济出版社 网址 www.economyph.com 社书 北京市西城区百万庄北街 3 号 邮编 100037
本版图书如存在印装质量问题，请与本社发行中心联系调换（联系电话：010-68330607）

版权所有　盗版必究（举报电话：010-68355416　010-68319282）
国家版权局反盗版举报中心（举报电话：12390）　　服务热线：010-88386794

一湖千岛，承载着一座城的经济；
一鱼万利，游出中国的产业奇迹。

追求商业与环境和谐和美之道，展现人与自然共存共赢情怀；
值得称道的发展模式，当之无愧的"中国鱼"。

目录

第一章　康美淳安

　　第一节　国家生态县 / 2
　　第二节　梦里千年桃花源 / 7
　　第三节　天下第一秀水 / 12
　　第四节　守护绿水青山 / 16
　　第五节　碧波芳华 / 21
　　媒体链接：水上人家 / 27

第二章　路在何方

　　第一节　多元化困局 / 33
　　第二节　追鱼追梦 / 37
　　第三节　让鱼活着往外卖 / 43
　　第四节　"淳"牌诞生 / 51
　　第五节　有机的、原生的 / 55
　　媒体链接：通过水花辨别鱼群，是真的吗？ / 62

第三章　以鱼名湖

　　第一节　鱼鲜也怕巷子深 / 69

第二节 媒体喊出了"中国第一鱼" / 74

第三节 畅游全国，跃进香港 / 79

第四节 低成本创意营销 / 87

第五节 全渠道联动 / 91

媒体链接：一条鱼的营销故事 / 100

第四章　畅游的烦恼

第一节 限量供应 / 107

第二节 "洗澡鱼"的忧虑 / 112

第三节 提价带来的质变 / 118

第四节 非常时期非常营销 / 125

第五节 "淳"鱼代言人风波 / 128

媒体链接：爱跳的鱼 / 134

第五章　鱼水之恋

第一节 创立保水渔业 / 143

第二节 没有尽头的水质保卫战 / 151

第三节 以鱼护水 / 156

第四节 可持续的渔业 / 161

第五节 千岛湖上放鱼节 / 165

媒体链接：把鲢鱼和鳙鱼请回来 / 171

第六章　鱼头大时代

第一节 打响鱼头品牌 / 181

第二节 让鱼有滋有味 / 186

第三节 一道菜兴起一家餐馆 / 190

第四节 徽府"太白鱼头" / 198

第五节 "淳"鱼旗舰编队 / 203

媒体链接：千岛湖卖鱼先卖头 / 209

第七章　享受的不仅是美味

　　第一节　做一天渔民 / 215
　　第二节　中国鱼拓 / 223
　　第三节　一条鱼跳出财富来 / 231
　　第四节　"淳"鱼休闲食品 / 235
　　第五节　黑色黄金 / 239
　　媒体链接：复活的鱼 / 244

第八章　生态文明时代的产业标杆

　　第一节　"两山"实践 / 251
　　第二节　感动淳鱼奖 / 257
　　第三节　庖丁解鱼 / 263
　　第四节　从品牌到IP / 268
　　第五节　试错和试对 / 278
　　第六节　让世界记住千岛湖的味道 / 285
　　媒体链接：千鱼千寻 / 290

第九章　淳鱼密码

　　第一节　为生态而生 / 302
　　第二节　为市场而生 / 305
　　第三节　为创意而生 / 308
　　第四节　为文化而生 / 311
　　第五节　为梦想而生 / 314
　　第六节　为时代而生 / 316
　　媒体链接：破浪前行　筑就一流品牌 / 321

　　后　记 / 331
　　附录：淳鱼回眸 / 334

一次深刻而翔实的记录
商业与环境的高端对话

序：一条"鱼"的进化之旅

我与千岛湖的渊源可谓不浅。

1999年的时候，我与朋友在千岛湖的东南湖区"买下"了一片临水的山地——类似于"半岛"，说是"买下"，其实是一次性付款，拥有50年的租赁使用权，我与这片山水的缘分就此结下。那时，千岛湖依然保持着较为传统的渔业发展模式，养鱼、打鱼、卖鱼，周而复始，没有任何特别之处。这个山水秀美的地方除了旅游之外，似乎看不到产生任何其他经济支柱的可能。

之后的十几年中，我每年都会抽一些时间到"半岛"上稍作休憩，也多少知晓了此地商业的一些变化，譬如此前都随意丢弃的千岛湖鱼头被打造成了一道名吃，常常会有外地的朋友慕名而来，我这"半个"千岛湖人免不了做回东道主。但除此之外，我仍未对千岛湖的渔业发展有更深的了解。

2012年，一次偶然的机会，我与杭州千岛湖发展集团有限公司有过一次短暂的接触，当时蓝狮子的签约作家屈波正好对千岛湖的相关选题非常感兴趣，于是一本关于"千岛湖有机鱼"的书大致有了框架。当时千发集团的汪建敏先生告诉我，千岛湖有机鱼已经算得上中国有机鱼的第一品牌，围绕此品牌产生的销售额每年可达到十亿元。我不禁大吃一惊，也对这个"在十几年间做到行业品牌第一"的故事产生了浓厚的兴趣。

要了解千岛湖有机鱼的价值和意义，首先需要知晓这样一个现实：在三十多年中国经济快速发展过程中，更多的成绩体现在工商业领域，而农业的产业化在长期以来都显得相对滞后且缺乏路径。尽管也出现了诸如"希望"

和"通威"等品牌，但都是在相对工业化的饲料行业，真正的第一产业仍然停留在非常传统的发展模式上。这种情况的出现有其必然性，农产品的天然属性使其不具备像工业产品那样标准化、定制化的可能，在产业化经营和品牌塑造上存在先天弱势，也因此无法享受品牌溢价带来的收益。直到今天，这似乎仍是制约中国农业进一步向深层次发展的重要难题。

而当读完《中国鱼》的书稿后，我意识到千发集团十几年时间的实践确实可作为中国农业进行"品牌塑造与产业升级"的一个范本来加以看待，而且它的价值甚至远不止于此。在这个意义上，它被称为"中国鱼"当之无愧。通过文中记叙可得知，千岛湖有机鱼其实是最为普通的鲢鱼、鳙鱼，是政府为净化水质而投放于千岛湖中的"功用性"鱼种，也一度是廉价鱼的代名词。而就是这样的"产品"，被千发集团打造成了"中国第一鱼"，这背后的智慧不能不令人击节叹赏。

我个人认为，这其中有两点对行业最具启发性意义。

第一，如何成功塑造一个品牌？

首先，千发集团应该是行业内比较早开始"品牌觉醒"的公司，在充分认识到自身的区位优势后主动打"千岛湖"的产地牌，这让"淳"牌有机鱼一下子脱颖而出，确立了自己的"高端产品"形象，并有效区隔了低端产品的竞争。其次，主动制定标准。有句话是这么讲的，"一流企业卖标准，二流企业卖技术，三流企业卖产品"，千发集团在发展过程中曾遇到过一系列问题，然而他们变被动为主动，成为标准的制定者。例如，在全国范围内指定经销酒店，进行高端酒店的直营直销，建立全国统一的价格体系和质量追溯制度，为客户建立档案，进行客户评等定级，并对客户进行餐饮培训……这些首创之举更加巩固了"淳"牌有机鱼的高端地位。

第二，如何实现产业升级？

由于农业产品有其产量的局限性，并且要兼顾环境等因素，不可能无限量生产，因此发展到一定阶段必然会遭遇"瓶颈"。而在这个问题上，千发集团给出的答案在我看来是"向体验经济的转型"。美国学者约瑟夫·派恩（B. Joseph Pine II）和詹姆斯·吉尔摩（James H. Gilmore）两人曾在他们的著作中提出了"体验经济"的概念，并预言这将是服务经济之后的一种主要经济形态，他们的观点在今天逐步得到印证。而千发集团主动打造"以淳鱼文化为统领、以淳鱼产业为核心"的完整产业链，开展"鱼拓艺术""巨网捕鱼""有机鱼文化节"等一系列体验性活动，熔文化、创意、旅游与餐饮于一炉，很好地体现了可持续性发展的理念与要求，也带来了非常可观的经济效益。

近年来，农产品领域暴露的一系列问题让人忧心，如何实现农产品的绿色、安全且保证从业者的收益，成为全社会都普遍关注的话题。在这种背景下，阅读"千岛湖有机鱼"的故事，是让人心生欣慰的。中国农业的产业升级之路，有赖于包括千发集团在内的众多企业的探索与实践，也有赖于我们每一个人的关注和支持。

千岛湖，水美人淳，风光江南第一。作为半个千岛湖人，我是越来越爱那片山水。期待大家阅读此书之后，闲来一游，放下尘间俗事，携友独行，观景品鱼，不亦乐乎。

是为序。

著名财经作家　蓝狮子财经出版人

前言 Preface

2012年初夏，因为一个偶然的机会，我前往浙江千岛湖体验生活。千岛湖位于浙江省淳安县境内，水质优良，湖区面积573平方公里，相当于一个新加坡的面积，是闻名遐迩的休闲度假胜地。那段日子里，我时常乘坐快艇驰骋于水天之间，有时也跟着当地一家渔业公司的捕捞队在湖面上作业，兴奋得像个孩子。我想，即使是厌倦生活的人，也会为千岛湖的湖光山色所感动，尤其是在今天快速变迁的中国，人们已经很难近距离地接触一方纯粹原生态的净土了。

不过真正让我大开眼界的，不仅是千岛湖的天生丽质，还有当地的渔业。与很多人一样，此前我只是在餐桌上遇到鱼，然后夸赞它的美味，从来不曾了解过一条鱼究竟是怎样"游"上餐桌的，更没有机会去全方位地了解渔业。在千岛湖，我平生第一次知道了什么叫现代渔业。

本书的主人公是再普通不过的淡水鱼——鲢鱼和鳙鱼，很多年前，当地人称之为花白鲢、鲢鱼头，由此可见它的地位。但多少有些幸运的是，它生活在千岛湖，更幸运的是，它遇到了一群真正热爱鱼、痴迷鱼、经营鱼，并以鱼为终身事业的人。在后者的点化下，鲢鱼家族中的每一个成员都不再寻常，确切地说，它们在市场上出尽了风头。

这是一条满身荣耀的鱼，也是一条屡次开创并保持行业纪录的鱼。它是中国第一条有商标的鱼，第一条得到认证的有机鱼，第一条获得中国驰名商标的鱼，第一条被批准原产地域产品保护的鱼。它还是一条以环保为使命的鱼，一条采用工业化、市场化方式运作的鱼，一条文化鱼。围绕着这条鱼，为把它送上淡水鱼行业的顶峰，千岛湖的渔业人员几乎穷尽了所有的智慧。不仅如此，它还带动了一个产业，拉动了养殖、管护、捕捞、科研、销售、餐饮、加工、旅游、文创等多个领域。与此同时，它也为区域经济的影响力和辐射力注入了新鲜的元素。

更为令人瞩目的是，它还是一条充分体现生态文明与和谐共生的鱼，围绕它所诞生的一整套商业模式，其借鉴意义其实已远远超出了渔业这一领域。或许正因为如此，它自身也获得了源源不断的生命力。

到目前为止，我们从未像今天这样关心环境，关心空气质量，关心水，关心粮食和蔬菜，甚至关心每天早上醒来第一眼看到的天空的颜色。显然，全方位的、全民的环保意识已经启蒙，并正在迅速形成一股合力——任何一个角落的生态危机，都会在第一时间引起世人的关注。

相比西方发达国家，这一启蒙虽然来得较晚，几乎迟了半个多世纪，但终归是历史发展的必然。中国的现实远比其他任何一个国家都要复杂得多。一方面，经济要发展，14亿人口渴望快速提高生活水平，在这种背景下，如何搭上工业化、商业化、全球化的快车是当务之急，"一万年太久，只争朝夕"，为此而付出透支环境的代价在所难免；但另一方面，今天的中国作为全球第二大经济体，用30年的时间普遍解决了温饱问题，这时候人们猛然发现，生态环境直接关系着每一个人的幸福。在生活水平日渐提高的同时，我们急切地渴盼诗意的栖居。

可以断言，没有人愿意看到一个环境恶化的家园。那种不计后果，只顾一时眼前利益，以掠夺和破坏自然环境为代价的发展是愚蠢的，是得不偿失的。为了我们自身，为了子孙后代的可持续发展，一个无法绕开的命题随之浮出水面：21世纪的我们将如何开展商业活动？

诚然，商业的发展给人们的生活带来了巨大的福利，最大限度地拓展了人类的生存空间，没有人可以逃离商业，也无法阻挡商业的巨轮。但问题的关键是，我们能否找到一条既能够赚钱、能够扩张，同时又有利于环境恢复，与环境保持友好关系的商业之路呢？答案或许就在本书所讲述的千岛湖一家渔业公司——杭州千岛湖发展集团有限公司，它那长达 20 年的商业实践里。

这家公司的生存逻辑非常特殊。作为渔业资源的经营者，如果没有一流的水环境，它所经营的鱼不可能在市场上大行其道，但如果仅仅是水质好，而不善于捕捉商机、不善于巧妙地运用市场规则，它的产品也依然不会成为赢家。其中的奥秘在于，这家公司必须掌握好环境和商业的平衡，首先要生存下来，并对环境有所帮助，同时在市场上找到自己应有的位置。

或许正是因为成长基因有着与一般公司的本质差异，这家公司最终催生了一整套有别于普通商业的运营方式，形成了良性循环。这家公司不仅在市场上获得了持续的可观回报，同时也奠定了可持续发展的基石。从这个意义上说，本书的意图并不在于讲述一个简单的财富故事。

正如西方一位环境经济学家所说："为创造一个持久的社会，我们需要建立一套商业和生产体系，在该体系中，每一个环节都具有内在的可持续性和可恢复性。企业需要将经济、生物和人类的各个系统统一为一个整体，从而开辟出一条商业可持续发展的道路。但除非我们重新设计商业运行机制，否则我们不可能完全成功。"本书想真正探讨的，恰恰是这家渔业公司的运行方式。

当然，设计一套合理而健康、积极又有效的商业运行机制远比想象中要复杂且困难得多。如同环境保护一样，这种机制的形成需要理念的更新，需要适宜的环境，需要长期的探索与实践，更需要勇气和智慧。不过，至少从这家渔业公司身上，我们可以看到，在环境保护面前，商业并非总扮演破坏性的角色，完全可以成为维护环境的积极力量，使人与自然的关系变得更加和谐与持久。

任何真正的改变都首先来自观念的革新。这些年来，拜商业所赐，一方面，我们不知节制地向自然索取财富，我们熟悉了市场、精通价值规律，快速发展的科技将我们送达地球上每一个有利用价值的角落；但另一方面，空气质量下降，青山变色，河流呜咽，工业化的后遗症无处不在，也就是人们所常说的"发展的代价",而这一切看起来似乎无法避免,哪怕前方注定是一场无言的灾难。因为商业的诱惑,我们常常无暇顾及暗自哭泣的自然,即使是后者突如其来的报复,仿佛也只是一种暂时的提醒。如今的我们有一种根深蒂固的观念,即商业的逻辑高于一切。

我们忽略了另一个更重要的系统——生态环境,它同样是有生命的。生态环境虽然有着超乎我们想象的包容性和自我修复能力,然而一旦其不堪重负,由量变发展到质变,也比所有人想象中的要脆弱得多。我们没有必要走西方国家"先污染后治理"的老路。

梦想可以建立在坚实的堤岸上,也可以建立在松软的沙滩上,现实中的我们只能选择其中一种。这里所说的我们,包括每一个从事商业的领导者和管理者,也包括政府决策者,更是每一个人。试想一下,如果我们不能创造出一个"商业与环境并行不悖的世界",我们的前行又有何意义?如果我们不能确保每一片青山绿水数年之后依然存在,我们的梦想又将何以寄托?

简单地说,在这本书里,我更愿意将千岛湖看作我们生存的环境,某种意义上它是一种泛指,是人类理想生存家园的缩影和象征;而千岛湖的渔业则代表商业的运行方式。恰好是在淳安,我看到了这两种力量的高度契合,也就是之后将反复讲到的可持续商业。

随着对千岛湖渔业了解的深入,我进一步看到了某种希望,那就是如果我们早一天摆脱或缓解商业与环境的对立关系,用智慧而不是用无尽的欲望发展商业,未来的世界将是美好的。

在本书中,通过一条鱼起伏跌宕的旅程,我们或许会看到有两条路摆在面前:一条是以环境恶化为代价的经济发展,可以肯定地说,这是一条不归路,穷途只是时间早晚而已;另一条则是在商业发展和生态环境之间找到最佳的平衡点,以实现真正意义上的可持续发展。这条路虽然崎岖,但充满希望。

随着这条鱼的轨迹,我们将共同进入千岛湖和一条鱼的世界。在这个鱼和水的世界里,透过这条鱼,我们将看到一个更加立体的千岛湖。千岛湖赋予了这条鱼灵气和生机,而这条鱼也极大地丰富了千岛湖的文化内涵和体验价值，二者建立起了难得一见的共生关系。

事实上，本书所讲述的这条鱼并不拘泥于任何一种固定的形态，它几乎无时无刻不在变化中游动——它时而是自然的鱼，时而是环保的鱼，时而是品牌的鱼，时而是市场的鱼，时而又是文化的鱼；它是具体的，也是抽象的。随着故事的展开，我们还将看到，这条鱼不仅仅是生活在千岛湖里，确切地说，千岛湖只是它的故事开始的地方，是鱼的故乡，而这个故事本身并没有终点。

夏日的某个午后，我随捕捞船满载而归，船停靠在一个小岛边的队部里——队部是流动的，捕捞队员以湖为家。傍晚时分，我独自坐在船头看风景。四周一片空寂，一只山鹰出现在半空中，它时而展翅滑翔，时而俯冲湖面掠食，丝毫没有在意人类的存在，此时的天空、湖水、小岛和山鹰，不经意间构成了一幅动静相宜的图景。而此刻的船上，渔业工人们正为一天的收获喜悦着。

"此中有真意，欲辨已忘言"，故事就从这里开始吧。

01 CHAPTER
第一章
康美淳安

静谧的清晨,朝阳从山间迸射出第一道光,
穿过薄雾萦绕的千岛湖,氤氲中浮现无数翠岛,层层叠叠与天际相连。
小鸟飞过湖面,歌声在岛屿间回荡,忽远忽近,
弥漫在沁人心脾的空气里。不用过多文字修饰,
只要镜头任意对准某一个角落,都是一帧完美的大片。

每天早上，当小镇还没有完全从睡梦中苏醒时，千岛湖畔的一个山坳里就已经是一派繁忙的景象了。

山坳里隐蔽着一座码头，此时正车来车往，人车的喧闹声打破了拂晓的宁静。尤为引人注目的是，岸边的网箱里翻滚着一条条活蹦乱跳、黝黑发亮的鳙鱼，洁净、健硕而充满活力，随便一条就有十多斤重。只见熟练的渔工们将一条条活鱼从网箱里捞出，再用升降运输机带水进行自动过磅，之后鱼和水直接滑入早已等候在路边的为配送车装备的活鱼水箱里，一车最多可以装上万公斤。这些习惯了在湖里自由遨游的鳙鱼非常听话，生存能力极强。随后，它们将乘车游向全国，近至浙江的杭州、宁波、嘉兴，还有上海，远至江苏、福建等地，最远的会到北京、广东、西安、香港，它们有一个共同的名字——作为商品他们的商标就是淳安县的"淳"鱼。在商家眼里，"淳"鱼就代表源源不断的财富。

几天之后，这些鱼将出现在中国经济最活跃城市的宴席上，成为一道压轴的美味。某种意义上，"淳"鱼是千岛湖乃至淳安的最佳形象大使，有它们的地方，人们就会自然地谈起千岛湖，想起淳安。此时的食客们早已忘记，他们所品尝的美味原本只是一条再平常不过的淡水鱼。

那么，这条"淳"鱼究竟有什么魔力呢？要解开这个谜，让我们不妨先走进淳安，看看这方水土的模样，泛舟湖上，感受一下穿越千年的悠远渔歌。

第一节　国家生态县

淳安人喜欢以"上海和杭州的后花园"来形容自己，虽然伴随千岛湖的知名度日益攀升，淳安早已名扬天下，但从地理辐射的地缘关系来看，这样的形容是不无道理的。在一幅比例为1∶100万的中国地图上，位于浙江省西部的淳安是一个极易被忽略的小圆点，但实际上，淳安是浙江省面积最大的一个县，举世闻名的千岛湖就坐落在她的怀抱之中。这里是有着"国际花园城市""国家卫生城市""中国魅力自然生态名镇""国家5A级旅游景区""中国宜居城市""国家级生态县"等多项国家级生态环境桂冠的旅游名胜区。

如果你乘高铁从杭州出发，驶向西南偏西方向，窗外的风景将很快淹没在绿色中，此时你将看到另一个版本的山水浙江，与经济发达的杭嘉湖平原不同，也与民营经济异常活跃的宁绍平原、温台地区不同，沿途不无几分诗意：延绵的青山，大片的竹林，稀疏的村落，时隐时现的河流，短短1小时车程，如果青山掩映下的一大片水面突然映入你的眼帘，不用说，千岛湖到了。

被誉为"天下第一秀水"的千岛湖

进入淳安，你会第一时间发现，整个环境俨然是一个天然的生态王国。你或许会感到有些意外，在中国经济最活跃的浙江省，在长江三角洲的腹地，在大上海的都市圈边缘，原来还精心镶嵌着一颗晶莹剔透的山水明珠，一个如同新生儿般保留着天然生态的地理空间，这里足以放松都市人的神经,使你片刻忘记那些生活中的烦恼,忘记那些常年不得不忍受的喧嚣和嘈杂,重新找回一个充满活力的自我。在这里,你将很快地与自然融为一体,生活不再显得沉重。

沿湖进入淳安县城的所在地千岛湖镇,你会发现,这里其实也是一个清雅幽静的小山城。千岛湖镇是淳安县的政治、经济、文化、交通和信息中心,1959年新安江水库形成后,淳、遂两县合并,两座县城相继成为泽国,人们在与古淳安县城贺城遥相对应的排岭半岛兴建了这样一座新城,当时就叫排岭镇,1991年9月方更名为千岛湖镇。千岛湖镇依湖而建,以湖命名,30年多年逐渐从一个湖边小镇发展成为著名的风景旅游城市。事实上,淳安不光有着纯净的千岛湖,因为山的背景,这里到处都散发着秀美之气。早上推开酒店的窗户,当你大口呼吸着微风送来的新鲜空气,注视着山间的晨雾如顽童般嬉戏于密林之中的时候,你会多少有些庆幸,并清醒地认识到,自己终于远离了都市。

中国林业集团党委书记、董事长宋权礼视察千发集团

淳安是一个天然的"大氧吧",生活在这里的人们,幸福指数丝毫不亚于那些拥挤在都市里的人,淳安人有句顺口溜"住的是湖景房,吃的是有机鱼,吸的是森林氧,喝的是山泉水",一种惬意与自豪溢于言表。漫步在小

镇街头,时间仿佛慢了下来,随处可以感受到当地人的怡淡与安逸,很多人过着朝九晚五的日子,脸上洋溢着知足的笑容,他们或许在镇上有一份固定的工作,或是经营着一份小生意,或是有一点自己的小爱好,他们对生活有着自己的理解,并以生活在这里而感到满足。

淳安多山。从空中俯瞰淳安,高耸的青山从安徽境内顺势而下,层峦叠嶂,继而几乎覆盖了整个淳安,山地面积占到全县面积的80%。这些山脉包夹着淳安,仅海拔超过1000米的就有80多座,山岭多呈东北—西南走向,几条主要山脉分向环拱四周,地形向中间逐渐低下,构成纵横如切的河谷、丘陵地带,使淳安成为一个盆地,故当地就有"八山半田分半水"之说。

淳安县位于中亚热带季风气候北缘,虽有太平洋副热带季风的影响,但因其有着广阔的森林覆盖和水面资源的调节作用,气候温暖湿润,雨量充沛,四季分明,光照也很充足,这里山体丛林密布,放眼望去,你很难看到裸露在外的土壤。山坡上大约分布着600多种乔木和灌木,形成了一个相对独立的生态系统。同时,这里也是各种野生动物的天堂。据《新安江开发志》记载,环抱千岛湖的山脉上分布着近20个林场,其中近80万亩为国有山林。2018年,全县森林覆盖率为76.82%,森林面积509.17万亩,活立木蓄积量2390.92万立方米,位居全省第一。单这一项指标,就超过世界上森林覆盖率最高的国家,如芬兰、瑞典、日本等。

走进淳安的农村,豁然开朗的山坳里,宽阔的溪水沿着长长的埠头潺潺而流,烟雨蒙蒙的溪面上,鸭子欢快嬉戏,还能看见游动的石斑鱼,白墙黑瓦的民房掩映在绿树丛中……这是一幅淳安农家的美丽"山居图"。实际上在淳安的日子里,我经常有机会体验淳安乡镇农村的普通生活,与住在千岛湖镇城里的人们不同,这里的生活节奏要更舒缓安逸,同时也并不缺乏现代气息,由于近年来大力发展乡村旅游的关系,农村中卫生条件普遍都很好,地上干净,水也清灵,甚至还有一些接待条件不错的民宿群落、餐馆酒肆。偌大的淳安,便捷的交通把每一个乡村联系在一起,村村是景,处处宜人。

一个地区的饮食习惯与该区域的地理位置、自然生态、生产环境及出产相关,俗话说"一方水土养一方人",淳安的山地多适合种玉米、番薯,这也形成了淳安人特有的饮食习惯和风俗。淳安有几样特有的美食让我感受很深，比如淳安的米羹，这是一种用大米、干菜、豆腐配以辣椒制成的主食，还有就是苞芦粿，是一种玉米做的饼，好客的淳安人都会向客人推荐这些当地特色美食。四五个朋友，加上两三道湖中鱼鲜，几杯杨梅酒，淳安人能海阔天空地和你聊上半天。淳安饮食习惯在杭州周边的县市是非常少有的，尽管如今的千岛湖地区酒店、大厦林立，现代的气息不亚于那些大都市，而那种质朴的民风，却时常让我与淳安的这个"淳"字联系在一起，让我相信有些历史传统与现代文明在同一个空间可以并行不悖。

淳安共有23个乡镇，425个行政村，人口35.8万人。由于生态保护的需要，淳安限制了各类污染企业的发展，人们主要从事农业和旅游相关行业，高山茂林之间，每一条千岛湖的源流，就是一条经营带，形成了淳安县独特的"百源经济"，这里的人们普遍过

秀美的淳安乡村

上了富足的生活。将生态环境作为淳安经济发展最大的比较优势和最具竞争力的战略资源，把休闲旅游为主导的现代服务经济作为全县的首位经济，这是历届县政府做出的一种取舍，也是淳安几十万老百姓的一种坚守。"环境保护与经济发展并不对立矛盾，而是相辅相成、互促共进的，关键在于发展模式、发展路径、发展举措的选择。"这座城市的经营者们这样说，这种表述与本书所描述的淳鱼的崛起似乎有一种内在的契合。淳安曾经拒绝了300多亿元的投资项目，坚持绿色发展和生态富民，也许这正是这片神秘土地上的人们对于"经营"两个字更为独到的见解，是融入思想的发展基因。得失之间，有困顿中的艰难挣扎，我想更多的是高瞻远瞩的智慧和魄力。

近年来，随着治理观念的转变，特别是淳安免除GDP考核以来，人们突然发现，淳安县在区域生态中的贡献是如此重要。多年来，淳安县有意无意

形成的生态经济发展模式越来越被人们所推崇和借鉴。淳安在发展过程中的思考和取舍，构成了一部山水资源升级、生态效益转化的活教材。绕不开的劣势成为人们梦寐以求的优势，淳安走出了一条"生态立县"的特殊道路，形成了其在全国县域经济中的特殊地位。

第二节 梦里千年桃花源

在淳安，人们常说"普通的淳安县，特殊的千岛湖"。其实，淳安并不普通，淳安有着悠远的历史，灿烂的民俗和文化，这个浙西山区的小县承载着足够的时代积淀，经得起回味和品评。淳安人对"家园"两个字有极其深刻的领悟，这个有着1800多年历史的古县，是随着南迁士族的脚步被写入这方土地最早的历史中的。"八山半田分半水"中"山多地少"的矛盾并没有给身怀中原文明和农耕文化的北方士族带来多少遗憾，相反地，其中"一分半的水"或为江河，或为溪流，虽然只占地域面积很少一部分，对于淳安来说却是灵魂。"普通的淳安县，特殊的千岛湖"，这句话在如今的淳安流传甚远，道出了千岛湖在淳安的重要地位。水是淳安的生命之源，"淳"鱼故事中的主角正是从碧波荡漾的千岛湖水中悠游而来，也是从1800多年文脉传承的历史长河中悠游而来。

公元208年，东汉建安十三年，赤壁之战的硝烟刚刚散去，东吴孙权以胜利者的姿态，派遣威武中郎将贺齐讨伐隶属丹阳郡的黟、歙等地，贺齐其人胆识超群，勇猛过人，武艺高强，且英勇善战，深有谋略。当他率军溯新安江而上，大兵压境一举平定山越之

璀璨的淳安文化

时，分歙县东之叶乡置始新县，分歙县南之武强乡置新定县。这就是古淳安、古遂安建县之始了，自此贺齐被尊为建县鼻祖，历代都有贺庙传承。

淳安素有"锦峰秀旷"和"山水之乡"的美誉，为历代文人墨客所向往，留下了许多游纪诗篇。淳安文化发达，名人辈出，文物古迹众多，亦有"文献名邦"之称。民风重教，文人学士众多，著述蔚为大观。新都、新安时期，淳安是新安文化的中心。以后又吸收了吴越文化，发展、孕育成睦州文化，出现了"睦州诗派""淳安七子"，绵延数代，历史上只出现过蜀阜、石峡、瀛山等著名书院。南朝文学家沈约。唐代文学家及诗人皇甫松、方干等。宋代状元方逢辰、榜眼黄蜕、探花何梦桂。明代开国皇帝朱元璋也曾屯兵千亩田，明代"三元宰相"商辂，都是淳安历代名人。南宋著名理学家朱熹曾讲学瀛山书院，留下"问渠那得清如许，为有源头活水来"的佳句。明代著名清官海瑞曾任淳安知县四年。宋代文学家范仲淹等也曾到过淳安，留下许多名篇佳作和文物古迹。

古老的贺城侧畔，一条浩淼的大江记录下了淳安的历史繁华，这条大江就是新安江。新安江全长373公里，发源于徽州（今安徽黄山市）休宁县境内，从西北方向横贯淳安全境，之后流向杭州的建德与兰江汇合，东北流向钱塘江，汇入东海。新安江是钱塘江的正源，流域面积1.1万平方公里，江水四季澄碧，令人心旷神怡。

历经人文浸润的新安江在淳安县境内的这一段被称为青溪，流域内雨量充沛，植被茂密，水流含沙量小，清澈见底。新安江的景色历来为世人所称道，唐朝诗人孟浩然曾如此咏叹："湖经洞庭阔，江入新安清"，大诗人李白当年曾在浙皖一带寻仙访友，看到新安江后，即兴写下了"清溪清我心，水色异诸水，借问新安江，见底何如此，人行明镜中，鸟度屏风里"的诗句。中国台湾作家龙应台在《大江大海》里，曾讲述过一段这样的故事：龙应台的母亲是淳安人，后因战乱流落台湾，思乡心切，从此不能见河，每逢见到河，她总是自言自语地说："这里的河哪里能跟我们老家的比，新安江的水呀，是透明的，第一层是细细的白沙，第二层是鹅卵石，然后是碧绿碧绿的水。抓鱼的时候，长裤脱下来，站在水里，把两个裤脚扎紧，这么往水里一捞,裤腿里满满是鱼……"

千百年来,时而水流湍急,时而平静如歌的新安江成为两岸人民的母亲河,不仅塑造了人们的生活方式,孕育了丰厚的文化底蕴,尤其是在明清时期,还拉开了徽州商人闯荡世界的序幕。

由于新安江水路便利直通杭州,为了改变命运,大批徽州人都曾带着家乡的土特产从新安江的某个码头出发,渐渐他们的足迹就将遍布大半个中国并远及海外,继而成为远贾他乡、纵横天下的商帮大戏的主角儿。在今天安徽歙县一个叫作渔梁坝的地方,我们仍可以穿越历史的时空,感受到当年徽州人转变身份弃农从商的勇气和热情。

渔梁坝是新安江上游最古老、规模最大的拦河坝,始建于唐,在中国水利史上,可与著名的成都都江堰相媲美。渔梁坝所在的渔梁镇原本只是个小村落,但后来却成了徽商外出经商往返的必经之路,也是府衙官员们外出的必经之道,因此有人称之为"徽商之源",今天这里虽已盛况不再,但小镇仍保留着原汁原味的传统风貌,当年的老街老巷、食肆旅店尽管已经斑驳,但仍历历在目。

从渔梁坝顺江而下,没有多远是另一个商业重镇——深渡镇。这里自古就是徽州通往杭州、上海,以至于福建以远的水上咽喉,也是一个重要的物资集散地。今天从深渡出发,再往下游走数十里水路,当你感觉到夹在两岸深山间的江面逐渐宽阔起来,继而波平如镜,水质更清,那么你就到达千岛湖了。

鸟瞰千岛湖捕捞队

在千岛湖一眼望不到边、点缀着千座岛屿的水面下，有两座值得淳安骄傲的古城——贺城和狮城。就在高峡出平湖的那一天，这两座古城几乎同时淹没在了水中，而且它们将永远成为名副其实的水下古城，那些几辈人都生活在古城中的百姓懂得，这是祖国建设的需要，为大家舍小家值得。但是他们的那份对故土的怀恋，那份无法割舍的情感，依然让人们一天天守着这片蓝色的湖水和水下的古城。

贺城曾为古淳安的县城，始建于汉代，位于新安江畔，一江清水在古城前缓缓流淌，同时也是徽商走水路东出的中转之地，浓郁徽州风格的建筑随处可见。狮城则是另一座古城遂安的县城，所处之地山势嵯峨，整体风格更为古朴。这两座古城都有着完整的时代风貌，至今皆已沉眠湖底——1959年，随着新安江水库的蓄水，原来的淳安与遂安合并为新淳安，贺城与狮城的昔日景象悄然化为一段传奇。

从1952年开始，新中国的水利发电建设总局就开始着手勘察新安江流域，准备进行规划开发。1956年正式下达了新安江水电站初步设计技术任务书。同年，国务院批准将国家第二个五年计划中的新安江水电站工程提前列入第一个五年计划，到这时人们终于知道，日子要有大变化了。即便大家对即将到来的变化无法想象，新安江水电站的建设依旧在如火如荼的进行着。新中国成立以后，随着国民经济的迅速恢复和发展，经济发达的长江三角洲地区尤其是上海的电力供需矛盾日趋突出，新安江水电站及水库建成后将有效解决这一问题。但水库一旦建成，就意味着贺城、狮城和周围的许多村镇将被永远淹没，随之而来的是数十万人的大迁移。1957年3月，随着第一车混凝土的浇筑，新安江水电站工程开始动工兴建。在国家统一安排下，29万待迁移民基本上都有了安置方案。除了一部分移居后靠到山上，大部分都被分散安置到了浙江、江西、安徽的各个地区，而大规模的搬迁都集中在了1959年。按照原来的计划，大坝将在1959年9月截流，水库开始蓄水。4月，新安江上游山洪暴发，导致新安江大坝疏导孔被堵，沿江乡镇被淹，数十万库区待迁移民接到了提前撤离的通知，他们几乎来不及带走任何东西，就被紧急转移到了各自的安置地，匆忙中许多世代为邻的老邻居连相互告别都没来得及。

新安江水电站

淳安人当年为支援国家建设付出了高昂的代价。在当时"多带新思想，少带旧家具"的号召下，淳安县49个乡镇、1377个自然村、耕地近31万亩、交通设施和公路干线若干条以及文物古迹1000多处顷刻间沉入湖底，上演了一幕幕悲欢离合、五味杂陈的人间故事。新安江水库的建设让当年的淳安一夜之间从富有走向了贫穷，粮食产量、农业总产值、财政收入直线下降，加之交通不便，去一趟杭州要提前一天备足干粮，日夜兼程，折腾两天时间。直到20世纪90年代，由于历史的原因，移民问题还一直困扰着当地政府。虽然往事不忍回首，但历史毕竟揭开了新的一页，生活要继续，美好的明天还是要靠双手来创造。

在如今的千岛湖小镇上行走，你也许会碰上一位叫余年春的老人，他耗时13年，易稿24次，全凭着手工在纸上复原了贺城和狮城的全貌，若非亲眼所见，你一定不会相信有这样一幅精致细腻的图画，图上每座建筑旁还注明了历史沿革、名胜古迹等相关信息。图中的每一户家庭都注明了门牌号码，甚至每户的家庭成员都被老人详细地记载了下来。对于地图上古城各建筑及居民家庭位置，老人进行了大量的走访和考证，他能拍着胸脯保证信息的准确性。对于水库移民和后裔，许多人内心都有着一份沉甸甸的思念。通过媒体采访、通过一件件当年的旧物，人们都在用心灵去探访这段历史，犹如平静湖面上的涟漪一样,一圈一圈扩散到所有淳安人的心里。

　　浙江经济的突飞猛进,不断创造着享誉全国的成绩,也曾一直让经济落后的淳安十分焦虑。淳安也曾想过很多办法,走了很多弯路。淳安县在经历"十年倒退、十年徘徊、十年恢复"之后,又经过了艰辛的"十年起步、十年爬坡、十年跨越、十年腾飞"的过程。国家战略的前瞻性引导,让人们逐渐从伐木取材、开山挖矿、钢铁冶炼等不可持续的发展方式中走出来。淳安要快速赶上临近县市的经济发展水平,走人家的老路是不行的,必须从自身条件出发,找到自己的章法。从1959到2019年的60年,淳安人民用勤劳智慧谱写一幕不断追寻梦里家园的时代大戏。如今让高峡出平湖的新安江水库,也就是今天的千岛湖,对淳安人来说,它的形成所引发的,不仅仅是一场地理形态的变化,也不仅仅是给了人们种种刻骨铭心的记忆,它更是一次人们对"家园"的重新定义和对生活方式的重新选择。当然,今天的我们也可以说,新安江水库终结了一段过去的传奇,将人们送往现代。

第三节　天下第一秀水

　　"青山不墨千秋画,碧水无弦万古琴。"这果真是千岛湖的写照!静谧的清晨,朝阳从山间迸射出第一道光,穿过薄雾萦绕的千岛湖,氤氲中浮现无数翠岛,层层叠叠与天际相连。小鸟飞过湖面,歌声在岛屿间回荡,忽远忽近,弥漫在沁人心脾的空气里。清风徐来,千岛湖面延起涟漪,波光灵动中,一条鱼儿用健硕的尾巴在湖面上划出了一道水花。千岛湖的美,也许不用过多的文字修饰,镜头任意对准某一个角落,似乎都能得到一张完美的照片。千岛湖的妙处,就妙在这绝秀的水;就妙在这绝翠的山;就妙在这朦胧、梦幻般的自然意境中!

　　千岛湖是特有的大森林、大湖面、小气候系统。夏季,浩渺的千岛湖水能吸收热量;冬季,千岛湖水会缓缓地释放热能。这让千岛湖地区夏无酷暑冬无严寒,形成了良好的生态环境。在淳安,千岛湖就是巨大的"空调"。

第一章 康美淳安 | 13

"天下第一秀水"摩崖石刻

淳安境内多山,四周有昱岭、白际山、千里岗三大山系环绕。春冬季节,北部的昱岭山脉和西部的白际山脉阻隔着寒流;夏秋季节,东南部的千里岗山脉不断产生出中小程度的天气影响,再加上中部千岛湖"湖泊效应"的影响,淳安县域之内光、热、水等要素综合状况明显优于其他地区。莽莽森林涵养水源,茫茫湖水又是广阔森林的护林卫士。这里年平均气温17℃,湖水温度14℃,湖水和空气的不同温差经常会给千岛湖带来绚丽多彩、变换迷离的雾森景观。据说,在一个相同的纬度线上,各个地区都会有类似淳安这样的个性鲜明而又非常适合人类生产、生活的地方。近年来,中央电视台《北纬30度》栏目就以这样的视角,对地球的这一纬度圈进行了常年的系列报道,这其中自然也包括淳安。

1959年新安江水坝蓄水之后,海拔108米(黄海标高)以下皆被淹没。而在湖区范围之内三大山系蜿蜒入境,迤逦起伏的崇山峻岭和丘陵低山,以其山高水漫的独特结合,无数山峦半淹湖水之中,形成星罗棋布、大小不一、风姿绰约的岛屿,出现环山的水和环水的山这样的岛屿奇观。千岛湖横跨两省(浙江、安徽)三县市(歙县、淳安、建德),整个淳安境内湖区东西长 60 公里，南北宽 50 公里，总面积 982 平方公里，水域面积 573 平方公里，水域开阔处达 10 平方公里，平均水深 34 米，最深处 100 多米，所有水域都归属淳安管理。千岛湖最大的岛屿是西南湖区的界首岛，面积为 1.98 万亩；最小的岛屿是中心湖区的龙珠岛，面积仅 3.8 亩。湖中以姥山岛的王字尖为最高，海拔 405.2 米，一般岛屿的高程都在海拔 110~250 米，淳安县已对其中的 235 座岛屿进行了命名。

20 世纪 80 年代初，政府曾对千岛湖岛屿进行过一次大普查，湖中有近 2000 座岛屿，按湖区常年水位，岛屿总面积 12.93 万亩，面积超过 2500 平方米的岛屿有 1078 座，"千岛湖"作为新安江水库的别称不胫而走。1981 年 6 月，浙江省人民政府召开了一次全省风景区工作座谈会，与会专家学者对新安江水库的自然风貌赞叹不已，特别是对给它起一个什么名字议论得非常热烈。有道是名正而言顺，行走在这样一幅人工与天然完美结合的山水杰作之中，很显然"新安江水库"已难以准确地表情达意。在浙江省建委一位老顾问余森文的提议下，最终在 1984 年 12 月 15 日，经省地名委员会批准，新安江水库风景区正式更名为"千岛湖"。1990 年，新县城排岭镇也顺利改名为千岛湖镇。新名字形神相映，让这一山水杰作名实相符。这画龙点睛的神来之笔，不仅让千岛湖这块璞玉灵光闪现，也让人们在对这新旧名字的品评中，更加深刻地理解到人与自然的和谐共生。

某种意义上，今天的淳安就是千岛湖，千岛湖就是淳安。没有千岛湖，淳安的新故事将无从谈起。千岛湖水晶莹透澈，不经任何处理即可饮用，由于新安江流域雨量充沛，植被茂密，森林面积达 84 万亩，水土流失极少，在淳安境内又没有工厂污染水源，千岛湖因此成了得天独厚的天然氧吧并且水体质量极佳。据有关部门测定，千岛湖水含沙量每立方米 7 克以下，是全国水库水含沙量最小的，其透明度接近 7~10 米，pH 值（酸碱度）常年在 6.9~7.9，属于弱碱性，水体溶解氧在 6 毫克/升以上，对人体和动物有害的悬浮物和重金属均未检出。曾几何时，"农夫山泉有点甜"的广告人尽皆知。不夸张地说，中国会议用水有一半用的就是产自千岛湖的农夫山泉。当年，新华社原社长穆青参观千岛湖时，为一湖秀色所倾倒，并将其赞誉为"天下第一秀水",这样的赞誉于千岛湖而言是当之无愧的。今天,穆青亲笔题写的这六个大字就镌刻东南湖区天池岛的一侧山体上,成为千岛湖的标志性景观。

　　除了丰富的山脉资源以外,千岛湖也堪称森林之国。淳安境内溪流纵横,山林中不乏瀑布飞泉,水域总面积90多万亩,占全县总面积的13.5%,而千岛湖则占全县水域总面积的87%,湖岸线蜿蜒900多公里。"人行明镜中,鸟度屏风里",李白诗中描写新安江的句子,景虽已迁,但情致相同。沿湖分布着大大小小数不清的库湾,处处皆可入画,年轻人如果想要沿湖骑行一圈则需要两三天的时间。湖水无处不在,从千岛湖镇的任何一个角落出发散步,你都会不经意地遇见湖,站在地势稍高一点的建筑上,你都可以看到湖,这座小镇正是在山水之间拔地而起,各种建筑不是依山,就是傍水,总之,生活在这里的人离不开湖,也没法离开,而千岛湖自然也是游客们的第一目的地。近年来,淳安着力打造环千岛湖环湖公路,这使得骑行一族可以沿着千岛湖一路游览,将湖光山色尽收眼底。千岛湖环线路况良好,风景如画,在淳杨线上有个路标,上面写着"进入临山傍水路段",对于城里人,光是这直白的路牌都觉得够诱惑,沿途景色有多美也就可想而知了。这一路上,还有一些颇具文化底蕴的地方,比如有朱元璋带兵驻足的"金鸡凉亭"、王氏宗祠,还有芹川村古民居等历史和人文景观。一路沿湖骑行,看着温柔的湖水感受习习的湖风,很是惬意。

　　或许是源自人类的天性,没有谁能够拒绝或者愿意拒绝来自那汪湖水的诱惑。千岛湖四季皆美,春天,漫山的野花盛开四野,各种小动物开始在树丛中探头探脑地活动起来,马尾松的花粉洒满了湖面,碧绿的湖水泛出一缕奶酪般的金黄;初夏,在亚热带季风的日夜吹拂下,风情万种的千岛湖已经准备好盛装登场了,游人开始像涨潮一样一天天多起来,人们在这里尽情地放松心情,赏湖、嬉湖水、吃湖鱼尝海鲜;深秋,层林尽染,群山披上了五彩嫁衣,湖水也映射出五色霓裳。冬天,千岛湖就成了候鸟的乐园,数百种鸟类,甚至一些珍稀鸟类品种都到这里栖息觅食,万鸟翔集,连那些习惯了长途迁徙的白鹤,到了千岛湖也不太情愿继续奔波了。

1959年4月，周总理亲自视察新安江水电站建设工地，对当时的建设者来说是莫大的激励。1963年11月4日，71岁的郭沫若先生来到新安江水库游览，欣喜之余为这座中国当时最大的水利工程题词赋诗。今天的淳安人介绍千岛湖时，常常会随口吟诵郭沫若当年的那首诗："西子三千个，群山已失高。峰峦成岛屿，平地卷波涛。电量夺天日，泽威绝旱涝。更生凭自力，排灌利农郊。"所谓"西子三千个"，是说千岛湖的水容量甚比3000多个西湖；"峰峦成岛屿"，是指千岛湖上散落着的那近两千个大小岛屿。

进入21世纪后，淳安越来越认识到一流的生态环境是自身发展最大的比较优势，既充分保护生态环境，也充分转化生态资源，大力发展以保水渔业为龙头的生态农业和以旅游业为龙头的新型服务业，以点带面全面启动一二三产融合发展。实践证明，这条路是环境保护与产业富民的最佳平衡点。山水资源、景观生态向富民惠民的"金山银山"转化，成为一项立体工程，淳安经济也随之脱胎换骨。淳安旅游发展独特的国有体制，其优势是能进行前瞻性布局，生态环境及资源的保护和经营上都能实现全面可控，发挥了全县一盘棋的综合效果。同时，随着千岛湖国家重点生态功能区建设的需要，特别是成为向杭州、嘉兴等都市供水的"大水缸"后，千岛湖展开博大胸怀，用自己的甘泉惠及千万市民。千岛湖的旅游接待功能也开始因势转变，淳安县顺势大力发展乡村旅游，实现观光旅游精品化、休闲度假高端化、农业旅游特色化、康体健身人本化的格局。如今，旅游产业实现覆盖全县，年接待游客突破1700多万人次的规模，旅游业已成为淳安最大的引擎产业。

第四节　守护绿水青山

水库建立以后，为了重新赢得生机，1962年浙江省政府决定成立一家公司，经营当时国有山林64万亩，水面80万亩，在此后数十年乃至今天淳安的经济发展中，这家公司一直扮演着举足轻重的角色。1962年1月6日，中共浙江省委 20 号文件中这家公司最早被命名为"新安江经济开发建设公司"。

公司大门

在公司组建期间,国家当时的国民经济发展较为落后,公司的生产、生活十分艰苦。根据党的"调整、巩固、充实、提高"八字方针,在县委和省市业务厅局的大力支持下,公司从各方面调进了一批干部,开发公司的职工队伍则由原本在县域之内世代捕鱼的渔民、世代养鱼的渔农及其他企业单位抽调的职工组成。部分职工的口粮供应也没有解决,边搞基建,边利用零星土地自力更生解决温饱。当年公司组建时,有干部、职工 423 人,下属捕捞队 2 个、鱼种场 8 个、林场 7 个、工厂 3 个。固定资产原值 28.3 万元。1965 年 9 月,经浙江省教育厅、省水产厅批准,公司创办了新安江水产学校,招收捕捞养殖专业 3 个班 120 人。1968 年 3 月 30 日,经淳安县革命委员会批准,公司更名为"淳安县新安江开发公司"。

公司成立之初,干部职工们团结一致,克服困难,开始艰苦的创业历程。当时他们确定的经营方针是"以渔为主,统一规划,多种经营,全面发展"。在这一方针的指导下,重点着手抓鱼种基地的建设。1962 年,程家 2 号库湾顺利建库,当年培育鱼种试验获得成功。为了解决每年从长江流域采购鲢、鳙鱼苗,长途运输成本高、劳动强度大、鱼苗成活率低的问题,1964年4月,公司组织渔业干部去四川长寿湖水库参观学习鲢鱼、鳙鱼、青鱼、草鱼类在水库天然产卵利用的经验和捕捞水库底层鱼以及除害鱼等经验。6月,公司首次利用水库成熟鲢鳙亲鱼进行人工催情、产卵、受精,孵化鱼苗396万尾,渔场自繁自育获得成功,结束了到外地采购鱼苗的历史。到1969年,共建成33个养鱼库塘,养鱼库湾面积3814亩。

公司当年还有一项重要任务就是绿化荒山。20世纪60年代初,千岛湖周边的模样与今日还不可同日而语,和中国的很多地方一样,库区周边的山林已被砍伐殆尽,森林植被覆盖率仅为23.6%。目睹此情此景,创业者们马上开始大面积封山育林,积极开展人工造林,加速荒山绿化和退农还林。经过几十年的不懈努力,他们摸索出了一套快速恢复植被的方法,先后培植了大面积的杉木、柏木、油茶、马尾松、柑橘等林果作物,从20世纪80年代开始,淳安植树造林成活率达到99%,基本消灭了宜林荒山,最终成为国家级森林公园。诚如有人曾评价的那样:"新安江开发公司是一个不同于一般农垦企业的经济体,在从事经济开发活动时,更关心生态效益和社会效益,这为淳安以湖兴县奠定了基础。"公司成立初期确定的林场建设指导方针是"以封山育林为主,封造并举"。公司十分重视林场机构建设,林场从1962年的7个,发展到1969年的14个,各林场普遍与当地政府建立护林联防组织,依靠政府和群众搞好封山育林工作。为加强封山育林,保护森林工作,1963年初,公司筹建茅柴供应站,保证供应城镇居民茅柴,禁止、查封烧棍子柴。在政府的大力支持下,这期间很少发生大的毁林盗伐破坏森林的现象,封山育林取得较好的效果,使原来的部分荒山秃岭重新披上绿装。据统计,1963年立木蓄积24.37万立方米,且全部为天然林蓄量,1966年增加到31.03万立方米,增加6.66万立方米。在封山育林的同时,公司还积极探索营造人工林,到1969年共营造人工林9596.3亩,平均每年造林1.2万亩。

1965年贯彻"自采、自育、自造"的"三自"方针,林场使用自己培育的杉木、柏木实施生苗造林。其中,叶琪林场曾数年营造柏木纯林3949亩,成为新安江林区最早最大的一片柏木人工林。1965年冬各林场在大市林场召开现场会，介绍推广金成昌等同志杉木育苗的成功经验，使杉木育苗取得较大的进展。1966年，公司建成第一个木材加工厂，对荒山造林的少量小材进行加工利用。

或许当时的建设者们不会想到，他们日后的每一个脚印，都将为淳安的新腾飞打下深深的烙印，那段一代人青春燃烧的日子，将为半个世纪后的生态时代积蓄能量。实际上，我们很难统计清楚新安江开发公司的生态恢复历程究竟为淳安带来了多少长久的效益。但值得庆幸的是，至少在这家公司的艰苦打拼下，淳安保住了绿色生态王国的战略优势。

千岛湖的林区多为马尾松，而马尾松林属于退化的森林生态系统，需要不断进行苗种更新。公司在对地形地貌、土壤、植被等自然环境和林业资源进行全面调研的基础上，综合区域特点和实际需要后，进一步改善植物形态。随着千岛湖"全县景区化"的提出和推进，以森林生态学、景观生态学和森林美学理论指导下的林相改造工程被提上日程，通过人工造林、补植改造和抚育改造三大改造方法，综合考虑苗种供应、建设资金和技术等因素，实现树种调整和林相设计，通俗地说就是实现森林彩化的目标，使公司下属的各林场景观价值和满足度假观光需求的林业面貌得以实现。

2015年，由开发总公司下属单位杭州千岛湖林业工程有限公司承接的1712亩千岛湖森林彩化工程顺利通过验收。该工程包括十八坞区块、十里红枫1-2区块，共种植枫香、黄山栾树、铁冬青、浙江楠等苗木6.9万余株，目前长势良好。淳安县3年内投入资金上亿元，对淳杨线和千汾线两侧照面山、杭千高速淳安段、湖中重要景点等进行森林彩化，改造提升1万余亩森林品质，进一步推进全县景区化，为淳安打造国际休闲度假胜地提供基础性支撑。随着"新安兵营"品牌的创建，开发总公司林业特产有了一个品牌化的依托，在此基础上公司也相继开发了"金山鱼湾"放流基地、十八坞现代农业休闲园区、叶琪农庄、龙涧温泉康养园、东山尖森林运动公园等特色森林旅游接待设施，进行林下生态经济产业的开发和探索。

森林是大自然的"调度师"，被称为"地球之肺"。它调节着自然界中空气和水的循环，影响着气候的变化，保护着土壤不受风雨的侵蚀，减轻环境污染给人们带来的危害。研究表明,每一棵树都是一个氧气发生器和二氧化碳吸收器。一棵椴树一天能吸收16公斤二氧化碳,150公顷杨、柳、槐等阔叶林一天可产生100吨氧气。城市居民如果平均每人占有10平方米林地或25平方米草地,他们呼出的二氧化碳就有了去处,所需要的氧气也有了来源。

千发集团股东会暨七届二次董事会

森林还能涵养水源,在水的自然循环中发挥重要的作用。"青山常在,碧水长流",树总是同水联系在一起的。降下的雨水,一部分被树冠截留,大部分落到树下疏松多孔的林地土壤里被蓄留起来,有的被林中植物根系吸收,有的通过蒸发返回大气。1公顷森林一年能蒸发8000吨水,使林区空气湿润,降水增加,进而起到调节气候的作用,让林区冬暖夏凉。客观地说,尽管从20世纪80年代起,中国大地上掀起了植树造林的热潮,但很多地方由于方法不得当,认识不科学,效果并不明显,人工林成活率极低。而淳安却是一个例外,更为重要的是,科学的育林工程涵养和净化了千岛湖的水源,最终使千岛湖成为一道夺目的风景线。

辛苦付出的回报是丰厚的。正是因为昨天的艰苦奋斗,如今的淳安才有充分的自信打出"世界山水公园、东方休闲名湖"的金字招牌，但恐怕很少有人知道，其中的内涵并不是天赐的，也不是一朝一夕之功。近年来，随着旅游业尤其是现代服务业的快速兴起，淳安人有了更多的就业机会，无论是在一条条初具规模的商业街，还是一座座新落成的五星级酒店里，当地人只要愿意，找到一份力所能及的工作并不是一件难事，所有迹象表明，一场前所未有的机遇正日夜变革着这里的每一个角落。另外，也正是减少了工业化的活动，今天的淳安才足以令世人感到惊艳。

在现代商业文明大举进军的同时，当地人的生活始终不乏几分浪漫色彩，他们有充裕的休闲资本，尽管很多人在城里工作或定居，但他们的家族和所有美好的童年记忆仍未与乡村割裂，他们时常会回到遍布湖周的老家看望亲人，所谓都市人百去不厌的民宿，对他们来说就是本来的生活，他们喝的是山泉，饭桌上时常有一两道刚采摘的野菜，饭后可以尽情享受阳光和空气。清流就在家门口日夜流淌，屋后就是有着无尽宝藏的山林。当然，在那片浩瀚的水域里，更是蕴藏着惊人的财富。

生活中就是这样，处处充满了辩证法，一个城市和区域的发展也是如此。新安江水库落成半个多世纪后，一个顽强、不甘落后的淳安终于度过了艰难岁月，正迎来新一轮的跨越式发展，不过也正是因为千岛湖的形成，淳安县的经济发展史上出现了一行必不可少的字眼：渔业经济。

第五节　碧波芳华

夜幕降临，华灯初上时分，如果你走在千岛湖镇街头，会发现一个有趣的现象：遍布大街小巷的餐馆里，到处闪烁着"千岛湖有机鱼""生态鱼"的字样，而在餐馆最显著的位置，常常放大着一张巨网捕鱼的照片，或是那张在当地几乎家喻户晓的小女孩抱鱼的照片，时时提醒着食客们千岛湖所特有的鱼类资源。说实话，我们很难数清楚这个小镇到底有多少家鱼馆，但每个经营者都知道，一条普普通通的淡水鱼只要跟"千岛湖"这几个字眼沾上了边儿,身价立马倍增。除此以外,更有不少精明的商家,悄悄从外地运来淡水鱼,然后投放到千岛湖某个库湾养殖一段时间"镀金",这种鱼在当地被戏称为"洗澡鱼"或"桑拿鱼",据说每年的销量惊人。

繁华的千岛湖鱼街夜景

事实上,千岛湖形成之前的淳安从来没有大规模的渔业生产,尽管当地有一些新安江上的渔民,但为数并不多,生产方式也极为原始。当地的一位老渔民回忆说,他从记事起就跟父母生活在船上,属于地道的个体户,当时的捕鱼方式很简单,只有1米多高的用蚕丝织成的小网,用半个月左右就破了;另一种办法是放钓,一盘钓线放出去有几千米长,抓到鱼后自己拿到市场上卖以维持生计。那时候打鱼并没有固定地点,靠经验和运气吃饭。哪里有鱼,渔民们就到哪里生活一段时间。

关于传统渔业,当地曾流传着一段传奇。或者也可以说,因为现代渔业的兴起,人们重新想起往事。相传元末农民战争爆发后,渔民出身的陈友谅揭竿而起,乘势想方设法扩大自己的势力范围,随后一山不容二虎,与朱元璋展开了3年多的战争,后大败于鄱阳湖一战,中流矢而死。陈友谅残部与家属1000多人为求生存,逃亡至浙江西部的崇山峻岭,在新安江一带定居。再后来这1000多人被朱元璋政权贬为贱民,世代漂泊以打渔为业。因其由九个姓氏组成,故称"九姓渔民",按照规定,他们不得上岸居住,不准参加科举,不准穿长衫鞋子,不得与岸上人通婚。当地有歌谣云:"老子严江七十翁,年年江上住船篷,早年打败朱洪武,五百年前真威风!"清同治年间,"九姓渔民"改贱民为良民,但已习惯了多年的水上生活方式。

淳安文化名人王水法

1960年,新安江水库蓄水截流后,"九姓渔民"后代的命运发生了根本性的变化,他们岸边的家已被库区淹没,适逢淳安县成立捕捞大队,于是一些有经验的人也就顺理成章地成了新渔业工人。也正是从这个时候开始,淳安人开始探索如何走出一条水库渔业的发展之路。

应该说,千岛湖发展淡水渔业有着相当的优势。拥有绝佳的气候、植被不说,库区蓄水后,库内水质肥沃,生物饵料丰富,青鱼、草鱼、鲢鱼、鳙鱼等生长较快。1963年,各种鱼类年总产量达345吨,其中鲢鱼、鳙鱼190吨,占总产量的一半。同时,一些凶猛鱼类的数量也开始增多。但对当时的淳安人来说,发展渔业之初碰到的第一个难题,却是如何在面积573平方公里的水域中成规模地捕到鱼.1960年成立的淳安县捕捞大队当年捕捞的淡水鱼只有21万斤。由此可见,至少在当时,鱼类资源的繁衍速度和数量要远大于人们的捕捞能力。

千岛湖的鱼为什么难捕?简单地说,一是水域面积大,鱼的活动范围广;二是水体深,平均水深达三四十米,而我国渤海的平均水深也只有18

米左右；三是生产工具落后。1958年，那时渔民们习惯的捕鱼工具除了之前的麻线网、小丝网、钓钩、卡钓外，居然还有渔用鹭鸶，总计360多只。

此外还有一个实际的难题是，千岛湖水下地形复杂，障碍物极多。据一位捕捞队员回忆说，当时研究了很多捕鱼方法，但由于水下有很多原来的民居、大树，常常网放出去几个小时候就被划破了。后来又试图用灯光诱捕，但成本高，效果也不好。还曾用电捕鱼，用一个像收音机接收天线一样的长竿电击捕鱼，但一来不安全，二来对渔业资源有损伤，也不得不放弃。于是，渔业专业技术人员开始深入捕捞一线，与渔工同吃、同住、同作业，展开技术攻关。

在《新安江开发志》中，我们发现这样了一条记录：1962年10月7日，首次使用奋斗网捕捞取得成功，捕获鲢鱼、鳙鱼3万余斤。在浙江淡水所的支持下，经过一次次失败后，1963年初，一种名叫"拦、赶、刺、张"的联合渔具渔法终于大获成功。1964年，国家水产部在排岭镇召开全国捕捞技术大会，15个省市的180名代表参加，随后"拦、赶、刺、张"联合渔具渔法在全国养鱼的水库普遍推广应用，并在1978年召开的全国科学大会上荣获重大科技成果合作完成奖。这种捕鱼法是千岛湖在国内的首创，适用于所有的大型水库渔业。方法大致如下：第一个步骤是侦查鱼群，发现鱼群在某一个库湾出现后，立即在出口处下网拦截，包围鱼群，再放置刺网用以驱赶鱼群，鱼群受到刺网惊吓后，纷纷按照人们预先设立好的网中水道逃窜，而等待它们的将是最后的奋斗网。此后，随着技术创新不断加速及经济实力的提高，围网方式也就不限于库湾，可以在任何水域进行长达几千米的拦网作业，蔚为壮观。1965年，千岛湖又研制出了捕鱼配套机械，首次试制筒式拦网起网机成功，人工起网的劳动力节省一半，提高效率6倍。1974年，适合千岛湖捕捞和养鱼运输的挂机研制成功，捕捞队网船都用挂机拖带，既节省劳动力又加快了放网速度，渔业不再是重体力劳动的典型代表。

一个阳光柔和的下午，实战经验丰富的捕捞队长在船上为我们生动地讲述了捕鱼的全过程。

"鱼跟人一样，也是有习性的，根据水质、饵料、光照、水流等情况，鱼有自己的生活场所。首先是侦查鱼群，找到渔场。看渔场一般在天刚蒙蒙亮之前或是傍晚天还没有黑下来，太阳快落山的时候。根据鱼的习性，鱼会在这两个时段到水面上呼吸，天亮之前，找鱼用耳朵听，听鱼跳起来的声音，再看水花有多大，以此来判断是什么鱼，鱼群数量多少。像鳙鱼，出水的声音是"咕噜咕噜"，鲢鱼则是"哗哗"，动静大。还可以用鼻子闻，鱼多的水域可以闻到鱼腥味。鱼跳的密度要根据不同的水深、季节来判断，比如冬季，水质清亮，听起来像是有10万斤，但实际上可能1万斤都不到。夏秋夜短，凌晨3点多就出发；春冬夜长，凌晨4点多出发。

这些年，鱼怎么在湖里活动，哪些地方容易出现鱼情，水下的地形如何，早就像地图一样印在了我们的脑子里。拦网一般高75米，长度有四五千米，发现鱼群后，两条船迅速下拦网形成包围圈，根据水的深度和流向设定好鱼群的逃跑路线，同时在包围圈里设刺网。刺网就是白丝网，鱼多的地方放密一点，少的地方放稀一点。一道道放下去，鱼怕光，也怕网，受到惊吓就要逃命，它知道丝网有危险，然后我们设一个缺口，用石块把网沉下去，鱼进来就出不去了。整个过程完成大概需要两三天的时间，头一天找鱼群，下拦网、刺网，顺利时第二天一网打尽。"

千岛湖捕捞队捕鱼作业

事实上，捕鱼在当年依然是件辛苦的事情，好在那个时候人们对生活的要求不高，耐得住寂寞。曾几何时，他们的耐受力超出了常人的想象，我们无意中听说在捕捞队有这样一位奇人，他的工作是住在一条小乌篷船上随时解网系网。有船经过的时候，船上人会发出信号，他就解网，船经过以后，他再系网。为了这项简单而有些枯燥的工作，他独自在小船上生活了40多年。与世隔绝的生活铸就了他的淳朴，也带给了他对生活的特有理解，只是少有人知。

当年，捕捞队员常年生活在湖面上，难得上一次岸。偶尔去岸上也只是理个发，买点生活用品，当天晚上还是要回到船上住。船上没有电，点煤油灯，休息的时候大家就看看书，听听收音机，或是聊聊天。送来的报纸一般是过期旧闻，买菜也很不方便，每天强制性地吃鱼，很多人都吃得倒胃口了。更为难受的是，很多人无法照顾家庭，还有的人在船上住久了，偶尔回趟家竟然不适应陆地生活了。

当时的捕捞队员脑海里只有一个简单的想法：完成公司规定的产量，改善生活，然后就这么日复一日地生活下去。有人打熬不住，走了，极少数人坚持下来，倒也习惯了这种生活方式。也有些人后来上岸走上了公司的管理岗位，他们谈起从前那段生活，却没有人叫苦，对湖和鱼有沉思，有深刻的情感和理解，反而有几分怀念。

近年来，捕捞队的工作船不断更新换代，有了电，也装上了中央空调，活动空间更大了，也有了很多休闲娱乐设备。捕捞队员们不曾想到，后来的人们会对他们的每一个生产环节产生浓厚的兴趣，同样也不会想到，他们的生活条件会发生如此天翻地覆的变化，而他们的事业终将焕发出一种奇异而迷人的光彩。

媒体链接：水上人家

企业内刊《淳文化》时间：2011.10

一方水土养一方人。渔乡孕育渔人，渔人成就渔乡。渔境，不只是自然环境，还包括了它的人文环境。淳鱼文化的底蕴便吸收了这一"境"的精华和气韵，沉淀出一声号子，一堆星火，一片境界，一份情结。

【一片渔情缭绕的生活境界】

没有了往日零乱拼衔叠砌的石板路，只有被拓宽的混凝土路面；没有过往的老牛拖破车，只有道路上穿行的汽车、轿车和摩托；没有了打扮朴实的渔家女，只有一个个时尚的靓女。零落的村舍矗成鳞次栉比的高楼，长成了村庄和城镇；石板路上流年久远的恬漫和宁静，被喧闹和热烈所代替。千岛湖虽然已经不同往日，但是仍然存在很多被遗留下来的风俗，还有那一番渔乡的特色。

湖风徐徐吹来清新的气息，吹走城市的烦躁与喧嚣，这里微风轻抚，碧波荡漾。在这里可以尽情地嬉戏玩耍，摇一摇渔家小橹，哼一哼渔家小调，尝一尝渔家小菜，在这里您可以真真切切地体会到做假日渔夫的奇妙乐趣，在这远离烦嚣都市的一隅，您尽可以独享这旷世美景，做一回独钓仙翁。

在千岛湖，你可以体验到渔家的休闲乐趣，观旭日东升，赏无尽的湖景，在漾波里我们乘船出航，日暮下我们挽起裤脚，在湖边戏水。可以在老道渔夫的指导下了解渔业生产知识，更可以在一望无际的湖边体验捕鱼的美妙乐趣。

在千岛湖，你不得不感叹大自然的鬼斧神工，它为每一个过往的人勾勒出一幅梦中渔乡的优美画卷。让我们一同沉醉在自然和人文景观中，纵横于现代和历史的奇妙世界里。亲近大自然，感受无尽生活乐趣。

【比渔光曲更动听的渔乡号子】

"云儿飘在海空，鱼儿藏在水中。早晨太阳里晒鱼网，迎面吹过来大海风。潮水升，浪花涌，渔船儿漂漂各西东。轻撒网，紧拉绳，烟雾里辛苦等鱼踪。鱼儿难捕船租重，捕鱼人儿世世穷。爷爷留下的破鱼网，小心再靠它过一冬。"

这是 20 世纪 30 年代著名电影《渔光曲》的主题歌，看过电影的人大多熟悉旧中国渔民的苦难生活以及渔村的破败凄凉。

号子声是每一个渔乡的特色，它就像一首朴素而久远的曲子。据传，由于条件比较落后，渔民们在水面上和岸边劳动时，需要齐心协力，特别是需要表达劳动过程中的心声和体验，于是自然产生了许多或高昂悠远，或欢快优美的渔民号子。

在千岛湖，最能展现渔家号子魅力的地方，莫过于巨网捕鱼的现场了。几条小渔船从四周摇拢过来，几十个精壮汉子站成一排开始拉网。随着"嗨咗、嗨咗"的号子越来越急促，渔网越收越紧，突然，一条大鱼腾空而起，似跳水运动员般地又扎进了水中。平静的湖面开始沸腾了，网内银光闪烁，浪花飞溅。一下子万鱼狂舞，条条鱼儿像在比赛跳高似的奔腾翻跃，煞是好看。

这些号子声由一系列富有节奏感的象声词组成，唱这些号子，可以让大家的劲往一处使，众力归一，更令紧张的劳动气氛活跃起来，消除大家的疲劳。在巨网捕鱼的现场，船上或岸上都有精彩的活动，十分丰富。每种号子，由于各渔村地域不同，渔民习惯不同，作业类型不同，又存在一定的差异性，许多号子的内容都包含了渔民生产生活的风俗习惯，还有渔民勇敢、豪迈、乐观的内在精神。

【比照明灯更耀眼的渔乡火堆】

入夜，星星点点的渔火点缀了阡陌。渔火亮处，满是兴奋的脸庞。

那点点或明或暗的渔火，在冷风中顽强地跳动，时时燃起湖水澎湃的热情，借助月光的潮汐，将那团团火光烘托得格外明亮。风渐渐停歇下来，将一腔缄默的心事搁浅在渔火里。那些习惯了以渔火确定方向的零星船舶，也收下风尘仆仆的云帆，乖乖地卧在宁静的港湾，此刻也已进入甜美的梦乡。只有辛勤探索黑夜秘密的探照灯光柱，仍不知疲倦在湖上蹒跚地散步，灯光与湖面碰撞出的灼热波光里，有着对浩瀚大湖无限的眷念，有着对闪烁渔火热切的鼓励。而它又能恰到好处地将两者融合成一种独特的风情，这风情演化到极致，便调和成了一种散发着咖啡香味的浓郁氛围。

渔火最易燃起对往日的回忆，它尽情地打捞那些早被岁月淘白的历史故事，李白款款走来，带着他那"水色异诸水"的赞叹；海瑞从海南徒步而来，在这里为淳安一县之民谋求衣食无忧的幸福生活；朱元璋带着他的皇帝梦想跨马而来，你甚至可以听到百万大军金戈铁马的鸣响，他们仍在这原始的渔火中萦绕、徘徊和歌唱。

闪闪烁烁的渔火，像一首豪迈而略带柔婉的渔歌，慢板的抒情又蕴含着不绝如缕的哀怨，淡淡地弥漫在渐起薄雾的湖面上，遮住了明月的身影；又像是一本封尘已久的线装书，过多的传奇，无数的故事都被尘封在方块字里，尘封在天地间十分开阔的空白里。

流动不息的湖水，谁人能够与之争锋？纵然有朗照流水的明月，那也不过是瞬间的辉煌。只有飘忽不定的渔火，更像是点缀天空的诗歌。

闪烁在夜里的那一盏盏渔火，已经唱出了自己最后的情歌，歌声里充满着对千岛湖的眷恋，对明月的思念，对又一幸福明天衷心的祈祷。它默默地守候着一湾秋水，却不知不觉地妆点了渔乡美丽的梦。

【比游乐园更有趣的渔乡垂钓】

千岛湖物产丰富，环境优美，民风淳朴，是远近闻名的优质垂钓之处。选择一个鱼正肥花正香的季节前往，看着鱼儿欢跳在水面吐泡泡，架一支鱼竿，伴着渔乡的风，伴着野花低吟浅唱，让人倍添几许散淡闲情。一个"钓"字，真是一个深邃的字眼，在千岛湖边杂草丛中找块石头静坐下来，忌喧哗，忌走动，脚边露水濡湿的凉意沁入人心，拈拈草上尖尖的针给衣脚上绣上写意的图案。怪不得会出现像"青箬笠，绿蓑衣，斜风细雨不须归"这样的诗句。戴一顶竹笠，披一件蓑衣，这些可以入诗的旧物，每一个都让人遐想无限。双眼直视鱼漂，静静地等，心思却游移八方，垂钓的满足就是这样获得的。

  远离喧嚣的市井，来到青山绿水之间，端坐在蓝天白云之下，身处宁静，把竿临风，与湖光山色为伍，和清风艳阳为伴，让自然美景愉悦耳目、怡养身心，惬意非常。郑板桥在一首对联中，说起"一日清闲似两日"时，提到"眼无俗物，耳无俗声，胸无俗事"的"三无境界"，要尽得垂钓之乐，关键在于"胸无俗事"，在于保持一种宁静平和的心态。

  钓鱼的最高境界应是钓着了亦乐，没钓着亦乐，不为钓鱼而钓鱼，"不以物喜，不以己悲"才是钓者风范。钓鱼钓人生，钓鱼能陶冶情操，其中还渗透了许多人生道理和文化。开竿前投饵做窝，则说明"欲取之，先予之"；"放长线，钓大鱼"说明凡事要从长计议，不可操之过急，方能取得最佳效果；还有"任凭风浪起，稳坐钓鱼船"，说明只有处世不惊，遇事才能沉着应付，做事才能游刃有余。

  一曲曲号子，伴着一阵阵拂面而去的清风，融进青山绿水之中；一点点渔火，在每一个寂寥的夜晚，为过往的人照亮前方；一支支鱼竿，在湖边寂静地等待着，等待着钓上一个绚丽多彩的梦。号子、渔火、垂钓，还有那些未被提及的一切，构成渔乡美妙的写意画。

02 CHAPTER

第二章 / 路在何方

物以稀为贵,一旦重新改变产品在消费者头脑中的认知,
并建立新的识别系统后,它的差异化则将源源不断地释放出无穷的威力。
此时的农产品本身品质并没有多大的变化,
但如果有人赋予了它崭新的故事,那么商业的魔方将开始转动。

很多淳安人至今还清楚地记得20世纪七八十年代千岛湖渔业的盛况,那一车车远销外地的鱼。

在统购统销的年代,人们从来没为卖鱼发过愁,每当捕鱼上来后,一般直接冷冻,然后由县里的水产供销公司根据上级业务部门计划,用汽车运往杭州肉联厂,再用火车运往各地水产供销部门销售。而在随后的自产自销年代,一般由县水产供销公司直接销售。一次,捕捞队一网打上了60万斤鱼,在大坝上装了整整7天7夜,冰冻都来不及,也没有那么多的冰,县里仅有的几辆运输车又不够用,于是紧急向绍兴求援,结果绍兴全县能出动的汽车都来了。那是一段甜蜜的岁月。

在湖边,人们建起了超大规模的冷库,到1988年,冷库每天可速冻20吨,冷藏量达500吨,此外还有分割加工水产品的小包装车间。千岛湖的冻鱼、冰鲜鱼一度颇受欢迎,尤其是在东北,当地人喜欢个头大分量足的冰鲜鱼,这些鱼在农贸批发市场上一亮相,鱼贩子蜂拥而来。

那个时候的价格非常便宜,大个儿的鳙鱼不到3块一斤,鲢鱼一斤1块多,大家热火朝天地卖完,然后兴高采烈地回家。但这样的好日子没有太久,到2000年前后由于体制原因以及外部市场环境的变化,曾经风光一时的千岛湖渔业成了一块烫手的"热山芋"——公司拥有3000多名职工,却连年亏损,最高的一年亏了800万元,欠下1亿多元的债务,5个银行账户被冻结。刚刚改制新成立的杭州千岛湖发展有限公司门口每天都挤满了因下岗、分流、欠工资而堵到门上来的职工。

生还是死?"品牌渔业"能否走通?在困境的逼迫下,一场长达20年的淳鱼品牌创建拉开了序幕。

第一节 多元化困局

达尔文说过:"那些能够生存下来的并不是最聪明和最有智慧的,而是最善于应变的。"再好的企业都有艰难创业的第一步,随着外部环境的变化,企业的许多经营思路和策略都需要做出调整才能适应当下的发展,而过去过多的枝蔓延伸有时也会带来企业的止步不前甚至倒退,等到枝叶凋敝零落成泥往往就为时已晚。当时的杭州千岛湖发展有限公司不是第一家面临多元化问题的企业,但戏剧性的是这家脱胎于老牌国企的新公司从成立伊始就需要直面多元化困局。

1998年千发集团成立之初仍与淳安县新安江开发总公司实行"两块牌子一套班子"的管理架构,从开发公司转入的各类产业包括林业、旅游和渔业三大板块,以事业部体制运行,各产业板块独立核算,号称"三驾马车"的结构组成了千发集团最初的产业格局。

千发集团一楼大厅

林业,千发集团的林业资源是由母公司新安江开发总公司以土地使用权、林木采伐权等方式注资而获得的,由于历史原因,这些土地都不具备所有权资格,在市场经济发展的初期,国家在土地审批上还比较宽松,一些项目合作开展相对不是太困难,但这也造成全国范围内土地供应过剩,许多资金雄厚的企业通过项目合作获得土地往往只为通过圈地占有资源等待增值,千发集团以项目收益为目的的土地使用权合作很难获得机会。开发总公司成立以来近50年中,全面实施了封山育林和人工造林工程,千岛湖区林业的发展与保护发生了根本性的转变,从1963年到2008年,湖区森林覆盖率由23.8%上升到94.7%,全面恢复了植被,形成了以水源涵养为主兼有旅游等其他效益的多功能森林生态系统。由于产业自身的特殊性,林业经济效益低,生态效益和社会效益高,而发展现代林业需要大量的资金和广泛的社会支持,随着国家对生态建设的重视,林业由单项产业功能向社会公益事业等多功能转变,资金支持也主要集中在生态公益林的建设,林木采伐虽有稳定的经营回报,但采伐指标最终将不断紧缩。此时,千发集团的林业产业转而向林业工程和林产品贸易等行业寻求更多机会,随着全国各地城市建设的需要,各类苗木的需求不断扩大,这方面千发集团人才技术优势明显;而茶叶、柑橘等一直是开发总公司的主要林产品,具备一定品牌和规模基础。

淳牌有机茶采茶现场

旅游,千岛湖旅游产业发端于20世纪80年代,作为林业产业转型发展一个方向。在千岛湖,最早从事旅游产业开发的就是开发总公司,当时开发的佛教圣地密山岛、南宋御用采石场天池岛、由喀斯特地貌和原生态桂花林形成的桂花岛,这些景区至今都是享誉盛名的经典景区,而后千发集团还开发了千岛湖森林氧吧、千岛湖红叶湾等景点,都获得了良好的市场回报。1980年建立的鱼味馆是中国名餐馆,在江浙沪很有影响力,2000年公司摒弃承包方式收归自己经营,通过成功的营销运作,"游在千岛湖,吃在鱼味馆"也成为一句响亮的广告语。2002年之前,旅游业一直是千发集团最重要的产业板块,发展势头强劲。而另一方面,千岛湖旅游产业发展在全国来说都是一个典型范例,各类国际和国家级荣誉不胜枚举,旅游接待设施完整齐备,旅游投资和收益规模巨大,这些成就的取得主要都得益于一种由政府强势介入的"政府主导、社会参与、多元投入、市场运作"的旅游产业发展模式的成功。当年,政府部门甚至使用"景点革命"这样一种带有强烈感情色彩的口号加以推进,全国反响巨大。在这个大背景下,千发集团发展旅游产业面临的选择就是,要么就做到最大,最终整合其他旅游资源,实现规模经营;要么走向另一个结果,个体、单位、国有等多种经营管理体制被整合为政府控股的一家新企业进行管理。除非大量资金的注入,同时得到政府层面的积极配合,否则千发集团显然难以俱备这样的整合实力。

千岛湖森林氧吧

渔业，千岛湖的渔业开发在我国大型水库中属于一个成功的范例，随着放养、捕捞和管理水平的提高，渔业产量逐步攀升。千岛湖的鱼类更因其野生风味、无污染而被广大消费者所青睐。千岛湖有114种鱼类，渔业利用以投放鲢、鳙老口鱼种为主，鲢鱼、鳙鱼是千岛湖渔业发展50年来的当家品种，产量稳定且具有相当产业规模，管理经营上有许多宝贵经验，管理部门分工细密。随着改革开放的深入，由于长期计划经营的束缚，产业生产方式渐渐不适应市场，出现产品滞销、价格走低；1995年以来，鱼害严重，鲢、鳙鱼种被肉食性的鳡鱼大量摄食，产量急剧下降。在捕鳡除害的同时，为有效保护渔业资源，1999—2001年实行3年封库禁渔，渔业生产几乎只有投入没有产出。

企业的经营或许有激情澎湃的时候，但从来没有太多的浪漫，总会有一个接一个的现实问题摆在面前，总有非此即彼的艰难抉择，总是在走了很长一段似乎看不到尽头的荆棘丛生的道路之后，才会突然柳暗花明，豁然开朗。

"没有亏损的产业，只有没落的企业"，千发集团成立伊始的三个产业方向似乎都能到达更为远大的未来，起点也都不算低，有很多优势存在。但此时的千发集团最缺的是资金，没有资金再好的前景都只是前景，务实的企业需要活在当下。或者是自然的选择，也或许是决策层的兴趣和专注，大致在2001年以后，千发集团最终将产业方向定位在了有机渔业这个主营业务上。

千岛湖大库生态渔业有着多年的发展经验积累，每年都有稳定、良好的收益，公司渔业下属单位有：养殖

全国科学大会奖状

场,负责投放千岛湖大库的苗种培育工作;捕捞一队,负责大水面的有机鱼捕捞和休闲渔业实施工作;捕捞二队,负责千岛湖水域的野杂鱼收购和对外技术输出工作;水产冷冻食品有限公司,负责水产品的加工、销售工作;生态农产品配送中心,负责以有机鱼为主的生态农产品的收购、销售工作;千岛湖鱼味馆,致力于鱼肴、鱼宴的开发、经营和研发工作;淳安县水产科学研究所,主要进行千岛湖水质分析和科研项目的研究工作。自1962年千岛湖渔业资源开始进行规模开发,50多年来,千发集团已建立起"养、管、捕、加、研、销、烹、旅、文"一条完整的有机渔业产业链。公司探索出了具有千岛湖特色的三级放养模式,总结出的"拦、赶、刺、张"联合渔具渔法获得了1978年全国科学大会科技成果奖,千岛湖已成为浙江省优质淡水鱼生产基地。另外,发展有机绿色食品,概念不仅符合潮流,还能够发挥公司优势,打响千岛湖有机鱼品牌;同时,受外界影响小,能依靠自身努力取得好的收益,业绩也容易做大;社会影响广,政府支持力度大,市场前景好,发展空间广阔。当然,这些现在看来比较明晰的决策思路,在当时也是经历过激烈思想斗争的。一个直接证据是,在千发集团历史上第二次股改上市议题中,就有主营业务是定位在旅游,还是定位在渔业的意见讨论。

千发集团的有机茶和柑橘业务是开发总公司的传统业务之一,木材经营公司和林业工程公司最后从千发集团改制而出,独立运行;2005年,由千岛湖12处景点组成的千岛湖景区公司成立,千发集团成为该公司的第二大国有股东,2008年更大的千岛湖旅游集团宣布组建,千岛湖旅游实现了"统一接待、统一调度、统一票价、统一结算、统一考核、统一服务"的六统一整体布局。这样,在公司成立后的几年中,其他非渔业主营业务基本都从公司主产业中脱离,而公司也成为当地有名的"千岛湖发展集团",主营渔业、投资、贸易三大业务。

第二节 追鱼追梦

作为淳鱼品牌开创的核心人物,汪建敏是当年的主要操盘者,如今千发集团的董事长。1999年，一纸任命书放到了汪建敏的手上，淳安县政府经过综合考察决定调任他接手淳安县新安江开发总公司负责人的工作，而一份报告表明，当年开发公司年营业额不到2000万元，亏损800万元，濒临破产，员工人心涣散。汪建敏没想太多就接受了这一任命，相对于机关工作的按部就班，商业环境的波云诡谲似乎对他有更大的吸引力。人在面

淳鱼品牌建设工作会议

对困难时有两个选择：一个是战胜它，一个是屈服它。绕过困难的想法往往是自欺欺人，成不成总归要试试才知道。

高个子大额头，戴一副眼镜，一脸的精明强干，走路虎虎生风颇有军人气质，此时的汪建敏也很想亲手试一试自己对这家曾经工作过的老牌国企的战略判断，试一试多年来思考形成的以品牌化经营手段促成企业发展轨迹改变，使其走上成功道路的那些奇思妙想。

1962年，汪建敏出生在淳安的一个偏僻的乡村，就在今天，那里的交通仍不算便利。父母都是农民，唯一不同的是父亲读过初中，在乡下算是个了不起的文化人。父母膝下三兄妹，汪建敏上面有一个哥哥、一个姐姐，他自己排行老三。然而，在那个"政治挂帅"的年代，汪建敏的父亲不仅娶了地主的女儿，而且他的曾是地主的外公在土改时还被镇压了，这就给汪建敏的少年经历带来的许多了坎坷与无奈。

读过书的人和没有读过书的人是不一样的。汪建敏的父亲在那个年代就崇尚学习，同样他也期望知识能改变几个孩子的命运。缘于外公被镇压，汪建敏的哥哥和姐姐都没有念到高中就被迫辍学了，于是父母产生一种强烈的愿望，不惜一切代价也要让汪建敏读上高中。为此，父亲不惜放下尊严而去巴结和讨好大队干部，给他们送东西，请他们到家里吃饭，目的就是要让品学兼优的小儿子能读上高中。然而，命运往往喜欢在最关键的时候捉弄人，

汪建敏最终也没能逃脱哥哥姐姐的那种命运，没能升入高中。

1976年9月1日，学校开学的日子，对于失学在家的汪建敏来说，那是他人生最黑色的日子，他不知道如何渡过这场苦难。清早起床，14岁的他看一眼挂在墙上的书包，抄起农具出工了……

"学一门手艺，不管什么年代都饿不死。"这句话是藏在无数农村父母心中最质朴的希望之火，老两口为少年的汪建敏重新布置了一个做手艺的人生未来。汪建敏先是学了半年的裁缝，后又改行学篾匠。走村串户，吃住在外，学篾匠的确不是个轻松差事。每天，天不亮他就要起床，要在师傅起床前把所有的刀磨得飞快。手指被篾条划出了一道道口子，那就贴上白胶布继续干，天长日久，手也变得粗糙起来。冬天里，湿漉漉的毛竹结上了冰，拿毛竹的手指冻得红肿僵硬。干活时要整天蹲着，腿脚蹲得酸痛麻木，失去知觉。干到深更半夜，师傅上了床，他还要把家什收拾好才能休息。少年时期的这一切都像砺石一样，磨炼着汪建敏的意志力。

在学手艺期间，不论多累汪建敏都没放弃读书，在万籁俱静的夜里，大家都进入梦乡，他却在油灯下认真读书。"命运总垂青那些有准备的人"，1977年，邓小平复出，做的第一件事就是恢复高考，汪建敏终于获得了一次人生转折的机会。

1978年7月，汪建敏和公社的其他77个应届毕业生共同参加了中专考试。考完后就是忐忑的等待。这样的等待犹如摆钟，让人的心在希望和失望间摆动，随着时间的推移，失望停留得越来越长。此时，住在公社的亲戚跑来报信，说公社的高音喇叭广播了，全公社只有他一个人考中了！汪建敏是幸运的，一颗少年稚嫩的心在经过这一连串的不幸之后终于获得了一次畅快淋漓的满足。有人说坎坷的童年能生出一个人的偏执和狂躁，而在汪建敏的身上，这些苦难却历练出了他的坚忍和顽强，这成为汪建敏人生的"第一桶金"。

接下来的经历对汪建敏来说是一连串的耕耘和收获，从浙江林业学校毕业以后，1981年他顺利地分配到新安江开发总公司成为一名林场技术员，这是汪建敏和开发公司的第一次接触，也是他与千岛湖的山水资源结下不解之缘的一个开端。在交通不便甚至没有通电的国营林场他坚持读书，自学完成了汉语言文学专业的学习，有了足够知识储备的他先后又被提升为林场副场长、场长、总公司林业科长。1993年底，幸运之神再次降临，在全县双推双考中，汪建敏以丰富的学识、过硬的素质在一百多人中脱颖而出，考上了县土管局副局长。他又通过自学考试顺利获得了行政管理本科并紧接着获得了浙江大学的法学学士学位，这期间他先后调任县科委主任和农业局局长，他还参加了国资委和美国合办的 MBA，并获得了工商管理硕士学位。事业、学业双丰收。

汪建敏自中专毕业以后的经历铺陈开来也许稍有些平淡，但是相对"学院派"的成长来说，由于时代的错误，汪建敏的求学成才之路始终是意志战胜挫折的典范。许多年后，一些当年的同事至今都对汪局长工作闲暇和出差时在包里不忘装满各种学习书籍的情景记忆犹新。在政府工作期间，他用相对常人更漫长的过程去获得所需要的理论知识积累，又在工作中进行运用和实践，就像铺上土踩几脚再铺上土再踩几脚的打桩一般，使得他个人的才学和素养螺旋式提升，这些都为汪建敏的事业成功不断积蓄力量。父亲所坚信的"学习改变命运"是对的，而对汪建敏而言，学习又岂止是改变命运那么简单，它是汪建敏认知世界和自我改造的方法论，是他深入血脉的一种精神秉持。

20世纪80年代，海尔集团的张瑞敏创造了"休克鱼"的概念，它是指硬件条件很好但管理落后的企业，符合这个条件的在当时几乎无一例外地只有从计划经济向市场经济转轨过程中严重亏损的国营企业。从20世纪90年代初开始的近10年时间里，中国企业版图上集体所有制经济和私营经济取得了突破性的发展，乡镇企业较之私营企业有资金和资源上的优势，作为新生事物也没有历史包袱。另外最重要的还有，它不会受到意识形态中的极左思想的诟病，根红苗正。这期间海尔一共吃下了14家企业，总资产约15亿元，而当时的校办企业娃哈哈同样上演蛇吞象的好戏，一口气吃下全国十大罐头企业之一的杭州罐头食品厂。这些企业都借此扩大了规模并成功扭亏创富，进入了中国一线企业的行列。而作为另一个参照面，当年的许多国有企业却举步维艰，普遍存在思想僵化、机制落后、机构臃肿、巨额亏损和三角债等问题，它们时刻面临被强行破产或兼并的危险。

这一时期，作为杭州千岛湖发展有限公司的地方国有股东淳安县新安江开发总公司就处在这样的万般艰难当中。

新安江水库的建成，形成了一个地域广阔的宜渔水体和山林资源，这一管理区域几乎占了整个淳安县县域面积的四分之一。1962年1月6日，浙江省委发文成立的新安江经济开发建设公司，委派时任浙江省新登县委副书记的刘延儒、淳安县委组织部长的黄成侠以及浙江省水产厅海洋渔业处的李瑞祥处长、浙江省农业厅办公室的于蔚祥副主任几个人组成了班子，作为省属企业它归口浙江省水产厅管理。1965年该公司改为新安江区的建制，统一管辖新安江库区开发和库区的人民公社。

千发集团董事长汪建敏

1970年5月，经国务院、中央军委批准，组建南京军区浙江生产建设兵团，自此新安江经济开发建设公司改编为浙江生产建设兵团直属第十三团，属中国人民解放军序列。1975年6月，中央撤销了浙江省生产建设兵团建制，次年浙江省革委会下文将企业改名为淳安县新安江开发公司，林业和水产分属浙江省林业厅和水产厅主管。1993年12月13日，经淳安县人民政府批准，企业最终定名为淳安县新安江开发总公司。在发展的整个历史过程中，开发公司长期保持着政治经济一体化管理的格局，不仅包括渔业、林业等生产经营单位，还有类似法庭、医院、学校、派出所、公社、居民区等非经营性机构。在管理归口方面，经常也是省属部门和地方政府共同参与决策企业经营问题。如此一来，一个有趣的现象出现了，在那样一个年代，开发公司不是一家企业，它成为一个充满浪漫情怀的社会主义乌托邦。在漫长的国企改革进程中，与全国的情况同步，开发公司的社会功能逐渐得以剥离，管理也逐渐明晰。

1986—1997 年，淳安县新安江开发总公司稳定拥有几千名员工，一份 1990 年的工会改选纪录表明，当时在册的工会会员就有 2597 人。这时企业的管辖范围仍然是这 429 平方公里的山林和 573 平方公里的水域，经过多年的创业和发展，企业下辖丝绸厂、电子仪器厂、啤酒厂等 50 多家单位。由于下辖企业规模小、设备落后、产品档次低，企业经济效益欠佳，难以适应市场变化，有些企业出现了连工资都发不出来的现象。

在接下来的整顿过程中，总公司试图通过调整产业和产品结构、实施各类技术改造、吸纳投资等方式激活企业，期间相继淘汰和撤并了新安江啤酒厂、千岛湖电子仪器厂、瑞迪公司、姥山绸厂、羡山绸厂、丝绸总厂、活性炭厂、饲料加工工厂和家具总厂等 10 余家效益欠佳的企业，并重组永顺纺织（集团）有限公司、新安江罐头食品公司、水产冷冻公司、森林建设公司和渔网厂等企业。企业治理方面，通过"剥离、核销、提留"等改制程序，对公司所属企业全面改制，实行买断经营，职工进行身份置换和人员分流。

对于企业领导和一线员工来说，这一时期是一个非常痛苦而艰难的过程，2009 年出版的记录开发公司 48 年发展历程的《新安江开发志》一书对这个过程也有记叙。作为一家几乎和新中国建设历史重叠的国有企业，时代发展变迁带来的惊诧和阵痛都是成长的必修课，曾经的焦灼和无奈，今天已随风而去。所幸，这样一家企业现在还好好的活着，散发着勃勃生机，如今的开发公司已清理了所有债务，效益年年攀升。2009 年，淳安县新安江开发总公司新一届领导走马上任，新的领导班子正用一种务实和创新的经营理念描绘着这家老牌国有企业未来的美好蓝图，企业的前途光明而灿烂。

世纪之末的 1998 年，杭州千岛湖发展有限公司悄然成立，这家由中国林业集团森林国际旅行社和淳安县新安江开发总公司共同发起组建的公司开启了一个新的篇章，一条国企"休克鱼"将以一种更为自然而绚烂的方式，破茧成蝶获得新生。

有些员工还依稀记得，在一个月朗星灿的晚上，汪建敏总经理带着班子成员和中层干部到千岛湖镇南山开发区的大道上散步，不远处几家工厂灯火通明。几年来淳安县都严格控制工业企业的污染指标，引进县内的各种企业和工厂大部分以生态型工业为主，农夫山泉的水厂就是其中最大的一家。每天晚上这个时候，农夫山泉水厂的大门口就会停着许多准备装车的大型箱式货车，工人们用叉车正在紧张工作，这些水从这个地方被运送到全国各地的城市和乡村，甚至不会落下任何一间鸡毛小店。千岛湖的一瓶水居然能撬动如此大的市场，并且成为其中的佼佼者，这让汪建敏颇感惊讶和兴奋，而好水养好鱼，千岛湖鱼的前景必然也光明灿烂。当时，汪建敏曾饶有兴致地说了很多对企业发展的设想，那时的千发集团刚刚摘掉亏损企业的帽子步入快速发展期。如今，汪建敏的许多设想已成为现实。

2017年汪建敏调任上级单位中林森旅控股有限公司总经理，仍兼任已成为集团的杭州千岛湖发展集团有限公司董事长。画面回到1999年的那一刻，政府部门少了一个务实的干部，企业家群体中多了一个精明的老总。

第三节　让鱼活着往外卖

中国自古就是世界上淡水渔业最发达的国家。1988年中国的淡水鱼年产量就达到了455万吨，传统的鲢鱼、鳙鱼、青鱼、草鱼并称"四大家鱼"，此外还有鲫鱼和鲤鱼等品种。这些鱼类的分布极为广泛，只要是有淡水的地方，就有它们的种子，总量占淡水鱼类的80%~90%。尤其在以"鱼米之乡"著称的长江中下游地区，"四大家鱼"绝不是什么稀罕货。随着时代的进步，人们研究出了各种高产的办法，但"四大家鱼"毕竟不是银鱼、鲈鱼、鳜鱼，高产势必又进一步导致价格的降低。这对20世纪末的千岛湖渔业来说，意味着一个前所未有的矛盾。一场空前严峻的生存危机扑面而来。

2001年1月的一天，人们还沉醉在千禧年的喜悦之中，津津乐道于世界范围的"千年虫"问题。现在已是千发集团总经理的何光喜在那个时刻却没有那份轻松，当时他分管着千发集团的渔业事业部，此时正要去捕捞队传达一份由经理办公会议深夜研究的决议。决议的内容就是从这一年起，捕捞队必须完成10万斤活鱼的捕捞任务。那时千发集团的经理班子经常是晚上开会，一开就到深夜，有时也会有相当激烈的争论。

如今是千发集团总经理的何光喜，他是一个科班出身的公司管理者，也是从千岛湖湖畔走出来的土生土长的淳安人。1989年，何光喜以优异的成绩从浙江海洋大学海洋渔业专业本科毕业。回到家乡的他，第一份工作就是投身千岛湖的渔业一线，从基层的捕捞队员开始，在捕捞队一待就是11个年头。起初是捕捞队的技术员、深水网箱捕捞试验班班长，慢慢干到捕捞队副队长、县管干部，这也为何光喜积累了丰富的千岛湖渔业工作经验，对千岛湖有深刻的理解，对渔业事业有深情的热爱，

千发集团总经理何光喜

对渔业一线员工有深厚的感情和责任担当。1998年，通过第二批公开招考，何光喜成为新安江开发总公司的党委委员、总经理助理，之后升任副总经理、研究员，到2015年何光喜已是开发公司的党委副书记、总经理。而也是从1998年开始，开发公司和中林集团共同创立了千发集团，开始公司化运营千岛湖渔业，何光喜一直是千发集团的副总经理、常务副总经理，到2016年底，成为这家公司的淳安县国有产权代表、总经理。2007年1月—2010年5月，淳安县委、县政府为加强渔业渔政管理工作，任命何光喜为淳安县渔政渔港监督管理局首任局长，期间仍兼任开发公司和千发集团的工作。一路走来，何光喜的经验和习惯不断受到挑战，带领技术人员和技工，以工匠精神不断创新与攻关，从传统鲜鱼销售转变为活捕、活运、活卖，他硬是把以生产为主导的运行模式转换为以市场为主导的运行模式，千岛湖淳鱼的整个创牌过程的艰辛历程，外人很少能够体会。

"活鱼捕捞谈何容易，不可能！""知道鱼是怎么打上来的吗？懂得鱼是怎么卖出去的吗？我们几十年来都是这么干的，你来了就想改。"这是10年之后一位《杭商》的特约作家对当时情景的还原，下达这样一个决议，可以

想象当时那场会议上辩论的激烈程度，决策层承受的压力有多大。2000年之前，千岛湖鱼的主要市场是在东北重工业区，长距离的运输且不说无法进行活鱼运输，就算能运过去，一次性在当地销售几万斤的活鱼也不现实。所以哪怕是活鱼也是一层冰一层鱼，再一层冰一层鱼交替垒在大型货运车里进行保鲜运输的。当时，千岛湖的鱼在东北市场已经是名副其实的主角，长期代理千岛湖冻鱼的被称为"老五"的经营户，也成了当地市场的"鱼霸"。随着时间的推移，长三角地区经过十几年的改革开放，经济突飞猛进，生活质量提高了的人们也都不满足于吃冻鱼，活鱼市场已经开始兴起；而同时东北市场却出现了很大的萎缩，不断压价且批次减少，千发集团需要针对市场作出适时的改变。1999年，由于种种原因，公司总捕捞量仅有57万斤（其中还有10多万斤野杂鱼），这是历史上的最低点，几乎到了无鱼可捕的境地，而该有的鱼苗投入和各项人员开支都关系到企业的生存，一项都不能少。不能在"量"上做文章，就在"质"上寻找突破口，这便是当时的这个决议的初衷，似乎这也是仅有的机会了，"不在沉默中爆发，就在沉默中灭亡"。因而，以敏捷的市场反应，要转变活鱼销售，适应市场变化。首先带领渔业事业部的捕捞队班子成员赴杭州、上海、江苏考察水产品市场，调研活鱼销售情况，转变大家的观念。此时的何光喜心里尽管有些忐忑，但仍坚定地认为这是对的。

  捕捞队的动员会开完，尽管大家什么都没说，但何光喜知道大家已经开始考虑如何迎接活鱼运输这个挑战了。何光喜在捕捞队待过10年时间，对这里的一切都是熟悉的，这支队伍几十年都采用同一种方式开展工作，有些东西已经深入意识习惯当中，改变起来会有一定困难，但抓住几个关键环节，活鱼运输还是可以实现的，例如：捕捞全过程避免激烈操作，减轻鱼体擦伤；降低鱼儿的新陈代谢，保持一定时间小空间的静养。抓住这两个关键，鱼儿不仅能活，而且能鲜活地进行运输，始终以保护大熊猫的精神呵护每条活鱼，尽力不伤一张鳞片，最后活蹦乱跳地来到消费者的手中。

  到20世纪90年代末，中国已不再是一个传统意义上的计划经济国家，短缺经济的时代结束了。大概在人类历史上，从来没有一个国家如此急速地从短缺走向过剩，从封闭走向开放。在新形势下，"沉舟侧畔千帆过，病树前头万木春",那些不适应新环境的组织和个人将很快面临出局的危险,但同时人们也将迎来一个鼓励创新和尝试的大时代,那些敢于"鲤鱼跃龙门"的人,敢于溯流而上抢占新制高点的人,将看到新天地的第一缕曙光。发明了《活鱼捕捞运输、活鱼均衡入市》等17项专利,不断以科技创新支撑产品质量,不断提升并始终以保护品质作为优先考虑,为品牌奠定坚实基础。

不过,与迅速发展的工业化相比,中国的农产品领域的变化则要相对缓慢得多,几千年来的价值规律仍支配着人们的思维,绝大多数人还无法想象现代农业的模样,靠山吃山、靠水吃水依然是人们无法走出的思维逻辑。此外,由于受自然资源的限制,农业历来被认为是第一产业,正所谓"无农不稳,无工不富",农业的比较收益和附加值远远低于工业,这种观念已根深蒂固。因此,很多人对千岛湖渔业的发展前景并不乐观。更何况,那个时候千岛湖的名声并未像今天如此响亮,外界也很少知道淳安。

但有人很快发现,市场需求正在发生变化。随着人们生活水平的普遍提高,普通消费者对水产品的要求逐渐提升,过去满足于冻鱼或是冰鲜鱼的人们,开始对活鱼感兴趣,在很多餐饮场所的玻璃缸里,人们喜欢那些游来游去的活鱼,而不是即使新鲜但却已经死去的鱼,而此时的千岛湖仍以销售冰鲜鱼为主,但这显然已是一种吃力不讨好的做法。在消费者看来,鲜鱼无法与活鱼相比。此外,由于千岛湖的鱼体形较大,这种鱼在求鲜成癖的食客眼里并不受欢迎。

在中国传统文化的字典里,"鲜"的本义与鱼有关。千岛湖的鱼并不愁鲜。首先在养殖鱼种环节,千岛湖的鲢、鳙鱼多采自长江原种,培育中不使用任何有副作用的药物,不施人类粪尿和未经发酵、消毒的禽类粪肥。而一旦投放入千岛湖中,不投饵料,不用药物,且水体庞大,水质清澄,绝非池塘、网箱养殖可比。还有一个鲜为人知的秘密是,人工养殖的鲢、鳙鱼由于活动空间小,生长较快,通常体形比实际年龄大2倍多,因此嘴尖肉厚。但千岛湖的鱼则不同,自然生长,不采用人工催肥,因而体色较深,口感有韧性,反应灵敏,吃不出泥腥味,且富含多种氨基酸,更有益于健康。

尽管对千岛湖鱼的品质用不着有任何怀疑,但当市场经济的阳光普照神州大地时,打到淳安渔业身上的却是刺骨的寒风。公司制定了年产10万斤活鱼的目标,2001年4月10日,在东北湖区叶棋口渔场运出了第一车1380斤活鱼,迈出了拯救渔业的第一步,人们抱定了一个想法:不仅要保证活鱼运到外地,还要保证活鱼活着运到酒店和消费者手中。在今天看来,运送活鱼已不是什么惊天动地的创举,但在当年却并不简单,这不仅是一个环节的改善,而是整个生产销售流程变化的开端,更重要的是,它意味着从此以市场需求为导向的探索开始了。

首先着手改进的是捕捞环节。让我们简单地想象一下,如果是卖死鱼,那么只要能将鱼一网打尽就足够了,不需要费太多的脑筋。但自从产生了卖活鱼的想法后,捕捞队就必须围绕"活"字在每一个环节上做文章,保证鱼不受人为的损伤。于是一个重大的技术突破出现了,那就是让鱼入网后自己游进船舱。过去的做法是人工将一条条鱼抛掷到船上,渔业工人工作量大,且鱼与船体有接触,难免擦伤,影响鱼的存活率,现在人们发明出了一种新式武器——沉浮式活水运鱼船,起网后让鱼自己径直游进船舱里,该船采用鱼舱、艒艂浮力调节舱控制进排水的结构,使鱼舱船舷上缘自然地沉至所需吃水状态,把这种舱靠在张网旁边,拉动网衣把鱼倾倒于船舱内即达到起鱼、运输的目的。这时候的鱼虽已捕获,但仍同在湖水中游动没什么两样。

千岛湖淳鱼静养基地

其次是继捕捞后对鱼的静养。事实上,千岛湖的鱼游进船舱后,第一目的地并不是离岸码头,而是要在网箱中暂时寄养一个月左右,公司团队给这个过程起了个名字叫"静养"。为什么要静养？其一，选择一个避风安全、干净平静的库湾水域，鱼在相对较小的空间里生活一段时间后，野性渐渐驯服，便于长途运输；其二，静养期不投放饵料，鱼的体重会自然减少大约20%的重量，此举虽然会减少经济效益，但却提高了鱼肉的紧致度，口感更好；其三，可根据静养阶段鱼的数量随时调控捕捞力度，降低渔业工人劳动强度，这种做法实际上是把原来的生产环节按照工业化的流程去打造。但更重要的是，大规模的静养保障了日后根据市场的变化而保持均衡供应。

第三个环节是让活鱼乘"电梯"游进网箱。即在活水船的船舱内装入升降式平底箱，就是在活水船船舱两头分别装上一个升降机，在活水舱的底部装上一个可以移动的平台（跟船舱底部一般大），分别在两头用活动式钢管与升降机连接，并在不锈钢鱼槽上用海绵包裹缓冲。起鱼时，同时启动两台升降机，整个船舱就会缓缓上升，活鱼就会乘"电梯"慢慢游进网箱，完全自动化。总之，千岛湖的鱼在离开本地之前要尽量避免损伤，从捕捞到离岸前的运输丝毫马虎不得。

事实上，这些环节的改进并非一蹴而就，都经过了反复的琢磨和试验，包括最早的"拦、赶、刺、张"捕鱼法，千岛湖渐渐颠覆了传统渔业的作业方式，彻底向精细化的现代渔业转型。或许在千岛湖人看来，他们养殖的是

技术创新——沉浮式活水运输船

鱼类，但我觉得他们更是养殖着一种鲜活的生命。因此，他们像伺候婴儿一样，精心伺候着这些自然界的精灵，使它们得到应有的福利保障。正像美国著名生态经济学家唐纳德·沃斯特所说的那样："根据自然的真正的常规，一定的不可剥夺的权利是属于所有人的。然而生存和自由的权利，大概还应有追求幸福的权利，必然属于所有的生命，因为大家都是生物共同体的成员。"

继捕捞和静养活鱼之后，另一个至关重要的环节就是活鱼汽车长途运输了，为此千发集团交了不少学费。

一位员工回忆说，刚开始运输活鱼的时候真的是提心吊胆，由于运输距离远，加之那时候全国的高速公路网络远未成型，不少地段路况复杂，一旦运鱼车半路上出了故障，那么途中或抵达目的后鱼死亡的情况就时有发生，这样鱼就不值钱了。为此，一有紧急情况，新的运鱼车会星夜赶往接应替换。同时，运输人员每隔一段时间就要查看鱼的生存状态，发现问题立即处理。不仅如此，还要保证活鱼运到酒店后继续生存一段时间，要指导客户如何异地暂养，在技术上指导如何在酒店池塘里蓄养。如果确实是因为鱼本身的问题而导致死亡，公司会给予客户相应的补偿。

不过这些难题最终没有难倒人们，今天千岛湖活鱼运输的存活率已经接近100%，直达全国各大中城市。在运输过程中，由经过严格培训的专业人员负责管理运输对象，使出湖鱼类保持平和温顺的健康状态，诸如用水的水质、水温、含氧量、pH值，以及鱼的装载密度，都完全适应活鱼运输的基本需求。同时，尽量减少运输频率，运输设备和材料都不应对鱼有潜在的毒性影响。不对鱼类使用化学合成的镇静剂或兴奋剂，并尽量缩短运输时间，最大限度地减少运输过程中对鱼造成的不良影响和物理伤害，减少它们离湖后的各种痛苦、烦躁和不安，讲求动物福利。

我们在一位配送员工的记述里发现，按照他的描述，运送活鱼显然是一门精细活儿。"炎炎夏日，我们必须尽可能地缩短从捞鱼到过磅，从过磅到装鱼的时间，而且在这个过程里要快速筛选出一级鱼和二级鱼，然后给装好车的鱼冲水，保证鱼不受水质变化的直接影响，因为水质的变化会影响到鱼体色泽和鲜活度。水冲清澈后,要预备好冰块,途中水温升高后及时加入鱼桶,使水温保持在 18 度以内,还需不时根据氧气的均匀程度调整供氧量。"

通过认真的执行捕捞方式和流程的改造,当年捕捞队成功完成了这 10 万斤的活鱼捕捞量。活鱼比死鱼要好卖而且价格高几倍,大家来了信心,年终会议上,公司把下一年的活鱼产量一下子定在了 50 万斤,准备乘胜追击。这一年,全年的总捕捞量回升,公司完成了 90 万斤的活鱼捕捞,压力之下员工们的潜力被充分激发出来,公司效益也不断提高。十多年之后的今天,活鱼捕捞量已占捕捞总量的 99% 以上,除了少量鱼因擦伤而死亡外,"淳"牌有机鱼实现了全活鱼捕捞销售。就这样,下力气做好"活鱼"文章让新生的杭州千岛湖发展有限公司喘了一口气,看到了一线希望,人们小心翼翼地将原本只是粗放地进行培育和捕捞的鱼纳入精细化运作的轨道上来。

多年来,这家公司的发展就是在解决这样一个个"不可能的任务"中不断壮大的。从卖死鱼到卖活鱼,大家以前都说不能,但最后还是实现了。从前捕捞都集中在夏秋时节,其他时间不是进湾休整就是员工放假,而随着需求的增大,公司经过大量的调整和改变之后,从夏秋季节捕捞变为全年捕捞,当时大家也说不可能,最后也实现了。这些年"淳"牌有机鱼闯出了名气,市场需要怎么样的改变,公司就努力地将"不可能"转变成"可能";产品如何销售才更有价值,公司就按照那样的模式进行流程和产品形态的提升改造,以精益求精的工匠精神去追求更好,这些思路和方法已经成为大家几年来的工作习惯。2010 年 10 月,《中国广告》杂志社在对公司经营团队进行采访时,有位专家曾经说:"原先以为类似这样的企业,拥有很好的资源禀赋能经营好一个品牌不足为奇,但实际上,当时千发集团的品牌发展也几乎是零起点,完全是在荆棘丛生中开出一条路来,这里面有许多值得其他行业和企业学习和借鉴的地方。"

千岛湖的鱼不再只是一条湖水里的鱼,而是一条即将游向商业的鱼。接下来,就是如何向市场发出信号的问题了。如果说从卖鲜鱼到卖活鱼是第一次产品品质的飞跃的,那么这一次飞跃还仅仅是技术上的创新,品牌又该如何创新呢?

第四节　"淳"牌诞生

　　什么是品牌？人人都有自己的答案。很专业的说法是：品牌是人们对一个组织及其产品或服务提供给的利益关系、情感关系和社会关系的综合体验和独特印象，是能为特定所有者带来长期收益的符号化的无形资产。专业的东西往往是最晦涩难懂的，我们最容易理解的是对品牌的中国式说文解字，品是"品质、品味、品德"，牌是"口碑"，首先你自己得出众，或者价廉物美；另一方面整个消费者群体都认为你有着那样一些与众不同的特质。不过，我想人们会更在意品牌的另一个重要特质，那就是精神承载，因为只有它能够使商品与消费者之间进行心灵的沟通，给商品带来更高的满意度。

　　在进军梦想的道路上，有这样一道看起来坚不可摧的意识之墙横亘在人们面前——在下游商家和消费者看来，千岛湖的鲢、鳙鱼与池塘、网箱人工养殖的鲢、鳙鱼并没有什么区别，千岛湖的水质再好，并不能改变它们是最普通的鲢、鳙鱼这个事实，尽管销售人员磨破了嘴皮子，市场始终无法认同。摆在千岛湖渔业面前的只有两条路：要么接受现实，要么改变规则。终于在一次内部会议上，有人提出了为千岛湖鱼注册商标的想法。今天看来，注册一个商标的念头无疑具有划时代的意义，它意味着千岛湖渔业从此由农业思维向工业思维转变。在工业领域，商标运用广泛，但在农业领域，由于农产品的经营规模小、经营单位分散、组织化程度低、劳动生产率低，至少在那个年代，尤其是在水产行业，注册商标还是一件破天荒的事情。一般人更是无法想象，一条普普通通的鲢、鳙鱼凭什么拥有商标？

　　一个农产品需不需要一个商标？似乎现在已不是一个问题，但十几年前，这样的问题还是会被一些人笑话："活生生的东西又没包装，你把商标标在哪儿？挂在尾巴上吗？"他们一般会略带讥讽地提出这样的质问，很少有人会深刻地思考这个问题。当时，"希望""通威"这些品牌也是刚起步，但它们几乎都是先从相对工业化的饲料行业起步，因而也更了解品牌的价值，而千发集团的渔业属于纯粹的第一产业。汪建敏当时的回答是，"以前没有不等于现在不该有，更不意味着以后不能有。道理很简单，只要是商品，就可以拥有品牌，工业品如此，农产品也不例外。如果连商标都没有，又谈何品牌？"他坚信，千岛湖鱼不是随便的一条淡水鱼，它有自己的血统，有自己的身价，有自己的价值主张。

经过反复讨论和斟酌之后，2000年初，千岛湖鱼有史以来第一次有了自己的商业名字——"淳"。当时注册的"淳"牌商标属于第29类活鱼类商标，起初有人提出使用"千岛湖"商标，已着手和"千岛湖"商标的拥有者进行接触，但没有成功。后来也有人提出"绿"牌，绿色代表生态健康。不过，很快人们想到了淳安的"淳"，大家一致都认为"淳"牌是一个不错的选择。当时商标资源是比较丰富的，不像现在想到100个好名字，99个已经注册还有1个也是正在公示。于是千发集团赶紧对这个商标进行了注册提交，"淳"牌不仅在第29类进行了注册，还在其他5大类几十个品种进行了保护性注册。

"淳，不浇而沃，布帛广幅也。"《康熙字典》中对"淳"释义的字里行间充满了如陶渊明笔下"世外桃源"般的意境。这个字首先来源于淳安，同时顺着中国文字的特有魅力又可以引发很多美妙的联想，淳安本身就是文化底蕴深厚的地方，新安江渔业和渔民又有很多故事和传说，"淳"牌能很好地与这些历史典故结合起来，深深扎根于哺育其成长的这块土地，随着品牌越来越响亮，"淳"牌更是淳安人引以为豪的骄傲。"淳"代表纯粹、醇厚、纯天然等，既包含了区域文化底蕴，同时又凸显了产品特质。

"淳"牌商标的LOGO造型先后经过几次大的修改，最早注册时是一个古篆体的"淳"字，字体笔力遒劲厚重，是公司当时的副总经理中国书法家协会会员王光贵的墨宝，他负责公司的林业事业部，当时还分管着公司的淳鱼销售工作，"淳"牌的整个注册过程都是王光贵一手操办的。2001年后，为了突出渔业特点，广告公司将 LOGO 设计为一个鱼头的形状，突出"淳"牌有机鱼的憨态可掬，主色为蓝色和绿色。在 2003 年，经过杭州的一家策划公司的创意，最后确定为现在这个绿叶环抱下的一个美术"淳"字作为正式商标，一直使用至今。如同运作颇为成功的神户牛肉一样，千岛湖鱼有了自己的身份标识，它不再是一个口头上的地名，而是像一个贵族一样有了自己的徽章，而在这个徽章上，可以连续进行大手笔的商业运作。从淳安之"淳"出发，到突出渔业的朴素表达，然后再总结提升为一种绿色生态的农产品理念，"淳"牌从无形的地域文化特色化为有形的产品，自身最后又归于无形企业价值观，这也是千发集团经营的一次心路历程和螺旋式的发展和提高。

后来汪建敏谈到当年注册商标的动机时说："当时全国淡水鱼都是粗放经营，从河流、湖泊中捕捞上来后，就运到就近的农贸市场或水产市场销售，这种模式下的鱼类产品附加值低，单位成本高，且不易保存。千岛湖鱼虽然是非常平常的淡水鱼，但因为千岛湖得天独厚的生态环境，孕

"中国驰名商标"证书

育了可以注册商标做品牌的可能，原来价格低廉的淡水鱼完全有可能转化为'黄金鱼'。"从卖鲜鱼到卖活鱼，从无名无姓到注册"淳"牌，此时的千岛湖鱼犹如点亮了眼睛，开始了新的征程。它并没有停歇，在以后的几年里，"淳"鱼又先后成为浙江省著名农产品商标乃至中国驰名商标。如果说最初注册商标是为了在市场中杀出一条血路，那么之后就是捍卫身价的保卫战了。

"淳"牌商标创意完成以后，千发集团接着就导入了 VI 系统，主要思路是在几个产业分支中使用不同的颜色加以区别。由于当年太阳神品牌的成功，国内许多企业都花大价钱聘请策划公司进行 VI 设计和导入工作。实际

在千发集团，对VI系统的执行并不是全盘接收，属于"好用就用，不好用就改"。几年后我们再翻开当年设计的那份没有定版的VI手册时，我们会发现除了LOGO，其他品牌视觉元素和现在大相径庭，真正采用的很少。我曾思考过这个问题，是不是因为千发集团是一家农业企业，在执行上无法一以贯之？最后我发现，许多企业都存在这样的问题，VI运用方案中许多内容当时来说就已经属于纸上谈兵，品牌宣传的核心目标是市场需要和表达营销意图，而这两项都很难事先预估，从市场出发的VI设计和贯彻，也许是最为务实的办法。

当然，仅有一套VI才算刚刚开始。在2003年，"淳"鱼又拥有了一道新的"护身符"——原产地保护。从世界范围看，原产地保护已有100多年的历史，法国是这一制度的发源地之一，其中最著名的原产地保护产品是波尔多地区的葡萄酒。原产地保护不同于商标，具有极强的地域性。商标一旦受侵害，受损的只是一家企业，而原产地保护涉及面广，法律保护效力更大，掌握尺度更严格。实际上，申请原产地保护也是一种区隔战略，为日后千岛湖鱼的品牌运作埋下伏笔。

关于品牌，雀巢公司前董事长彼得·布莱贝克曾有这样一段论述："在技术统治一切的年代里，它——品牌带来了温暖、熟悉和信任。它还能创造出一种归属感，在一个没有宗教的商品世界里，它为我们提供信仰。它定义出我们是谁，而且还向与我们有关的人发出'我们是谁'的信号。"应该说，这段话恰如其

农业部首批"中国名牌农产品"证书

分地阐述了品牌的意义和价值，也是中国特色农业的必由之路。如果说美国是站在品牌上的国家，那么美国的农业品牌则同样不容忽视。美国是世界上第一个农业出口大国和农产品品牌大国，诸如"艾达华土豆""美国大蒜""华盛顿苹果""绿巨人""新奇士橙"等农业品牌不胜枚举，而在我们的邻国日本，从20世纪70年代末就开始了"一村一品"与精致化的战略，将农

业品牌作为国家品牌打造的一部分,几十年来坚持不懈。

应该说,"淳"鱼问世并不是一时的冲动当时这家公司已经意识到"千岛湖"是品牌运作的前提,更重要的是,随后佐之以一系列高超的品牌运作,千岛湖鱼的想象空间无限。这或许说明了一个简单的道理:好水出好鱼,物以稀为贵,一旦重新改变产品在消费者头脑中的认知,并建立新的识别系统后,它的差异化则将源源不断地释放出无穷的威力。此时的农产品本身品质并没有多大的变化,但如果有人赋予了它崭新的故事,那么商业的魔方将开始转动。

基于此,后来有人将2000年称为中国淡水鱼的品牌元年,这种评价并不为过。但实际上,商标的注册不等于品牌的打造,真正的品牌并不是一个简单的文字标签,也不是一个抽象的"LOGO",而是一个漫长的历程。

到此时,"淳"鱼的诞生预示着企业的经营重心终于从计划走向市场,从生产走向顾客,围绕着崭新的品牌之魂,经营者将展开持之以恒的一系列运作。在这个新的舞台上,一条更大的"鱼"将浮出水面。此后,"淳"鱼从未停歇过对品牌价值的追求。

第五节 有机的、原生的

一个普遍的常识是,有了商标并不等于就有了品牌,更不等于有了相应的品牌内涵,消费者不会为商标埋单。那么,"淳"牌之后,接下来该如何导入最核心的品牌内涵呢?千岛湖渔业同时打出的第二张牌是:有机。公司的经营团队想要找出千岛湖鱼的独特性——它与其他产地的鱼的不同之处。千岛湖鱼品质好,说一千道一万都过于空泛,而且不好传播,所以他们想到了健康、绿色等概念,恰好当时有机食品在中国刚刚兴起,他们从环保部门了解到有机的概念后立即着手申报。

活鱼的有机认证在中国没有先例,当1999年公司向国家环保总局有机食品认证中心(OFDC)提出这个想法时,专家们都吓一跳,千岛湖的鱼真的可以做这样的认证吗？2005年，中央电视台曾经播放过一个有机茶的广告，这个广告对有机产品做了一个很好的诠释，所有优质的农产品可以分为三个档次，一个是无公害食品、一个是绿色食品、一个是有机食品，而有机食品处于这个金子塔的顶端，属

与南京国环有机产品认证中心建立战略合作关系

于顶级产品。而在 2000 年，这个有机概念知道的人非常少，就算是公司的客户，有些在早期的时候还把"有机鱼"说成是"无机鱼"，他们的思维逻辑大概是有机肥他们是知道的，就是鸡粪、鸭粪这些东西，千岛湖鱼可没那么脏，所以就说成"无机鱼"。

  当时公司开新闻发布会，带着媒体和消费者做寻根探源活动，其目的就是要让人们建立对有机鱼的感性认识，媒体都有猎奇心理，"有机鱼"是什么？他们不知道，于是公司邀请的国家环保总局有机食品认证中心的专家就时常陪着营销人员大江南北地跑客户、做推介，最后大家总结出了一个非常易于理解的概念：无公害食品就是不含农药残留；绿色食品就是检测指标中不含一些对人体有害物质的食品，比无公害食品有更多的检测指标；而有机食品更是把环境都纳入检测的范围中，有机食品所处的环境都要符合有机标准才能算有机食品，对产品的要求更加严格。优良的生态环境才能生产出拥有优良品质的产品，这是有机食品的逻辑出发点，也更符合食品安全的考虑。在推广有机鱼概念时，一本非常不起眼的小册子起了很大的作用，这本被叫作《有机鱼一百问》的小册子是由千发集团的渔业专家精心选出 100 个关于"淳"牌千岛湖有机鱼的问题，深入浅出、全面而生动。大家都知道，国家在对食品的检验中许多指标是不检测的，而许多时候就是这些非检测的指标会出问题，引起食品安全事件。比如三鹿奶粉事件就是典型的案例，那时的国家检验标准中没有三聚氰胺这样的检测指标，而恰恰是这个添加剂对人体产生了不良的影响。

新闻学上有句很经典的话"没有新闻就制造事件,没有事件就制造概念",中国市场经历过一个狂热的制造概念时代,保健品,比如:脑白金学名就是褪黑素,SKII 核心物质叫作弹力蛋白,而在学术资料中却没有这个概念。甚至在一些工业企业,比如海尔的"光触媒"空调,实际就是在空调上增加一个活性炭过滤网罩。还有所谓的第 5 代高清逐行扫描 DVD,还有现在方兴未艾的"空气能"概念,都是看起来很美。这些让人炫目的概念往往是成为误导消费的"罪魁祸首",概念营销核心其实是寻求产品本质特性,这种特性是固有的,而不是可以夸大和包装出来的,不是为宣传一个概念而去制造概念,至少那样做是短视的、不持久的。

有机农业和有机食品这一概念崛起于 20 世纪 80 年代的西方发达国家,某种意义上是一种返璞归真。与化学农业相反,是指遵照一定的有机农业生产标准,在生产中不采用基因工程获得的生物及其产物,不使用化学合成的农药、化肥、生长调节剂、饲料添加剂等物质,遵循自然规律和生态学原理,协调种植业和养殖业的平衡,采用一系列可持续发展的农业技术以维持持续稳定的农业生产体系的一种农业生产方式,有机食品是指来自有机农业生产体系的食品。

由于我国的国情,有机农业发展较晚,在 20 世纪 90 年代中期,中国几乎不存在有机食品的国内市场,即使有少量产品也大多拿去出口,到 1999 年中国有关机构才首次正式颁布了《有机认证标准》。进入 21 世纪后,随着一些富裕地区的人对健康和营养的需求,有机食品如星火般开始燎原。在一些都市的大超市里,一些食品包装上开始出现有机食品的字样,但真正引起普遍的关注还是近年来食品安全问题频发之后,人们才意识到,有机食品与自己的生活并不遥远。

而在西方发达国家,有机食品早已成为一种时尚。以美国为例,美国是世界上最大的有机产品市场,2011 年美国有机食品行业销售额突破 30 亿美元,年度内有七成美国人消费过有机食品,行业整体增长 9%。欧洲有机食品消费占全球的 1/3,世界排名第二的德国有 1000 多种有机食品。

对当时处在世纪之交的千发集团来说,一个潜在的机会正在来临。在得知当时的中国还没有一家水产品获得有机认证后，这家公司马上开始向国家环保总局有机食品发展中心申报认证，以抢夺市场先机。在产品方面，他们有足够的自信，千岛湖本身就是最好的推荐书。千岛湖气候良好，温度适中，日照充足，非常适宜鱼类生殖繁衍。加之库区周围的森林覆盖率高，到处郁郁葱葱，水面浩瀚，对湖水温度具有很强的调节

作用。此外，千岛湖雨量充沛，水的"新陈代谢"快，每年平均入库径流为94亿立方米，平均出库水量为90亿立方米，湖水更换期只有2年，而渤海海水的更换期则达18年之久。长期以来，千岛湖在中国众多的大江大湖中位居水质之首，得天独厚的生态环境使其完全有可能率先孕育一个全国性的有机食品品牌。

淳安人常常开玩笑地说，千岛湖鱼是喝农夫山泉、吃松花粉长大的。在千岛湖四周的崇山峻岭上，遍布着马尾松，每逢春天松树开花季节，随着自然界的力量——风和雨水，大量松花粉飘落或被冲刷入千岛湖，成为鱼类的天然饵料。早在2000多年前，松花粉就被国人列为上品，《神农本草经》称久食可以强身、益气、延年，明代大医药学家李时珍赞誉其有"润心肺、益气、祛风、止血"的功效。总之，生活在北纬30°的千岛湖鱼几乎具有不可复制的生长环境，这种情况就像全球最负盛名的葡萄酒来自法国的波尔多地区、最好的橙子来自阳光充沛、气候适宜的美国加州一样。

从企业可持续发展的角度讲，千岛湖打有机牌不仅是一种品牌内涵的高度浓缩，更是一种竞争战略，也就是迈克尔·波特所说的"差异化战略"，即通过提供差异化的产品或服务，树立自身的唯一性、权威性和排他性。同时，这种做法也符合"专一化战略"，聚焦"有机"有利于企业以较高的效率、更好的效果为某一狭窄的战略对象服务，从而超过在较广阔范围内竞争的对手。本质上说，千发集团试图将先天拥有的基础资源转化为特殊的战略优势。

但实际上，有机必须经过严格的认证，尤其是对渔业来说，从对环境的

检测到对养殖的要求,从饵料到对疾病的防治,从捕捞到产品的运输,甚至包括如何宰杀等一系列环节都需要认证部门严格考察。1999年开始的有机认证经过了一个漫长的过程,有机食品认证中心和千发集团都是首次做有机鱼的认证,所以也非常认真,有机鱼体系将成为一个完备的范例,以至于一直以来千岛湖

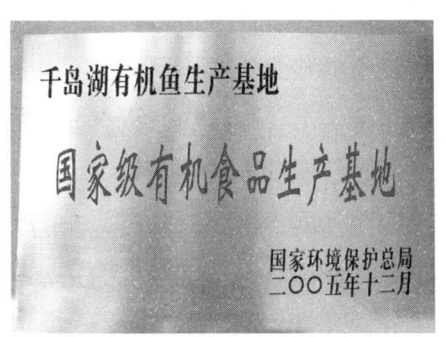

"国家级有机食品生产基地"授牌

有机鱼都作为国家环保总局有机食品认证中心的一个成功案例进行宣传,但这样的过程也相对比较漫长,直到次年,2000年10月这样的认证才得以完成,这个过程中公司的生产科技人员和认证中心的专家结下了深厚的友谊。继注册"淳"牌之后,千岛湖的鲢、鳙等10多个品种的鱼类相继获得有机食品认证,"淳"鱼有了实质性的支撑。3年后,在公司的推动下,淳安又被国家农业部命名为全国第一个"中国有机鱼之乡"。

这些年来,"有机"二字一直是千岛湖渔业品牌呵护的重中之重,先后荣获全国有机食品示范基地、全国有机食品示范企业等资格证明,这一系列围绕有机概念筑就的防火墙,保障了千岛湖渔业的长期竞争力。2008年,千岛湖渔业在全国"淳"牌有机鱼经销商大会上,隆重发布了中国淡水鱼行业第一个有机宣言,再度将自身在有机鱼领域的领导地位彰显无遗。宣言如下:"以关爱顾客健康为己任,倡导饮食健康,倡导有机消费,引领餐饮市场的消费潮流;以保护自然生态为前提,提倡食品源自自然,倡导人人保护自然的良好道德风尚;以创造绿色消费环境为目标,为顾客提供品质优越、营养丰富、更多更好的有机菜肴;以提高企业产品质量为基础,注重产品品牌及原产地保护,从源头把好食品的质量关;以维护顾客合法权益为根本,不欺骗顾客,不唯利是图,坚决抵制假冒及不安全食品;以忠诚守信、服务客户为原则,努力构建一个诚信为本,安全、健康、和谐的餐饮市场。"这份宣言由经销商代表宣读并对媒体发布。

可以明显地看出,千岛湖渔业的有机概念不仅局限于生产企业本身,而

是已深入终端体系。这种做法进一步顺应了餐饮市场的潮流,也使得千岛湖有机鱼的整个流通体系建立了共同的价值观。

事实上,中国的有机食品发展也面临一些挑战,一方面,越来越多的农产品经营者拥入其中,以谋取高额利润;另一方面,整个有机行业的鱼目混珠和泥沙俱下也在所难免,"劣币驱逐良币"的现象时有发生,安全食品成为一种奢侈。但不可否认的是,有机食品的发展前景十分广阔,市场需求势头异常旺盛。

2012年,在"有机牌"的基础上,千岛湖渔业又启动了"原生牌"。"前人栽树,后人乘凉",一个时期以来,大量打着千岛湖有机鱼的产品充斥市场,有机鱼概念严重泛化,已局部影响到公司的正常运营。公司认识到,与其在混乱的有机鱼市场上听之任之,不如进一步强化"淳"牌有机鱼所拥有的独占性自然资源,构建以资源价值为核心的品牌战略。于是,千岛湖原生有机鱼应运而生。此举从产品资源的稀缺性、原生态和自然资源的配置层面,再一次界定了淳鱼的品牌内涵——有机的,原生的。

"地理标志产品保护专用标志企业"授牌

应该说,杭州千岛湖发展集团有限公司是一家非常善于锁定概念,从而进一步讲好故事的公司,如同有人所说:"在21世纪,一个企业应该具有的最重要技能就是创造和叙述故事的能力。这是所有企业都面临的挑战——不管是生产消费品、生活必需品、奢侈品的公司,还是提供服务的公司,都必须善于在自己的产品(或服务)背后创造故事。"对这家公司来说,有机就是故事的开始。

从最初的"淳"牌出世,到后来的有机和原生,这家公司始终将极大的热情倾注到品牌运营的商业实践中,同时,也在不间断地提高经销商对有机鱼的认知,每当国家权威部门出台一项更具体的有机产品认证实施规则后,他们就会不失时机地召集全国经销商共同学习，签订经销承诺书。时至今日，伴随着品牌的一路成长，千岛湖渔业已拥有了引领有机鱼行业的强势话语权，从渔业的经营者转变为行业标准的阐述者。后来，所有人都惊奇地发现"有机鱼"成为商品市场上独立的一个品类，甚至在一些局部市场，"有机鱼"被认为就是"淳"牌千岛湖鱼，似乎它已经成为一种特定的鱼的品种一般。这种市场表现充分印证了一个道理：真正的概念不是等来的，也不是找出来的，而是做出来的。没有卖不出去的产品，只有找不到方法的企业。用一句营销界流行的话来说，就是给消费者一个无法拒绝的理由。

到底是有机产品成就了有机概念还是有机概念成就了产品本身？千岛湖鱼以有机概念而从山塘水库中的各种同类产品中跳了出来，"淳"牌鱼与其他鱼的本质不同，这个不同就是"淳"牌鱼的生长环境是国家一级水体，本身不投喂任何饵料，这种条件下生产的鱼就是有机的鱼，就是优质的鱼。优秀的产品随着有机概念的深入人心最后被大家所认识和认同，最后形成品牌溢价，而有机概念随着无数优秀产品得以迅速传播，成为超越绿色概念的一个更高级别的食品标准。早起的鸟儿有食吃，先行一步的有机认证为千岛湖渔业的可持续发展奠定了坚实的第一步。一个有趣的现象是，尽管后来的中国不断有同类企业打有机牌，但人们已经很难再为之而感到兴奋了。

要想把一件简单的事做到极致并不容易，2000年的"淳"牌有机鱼还只是一个初生的梦想，正走在通往极致的路上。

媒体链接：通过水花辨别鱼群，是真的吗？
CCTV-2《是真的吗？》时间：2016.07.30

主持人：现在很多小区里面都养一些鱼，是吧？养那种金鱼也好或者是其他颜色的鱼。我就记得我小的时候很多人还以打鱼为生，用个渔网啊什么的在打鱼，而且他们非常擅于辨别鱼的品种。但是，还是不如我在网上看到的这么一个说法邪门。我在网上看到的说法是，渔民可以通过水花辨别鱼群种类，是真的吗？

嘉宾A：我老家山东日照的，是海边的。我钓过鱼，其实我钓得不是很好，但那种经常钓鱼的人，他一看那水面就知道这个水面有没有鱼。而且基本上鱼一咬钩，他凭手感就知道这条鱼有多大。

主持人：但他能判断出来这个鱼到底什么种类吗？

嘉宾A：钓鱼的人判断不出来，但我觉得渔民是可以通过水花辨别出来的，因为我觉得各种各样的鱼，它的游姿都是不一样的。如果经常打鱼，做渔民的话，他一定会通过这种水花辨别出来。

主持人：婷婷，相信他的说法吗？

嘉宾B：我没有钓过鱼，我不知道，我不懂这个，但是我想跟他一样，反正要是翻答案，俩人一起。

主持人：你现在跟他绑在一起了。

嘉宾B：不能自己一个人，太寂寞了。

嘉宾A：她已经翻怕了。（哈哈）

主持人：好了，两位嘉宾都已经把答案给出来了，事实的真相到底是什么呢？请看我们的调查视频。

渔民可以通过水花辨别鱼群种类，是真的吗？说起打鱼，对于住在江河湖海边的老百姓来说，是必不可少的生活技能。靠山吃山，靠水吃水，在大自然里耕海牧鱼，凝聚了一代代渔民独特的智慧结晶。最近，网上有传言称有些渔民仅仅通过观察水花，就能辨别鱼群种类，关于这种技能的传说引起了网友们的议论。

"这也太夸张了吧？溅点水花就能判断鱼群种类，那还要雷达做啥？"

"别小瞧渔民的智慧，经验就是经验，有时候不得不服啊！"

"我男朋友是千岛湖的，我好像听他说过，他们家的长辈捕鱼，就是通过这个方法辨认的。"

对于这个说法，网友们的看法不一，事实真的如同网上说的那么神奇吗？根据网友提供的线索，我们决定前往千岛湖一探究竟。

千岛湖位于浙江省杭州西郊的淳安县境内，因湖内拥有1078座绿岛而得名，是世界上岛屿最多的湖泊。在千岛湖除了水美岛多之外，鱼的种类也非常丰富，光记载在册的就有114种之多。捕鱼跟这里人们的生活有千丝万缕的关系，那么这里的渔民真的可以通过观察水花就能辨别出鱼群的种类吗？真相小分队一到当地，就直奔湖边码头寻找渔民。

"您好！我来找咱们这边可以通过水花来判断鱼（群）种类的人。您知道谁可以做到吗？"

"这里有个捕捞队，叫叶队长，他懂这方面的知识。"

渔民在听说我们的来意之后并不惊讶，并要主动带我们去寻找捕鱼队的叶队长，难道说网上的传说是真的？

"这就是我们的叶队长，撑着腰的那个。"

"您好，您好！我们这次是来拍通过水花辨别鱼的人，这个您能做到吗？"

"能做到。"

叶队长答应的倒是挺爽快，可我们请求马上去验证的时候，他却卖起了关子，让我们休息一晚，第二天拂晓再出船。叶队长这么一说，把这件事弄得更加扑朔迷离了。在我们再三争取都没有结果之后，我们只好按捺住自己焦急的情绪，等待明天。

第二清晨天刚蒙蒙亮，我们便跟随叶队长出船了。

"你看,那个方向就是鲢鱼跳起来。"

"噢,那是,那儿有个水泡。"

"那就是鲢鱼,那个鱼(群)有大概三四万斤左右。"

就看到几条鱼跃起的水花,叶队长就断定有几万斤鱼,这会是真的吗?判断完一处鱼群之后,叶队长并没有着急回去。驱船来到另一处水域,继续找鱼。

"左前方的话,你看这个(就是)鳙鱼。"

"噢,看到了,那儿有水泡。"

"(这个是)鳙鱼起跳,那边的是鳙鱼(鱼群),大概我目测了一下,大概在两至三万斤左右。"

记好了两处鱼群位置后,叶队长立即打电话通知捕捞队,一场浩浩荡荡的布网作业即将开始。两处鱼网布好之后,时间已过正午,现在一切就绪,就等鱼进网了。

"那咱什么时候能收网呢?"

"收网大概在明天吧。"

"明天?"

"对对对,这个网围了之后,然后通过傍晚的"刺网驱赶",明天的话,能够达到一个良好的捕鱼效果,能让鱼(群)进入这个网内。"

虽然记者心急火燎地想马上知道结果,但叶队长一再告诉我们说:捕鱼需要耐心。所以,不得已又熬过了一个漫长的夜晚。天亮之后,我们便迫不及待地来到了渔场。这两个地方的鱼群真的和叶队长判断的一样的吗?我们拭目以待。

"一二,嗨咗!一二,嗨咗!"

捕鱼场景如此壮观,真让我们大饱眼福了。我们跟着叶队长来到了之前下网捕鲢鱼的位置,这一网鱼捕起来的真的会是鲢鱼吗?

"这条鱼呢,就是鲢鱼,因为它头比较小,嘴巴比较小,它的体表的颜色(是)白色。"

果真如队长所判断的一样,这一船捕捞上来的几乎都是清一色的大鲢鱼，而且每条看起来都有 10 多斤重，另一处捕起来的会是鳙鱼吗？我们来到了第二处布网的地方，继续验证。

"这条鱼呢，它叫作鳙鱼，因为它头比较大，嘴巴比较大，体表的话只有黑色的小斑点，那今天我们捕的这网鱼呢，基本上都是这个鳙鱼。"

叶队长的两次判断准确无误，不由得让我们敬佩不已，那么它到底是如何判断的呢？

"按照水花来看的话，这个鳙鱼的话就比较温和，它就'咕噜嘟'一下，等于说这个跟鱼翻个跟头一样，那么这个水花溅起来不是很大，看起来还是有一定的形状。白鲢溅起来的水花比较散，所以说声音也比较脆。还有这个鲤鱼的话，它溅起的水花更加高，因为鲤鱼整个身体都会（跃）出水面，水花高，溅起这个水花的力量比较大。"

凭借这种方法，叶队长几乎每次都能成功。他还说，除了观察水花来辨别鱼群，还有很多古老的捕鱼方式。这些办法凝聚了千百年来渔民的经验和智慧。他还希望通过自己把这些古老的技艺保留下去。

主持人：通过刚才这个视频，我们可以看到，渔民可以通过水花辨别鱼群种类的说法是真的。好了，恭喜两位嘉宾都答对了。

第三章
以鱼名湖

那一年9月以后,千发公司销售部的电话被打爆了,
由于占线,公司总经理和副总经理的手机也成了业务专线,
商家们先把电话打到了报社,
再通过报社联系上了千发公司,希望能够获得合作机会。

2001年9月15日，以"人·水·环境"为主题的首届"中国·淳安千岛湖秀水节"在千岛湖镇开幕，这是淳安第一次集中展示地域魅力的大型节日营销活动，以后每两年举办一次，内容不断丰富。

与秀水节一同亮相的，其实是淳安县发展大旅游的雄心。此时的淳安已不再满足于单一的观光旅游，开始主动出击向大旅游进军，提出了打造长三角乃至全国"休闲度假胜地，培植旅游经济强县"的目标。短短4年后，淳安旅游经济总收入就占了全县GDP的20%，旅游业成了淳安的引擎产业。再后来，淳安县又提出了成为"长三角首选、全国一流、世界知名"旅游目的地的发展目标。

在首届秀水节上，杭州千岛湖发展集团有限公司员工的身影异常活跃，他们提前做了精心策划，推出巨网捕鱼、全国淡水鱼烹饪大赛、茶艺表演等富有淳安风情的节目，最大限度地吸引世人的眼球，这种做法后来几乎成为这家公司的一种本能。因为鱼终究离不开水，离不开养育它的这方神奇的水土。

值得注意的是，这些年来千岛湖渔业一直将自身的发展与千岛湖的区域营销紧紧捆绑在一起，时刻留意着环境中每一个稍纵即逝的机会，一旦看准，随即主动参与和承担责任，同时巧妙地借势发展，用他们自己的话说，叫"鱼水合一，以鱼名湖"。直到今天，这种战略营销理念从未变过。这也是为什么千岛湖有机鱼后来成了淳安、杭州乃至浙江的一张金名片。

2002年伊始，千发集团将这一年确定为"市场开拓年"，一场全员营销战即将打响。当时面临的最大问题是，如何让世人尽快了解有机鱼，接受有机鱼，甚至离不开有机鱼。

第一节 鱼鲜也怕巷子深

淳安位于浙江省境内腹地,是国家级风景名胜区、全国 5A 级旅游区。近年来,淳安县委、县政府围绕"建设旅游经济强县"的目标,依托千岛湖一流的生态环境和独特的山水优势,推动大旅游产业全域化、国际化、品质化、融合化、智慧化发展,逐步打响了"度假千岛湖"的品牌,全力推进"康美千岛湖"的建设,着力打造"世界山水公园,东方休闲名湖"。千岛湖旅游业发展自 1982 年起步,从无到有,从小到大,经历了旅游产业发展积累、旅游产品不断丰富、休闲度假明显提升三个阶段,逐渐步入产业黄金发展期、业态形式转变期、旅游品牌提升期和休闲度假转轨期。目前淳安旅游观光稳步增长,休闲度假初露端倪,旅游接待日臻完善,产业规模不断扩大,旅游品牌逐步彰显。

而旅游业作为区域经济发展最大特点和优势,它对千岛湖渔业的起步和发展也起到了传播和推介平台的良好作用。千岛湖湖面广阔,鱼儿在不同湖区游弋,因此肌肉发达、体质强健。"淳"牌有机鱼在湖区生长期间不投喂任何人工饵料,完全滤食湖中浮游生物,因此没有泥腥味、肉质鲜嫩。在千岛湖四周,山林密布,主要植物是松树,每年松树开

世界旅游小姐品尝淳鱼

花时都有大量松花粉飘入湖中。松花粉是松树花蕊的精细胞,是生命之源,它集聚了丰富的微量元素,饱含丰富的营养成分和活性物质,对人体有很高的保健价值,堪称"花粉之王"。在千岛湖中生长的有机鱼不仅滤食浮游生物,每年还大量滤食飘入湖中的松花粉,因此松花粉的营养成分都被鱼儿吸收,使有机鱼也具有极高的营养价值。据国家轻工业食品质量监督检测站等

权威机构检测,"淳"牌有机鱼富含17种氨基酸,尤其是人体必需的8种氨基酸(赖氨酸、蛋氨酸、色氨酸、苯丙氨酸、苏氨酸、异亮氨酸、亮氨酸和缬氨酸)含量更高,能有效降低胆固醇,有增进智力、健胃益气之功效。鱼体中的牛黄酸(Tau)是婴幼儿生长发育所必需的氨基酸,对心血管系统有较强的保护作用,可以促进脂肪乳化,对视网膜也能起保护作用。

然而,好产品未必有好的市场。农产品销售难,一直是困扰中国农业发展的老问题。现实生活中,我们常常可以听到某个地方的农产品丰收却大面积滞销的消息,农民们辛辛苦苦、满怀希望地迎来了收获,但行情却变了,于是收获的农产品堆放在田间地头,积压情况严重到一定程度,甚至会影响当地的社会稳定。于是专家开出了各种"药方",针对如信息不对称、适销不对路、供给过剩、农民缺乏市场观念等问题给出解决办法,也有热心人帮着拓宽销售渠道,以解农民燃眉之急,但有一种局面始终无法取得根本性的突破,那就是农业生产者长期处于商业价值链的底层,在市场上没有定价权。

统计数据显示,中国的农产品加工转化率仅为20%~30%,而发达国家的平均水平是90%~95%。中国每1元初级农产品加工后的增值仅为0.38元,而美国是3.7元,其中的价值几乎完全来自农产品的品牌经营。水产品作为我国农产品的一个大的组成门类,同样难逃此命,消费群体认为像鱼、虾这类能够用肉眼分辨好坏,没有深度加工过的初级产品,有没有品牌无所谓,因而只会注意水产品的新鲜度、残留药物等情况,基本没有其他较高的需求。这也直接导致生产经营者市场营销意识的淡薄,使得大多数水产品没有标识,厂家在促销和宣传过程中一味地打价格战,而忽视对水产品作为商品的经营和广告的投入。当前各地在新渔村建设中都提出"一村一渔""一户一品"等发展理念,使得多数水产品以乡村为经营范围,规模较小,各自为阵,政府和企业、渔户间对市场的共享难以协调,优势难以整合。分散式的经营模式,既阻碍了规模效应的发挥,也增加了养殖、信息、加工、生物等方面现代科技的引进和开发难度。多数地区的水产品雷同性大,缺乏比较优势。

作为新概念,起初有机农产品的市场反馈同样不容乐观。一方面,市场上的生态概念名目繁多,鱼龙混杂,人们对有机产品半信半疑;另一方面,有机食品卓尔不群的价格也影响了消费者的选择，人们无法确定，那些贴着绿色标签的有机食品是否物有所值。因此，一个无法回避的问题是：如何引导消费者？常言道："酒香还怕巷子深"，好水出好鱼不等于市场买账，这也是"淳"牌有机鱼问世后面临的第一道屏障。公司意识到，当务之急是提高营销能力，变"坐商"为"行商"，"走出去，请进来"。同时，公司制定了详细的市场拓展实施方案，在政策上向营销人员倾斜，实行"底薪+提成"的分配政策，还请来了浙江大学的老师来公司办营销知识讲座，从营销知识的 ABC 讲起。

先来讲一个小故事。2001 年 4 月的一天，杭州《钱江晚报》的一位记者来到千岛湖旅游，出于职业的敏感，他对千岛湖在发展旅游方面的一些小细节不太满意，为了找到报道源，他信步走进位于千岛湖镇中心位置的一家鱼味馆，他并不知道，这家由新安江开发公司创办的鱼味馆成立于 1980 年 5 月，是淳安特色餐饮的一面旗帜，在 20 世纪 80 年代，鱼味馆是当地有口皆碑的"高级饭店"，也是当时唯一一家经营溢价饮食、免收粮票、放开价格自主经营的饭店。

据一位老鱼味馆人回忆，这家坐落于黄金地段的饭店曾经设有当时淳安唯一的"雅座"，开张时有十张圆桌，后来由于生意火爆，在原址基础上建起了大楼，拓展了住宿、会议接待等功能，即使这样，客人也要排队等座，职工每天腰酸背痛地忙到深夜，没有休息日。经过艰苦创业，鱼味馆成了当时中国县级市里唯一的中国名餐馆，甚至成为上海一些单位来到淳安的休闲疗养基地。

这位记者当时来的并不是时候，此时的鱼味馆刚刚经历了一场经营危机，正准备重振旗鼓，于是决定用一道主打菜激活一家老店，这道菜就是后来的千岛湖鱼头，一夜之间这道菜从之前的每份 26 元提到了 88 元，上涨了 3 倍多，结果记者震惊于天价之余，回到杭州后发表了一篇文章，题目叫作《给千岛湖挑挑刺儿》，文中列举了千岛湖旅游中的

国际友人莅临千岛湖鱼味馆

种种不完善之处,还特意给时任鱼味馆总经理的千发集团副总经理吴建平起了个封号——"吴快刀"。

报纸一出,立刻惊动了淳安旅游局,上级主管单位马上责成这位经理写检查,接着要以鱼味馆为典型抓行风教育。谁知"吴快刀"却上交了一份大吐苦水的检查,他这样写道:"鱼味馆卖的是千岛湖里的活水鱼,品质好,不是一般的鱼头,企业苦心经营的品牌岂能因某个记者的一时报道而毁于一旦?这样下去,企业的利益如何保护?今后淳安的'有机鱼'又将怎样走向全国?"

后来的结果是皆大欢喜,公司特意邀请了杭州的主要媒体,包括那位"挑刺儿"的记者再游千岛湖,仔细介绍了为什么一道鱼头会值88元,亲身体验过后,媒体顺势又做了一轮正面报道,鱼味馆的生意也开始有了起色,当年收入增长了3倍有余,职工也因此获得不断加薪而喜笑颜开。这个过程中,吴建平的经营能力得到了全县旅游行业的认可,一度他还兼任着淳安县风景旅游协会的副会长。经过不断升级,如今千岛湖鱼味馆客人们最常点的两道鱼头菜肴是价格不菲的秀水砂锅和番茄鱼头,二者都是这家店的招牌。

这个故事从一个侧面说明,在人们尚未充分理解有机农产品的内涵之时,价格敏感度非常之高。同时也说明,产品的特殊性越高,价格敏感度越低;反之,越大众化,价格敏感度越高。不过这件事也使千岛湖渔业强烈地感受到了媒体传播之于塑造品牌、输出口碑的重要性和必要性,公司董事长汪建敏后来回顾说:"农产品在很多方面有局限性,但也有优势。农产品我们可以通过新闻、政府等多种渠道向外宣传,工业品则没有那么多机会,稍有动作都会被看作是商业行为,农业则不一样,我们的一路发展离不开媒体的帮助和相关旅游部门的各种活动。"

事实上在那个年代,如何让商家认可有机鱼仍未破题,还不存在市场对"淳"牌有机鱼忠诚度和美誉度的问题。

千岛湖鱼味馆茶艺队

在最初的一次将胖头鱼价格从每公斤 4 元提至 12 元以后，迎来却是市场的当头一棒。据当年的一位销售人员回忆，当他们运着活鱼走进杭州、上海的一家家酒店的时候，对方对商标以及有机鱼的概念根本不感兴趣，在他们的意识里，千岛湖也没什么了不起。此时的千发集团内部对于提价的决策也有些动摇了，有人埋怨提价过猛，提出还是现实点儿，把价格降下来，只要比池塘鱼和稻田鱼高些就行。

那么，有机鱼的价格到底是该降还是咬牙坚持？难道真的是定价出了问题吗？市场给出了相反的答案。2003 年的一天上午，"淳"鱼销售中心的总经理方青生带着销售人员敲开了杭州著名餐饮店——知味观的大门，他特意带着两条活蹦乱跳的胖头鱼前往拜访对方的负责人，并约定由知味观的厨师现场烹制，结果中午大家品尝后赞口不绝，当即签订了购销协议。事实证明，一时打不开销路不是产品不好，也不是定价太高，而是市场对产品的认知度不够。

但问题的关键是，既有的消费理念早已根深蒂固，在这种情况下，又如何迅速改变消费者的认知呢？

一般的做法自然是砸钱，一言以蔽之，用大手笔的资金投入广告和品牌宣传。但对农产品生产企业来说，囊中羞涩，靠高密度、高强度的广告做品牌是不现实的，人们必须另辟蹊径，恰如管理学之父彼得·德鲁克所说："我们未来的富有不在于财富的积累，而在于观念的更新。"与此同时，按照公司的计划，"市场开拓"已被放在极端重要的地位，千岛湖渔业必须迅速突破两个根本性的转变：一是从原来的东北市场向消费力旺盛的华东市场转移；二是真正实现价格提高后的活鱼运输。再者，捕捞队全年满负荷的作业也容不得市场营销上的半点退缩。

冷静地分析了形势之后，"淳"牌有机鱼最终没有降低价格，就像一个现代农民用拖拉机种地，是不可能再用镰刀去收割的，公司已经清楚地认识到形势并不是铁板一块。在一次会议上，汪建敏坚定地说："降价是行不通的。我们必须坚持，绝不能退让。我们能降多少？再降比池塘鱼和稻田鱼还是贵。这不是简单的调价问题，而是提高千岛湖鱼的品位和关注度的大问

媒体聚焦千岛湖淳鱼

题。"但现实的另一面是,千岛湖渔业没有充裕的资金用于广告,只有另辟蹊径。

第二节 媒体喊出了"中国第一鱼"

千发集团的主产品鳙鱼俗称胖头鱼,全国各地鱼塘甚至稻田都可以养殖,实际上非常普通,吃的人虽然多,但是也不会觉得有什么特别之处。千发集团曾有过一家罐头厂,厂里将鳙鱼肉制作成罐头销售,而由于鱼头骨头多又没有多少肉,很难处理,所以只好像柴垛一样堆在冷库里,冷库中的鱼头越堆越多。随着时间的推移,罐头慢慢滞销,最后罐头厂也关门了。

冻鱼滞销堆积如山

2001年4月的一天,千发集团接待了一拨北京的客人,公司经济窘迫,没钱招待。情急之下想出了一个办法,就是陪客人游千岛湖,然后领客人去捕捞队吃便饭。办公室就给捕捞队打了电话,告诉他们中午多加几双筷子几个碗，不必特意买什么肉和蔬菜，有什么就吃什么，然后炖一条胖头鱼就行。当客人上桌时，公司陪同的领导看看那几道菜难为情了，鱼头是一个菜、鱼尾是一个菜、鱼肚一个菜、鱼鳔一个菜、鱼籽一个菜，除此之外就是咸菜和辣酱了。实在太简陋、太寒酸了，公司领导都不好意思看客人的眼睛，人家千里迢迢来了，自己就拿这一条廉价的胖头鱼招待，实在过意不去啊。可是除此之外，又有什么办法？当时公司连年亏损，虽然进行了很多经营思路上的调整，效益还是没有多大变化。让人意想不到的是，那顿饭客人不仅吃得特别开心，还赞不绝口："这顿饭实在是太好了，吃得舒服。尤其是那鱼头，味道实在太鲜美了，给我们留下了深刻的记忆和无穷的回味。下次来别的菜都别上，来个鱼头就行了。"

说者无意，听者有心，客人的赞誉一下点燃了经营者的兴奋，在条件简陋的捕捞队，一条普通的胖头鱼既然如此受欢迎，是不是大有文章可做呢？它也许能给公司带来新的发展契机。接下来的一系列经营调整都围绕如何帮助公司把每年几百万斤的胖头鱼市场做大。

一流的产品需要靠科学的促销手段来扩大知名度，塑造企业形象，树立名牌地位。一个产品品牌的创造，首先要让消费者知道你的产品，使用以后要让他说你的产品好，还要让他宣传你的产品，如果能做到这一点，就具备了名牌的基础。利用自己的特点，比如传统文化、地域文化宣传自己，注重开发品牌，挖掘优势，再普通的产品也有独特的市场价值。

2002年5月9日，一个平常日子，千发集团在杭州山外山菜馆召开了第一次"淳牌有机鱼新闻发布会"，以此为起点揭开了"淳"牌有机鱼品牌营销的序幕。杭州山外山菜馆是杭州的一家老字号餐馆，地处杭州的植物园内，四周都是几层楼高的大树环绕，植被丛生。城市绿化一直是杭州作为"中国休闲之都"的骄傲，植物园环境更是优中选优，南宋古都尽得繁华，植物园的葱岭蔽日又有隐逸的洒脱，"儒雅"是杭州作为品质之城的城市个性，是文人雅士的的乐土。山外山菜馆不大，总餐位在1000个左右，和千发集团的业务关系建立于2000年，当时公司有一个科室叫水产品销售部，第一年10万斤的活鱼就是这个部门销售出去的。此后，公司和山外山菜馆一直有非常良好的合作关系,公司的高层和山外山菜馆也经常会有一些相互的会面,新闻发布会就是在一次会面以后的灵光一现。

为一条鱼召开新闻发布会

第一次新闻发布会千发集团总共派出了近 60 人的服务团队,公司有个非常好的传统,任何大型活动,都是由公司经理班子指派工作,在整个公司范围内调动人力资源,而当时的渔业、旅游、林业三个事业部,哪项工作自己做起来更顺手,就会主动请缨。所以就有这样一个现象,虽然新闻发布会是为"淳"牌有机鱼而开,"淳"鱼销售人员往往只承担客户联络、活鱼运输等工作,但媒体联系、发布会现场物料布置等则主要由懂广告宣传的旅游事业部的一些人员承担,各部门都能做到分工不分家,沟通很顺畅。每次大型活动,所有工作都是通过实施方案文本的形式加以确定的,这样的文案甚至细致到嘉宾的胸花共几朵、由谁准备、现场由谁来戴、站在哪个地方给领导戴花。

新闻发布会是以淳安县政府的名义进行的,协办单位一长串,有省海洋局与省渔业局、市农业局、国环有机食品认证中心、浙江省餐饮协会等,最后才是承办单位杭州千岛湖发展有限公司,当时流行的说法是"政府搭台,企业唱戏",由这些前置的单位参与,能争取到

接受媒体采访报道

更多的支持，减少许多协调工作，同时这些单位也会带上自己的许多媒体参与，《钱江晚报》栏目主编胡鹏程也一起帮着邀请了不少媒体朋友。在发布会现场除了活鱼展示，还在山外山菜馆的餐厅里布置了一张大桌子，山外山的厨师们花了很大的气力连夜用生姜做了一座假山，取"江山如画"之意，周围布置了各类"淳"牌有机鱼做的菜肴和深加工产品，桌子边上是各类宣传易拉宝。

这次的新闻发布会由时任淳安县副县长的徐光进主持，汪建敏先介绍了千发集团和"淳"牌有机鱼的一些情况，然后国家环保总局有机食品发展中心总工程师周泽江、浙江省海洋与渔业局副局长余匡军分别讲话，接着给经销商授牌并由经销商代表发言，千岛湖鱼味馆与杭州山外山菜馆签订姐妹店协议等内容。坐在下面的听众，除了联络好的来自各地的经销商和酒店客户的代表，就主要是来自各家媒体的记者。按照当时对新闻发布会的考虑，关键就是要针对媒体安排工作，最终能发稿，这叫新闻的"落地"。负责宣传工作的人员现在还清晰地记得：需要给每位记者准备一个资料包，里面准备了领导的讲话稿、两篇以上的新闻通稿，一张磁盘里放几张扫描的照片（当时电脑主要使用的就是1.44M的磁盘），公司的宣传物品。当然还包括一张到山外山的一楼领取一份礼品的兑换券。实际在做新闻宣传时有许多时候需要企业为媒体提供一定的"车马费"，在研究这件事的时候，有人的确也提出来过，最后大家还是觉得"淳"牌有机鱼的罐头比较合适，可以让记者们了解公司的产品，关键花钱也不多。

发布会结束以后，大家就围在山外山餐馆院子里放置的一个大玻璃缸边上，这里面特意放置了两条30多斤的活鱼，鱼儿长度足有一米五以上，山外山的老总叫来了两个小孩，拎起来的鱼儿和站着的两个小孩形成很强的对比。记者们的闪光灯闪个不停，当时大部分的照相机还都使用胶卷，少有的一两个记者用上了数码相机，拍好了照片还给周围的人欣赏，自豪溢于颜表。

第二天，千发集团销售部的电话被打爆了，由于占线，公司总经理和副总经理的手机也成了业务专线，商家们先把电话打到了报社，再通过报社联系上了千发集团，希望能够获得合作机会。在国庆节来临之前，千发集团在各大媒体上集中发布新闻200余篇，新闻发布会的现场采访还在浙江电视台等电视媒体上播出，有些媒体还进行了后续的报道。

最让当时的人们印象深刻的是，都市快报的头版头条一张人们拎着千岛湖胖头鱼的大幅照片，套红的大标题非常醒目："见识中国第一鱼。"而在内页，分期对"淳"牌千岛湖有机鱼进行了连载报道。

千发集团非常注重引进各种形式的媒体支持，在长期的品牌宣传过程中，千发集团也形成了符合自己特点的品牌传播方法，所有宣传可以说是"零广告投入"，"淳"牌有机鱼的产品形象往往能出现在各种名目繁多的传媒介质中，而公司又很少用投入传统广告来与消费者进行直接的沟通。"少量的钱办更多的事"，虽然在创业初期的几年中，千发集团很快改变了资金短缺的窘迫状态，但广告投入在千发集团品牌宣传上仍有很现实的考虑。曾经有家企业形容在中央电视台投入广告的效果是"每天开进一辆桑塔纳，开出一辆奥迪"。但千发集团的发展才刚刚起步，没有更多资金用于这种"砸钱"一样的广告轰炸。另外，千发集团的产品自身又有很多被社会所关注的特性，比如生长环境千岛湖、至今已有60年的渔业生产历史、全野生状态下的放养等，这些都是适合社会传播的亮点。千发集团的产业链条很长又相互关联，起到了很好的互补作用，能在许多诸如餐饮、景点等非渔业产业上获得媒体资源的支持。这点相当重要，千发集团最初进行新闻宣传的媒体关系，就是在当时经营景点时建立起的联系，比如当时鱼味馆的一句广告词"一餐吃遍天下鱼，百吃不厌鱼味馆"，就是一位电台的记者在和公司团队吃饭闲聊时，大家你一句我一句突然想出来的，至今仍在使用。

2004年，经过一系列成功的品牌造势运作后，千发集团市场开始出现了一次"井喷"，顾客盈门、应接不暇，而产品价格也随着有机鱼市场的拉动，出现了水涨船高的现象，2004年千发集团的本地基准价格为5.5元/斤，在同类鱼中已经有5角的溢价，2004年品牌迅速在全国窜红的大背景下，千发集团大胆地将价格确定到了7.5元/斤。时至今日，千发集团的活鱼价格已实现了10多倍的增值，同时"淳"牌有机鱼更成为一个风向标，引导了全国淡水鱼类的价格走势。

第三节　畅游全国，跃进香港

"淳"鱼销售工作的机制是经历过很大变化的。2002年，成立之初的淳鱼销售中心叫作千岛湖生态农产品配送中心，实际上成立千岛湖生态农产品配送中心的初衷是以"淳"牌千岛湖有机鱼为主产品配套销售千岛湖当地的各类生态农产品，既节约市场开发费用达到销售渠道综合利用的目的，又能带动地方上的生态农产品进入高端餐饮市场，为县域之内的农业生态种养殖户增加产品销售渠道。最早，生态农产品配送中心由当时的公司副总经理王光贵分管，中心设有5个营销部和一个编外营销部，每个部2~3人，他们为"淳"牌有机鱼最初市场布局的确立立下了汗马功劳。营销一部和三部以销售"淳"牌鲢、鳙鱼为主，四部主要销售各类千岛湖的野杂鱼，五部主要销售其他生态农产品，如土鸡、辣酱和山珍野味等。这样的配置后来又有改动，5个营销部都变为主要销售"淳"牌鲢、鳙鱼，千岛湖野杂鱼由捕捞队专设的野杂鱼销售小组负责销售。由于仅仅是买进卖出的贸易生意，与普通鱼贩子直接竞争货源，国有企业的经营方式难有高度自主性，野杂鱼销售小组最后也被撤销了，野杂鱼业务最终和其他生态农产品的销售合并，由配送中心统一经营，不划归任何营销部，客户有报单就采购一些，客户没有报单就不推销。2005年以后，余剑雄由养殖总场场长调任中心总经理，逐步进行了经营上的调整和管理方式上的集中，各营销部相继取消，由配送中心市场部进行客户的维护和促销，千岛湖生态农产品配送中心也于2008年改名为"淳"鱼销售中心。2018年，千发集团总部成立市场营销中心，由公司总经理助理桑传其兼任中心经理，所有营销职能上移，实际上是让供应归为管理工作，营销从供应环节独立出来。新设立的市场营销中心增设电子商务板块，正式以组织化的方式引入互联网营销。虽然，千发集团并没有按原来预想的方向做大千岛湖生态农产品业务，但千岛湖生态农产品的产业却在淳鱼的带动下形成了很大的市场规模，淳鱼销售上也朝着更加专业的方向发展。

千岛湖"淳"鱼的客户服务遵循严格的流程。首先是报单，每天晚上全国各大酒店所有的报单都会汇总在市场营销中心营运主管胡爱军那里，所有的电话都是老胡亲自接的，虽然大部分人从未彼此谋面，但各酒店的采购部人员和市场营销中心却都能沟通顺畅。晚上12点左右老胡将所有配送需求进行归类，电话安排"淳"鱼销售中心第二天的线路、配送车辆和配送人员，这已经形成了一种多年的习惯。次日早上6点，各车来到起鱼码头等待装车，在配送现场由负责的驾驶员和配送员对配送的有机鱼进行仔细检查，在配送路途上驾驶员还要不间断地检查，以免路上出现死亡情况，对这些操作公司都有着严格的考核，客户如果发现质量问题可以第一时间投诉老胡。

"淳"鱼在全国拥有一千多家酒店客户，即使尚未在全国确立影响力之前，千发集团就已经有一批忠实的客户了，而这些客户关系的确定多少都有些戏剧性。

2000年的一天，一拨人从宁波来千岛湖旅游，中途在路边的一家小餐馆里吃饭，几个人轻松惬意地聊着天，大家的话题很随意，谈着谈着就谈到了千岛湖的鱼，这拨人中有一对夫妇，他们说应该把千岛湖的鱼引进到自己开的酒店，大家你一句我一句都觉得非常有道理。谈话气氛越来越热烈，这引起了旁边一位客人的注意，他主动向那拨客人作了

新闻发布会开到客户酒店

介绍，他就是杭州千岛湖发展集团有限公司总经理何光喜，当时任分管销售的常务副总，而宁波的客人姓王，经营着宁波盛业大酒店。本来何光喜要去杭州办事的，他临时改变了主意，决定陪着王总夫妇重游千岛湖，一路上介绍再加上到千岛湖实地的考察，让宁波客人走之前就坚决要求建立合作关系，他们表示一定会坚持把千岛湖的鱼在宁波经营好，也希望千发集团把他们的店作为样板在宁波树立起来。这一"坚持"盛业大酒店就坚持了近二十

年，期间他们在宁波开出了4家分店，成为当地的餐饮龙头，盛业大酒店也成了千发集团的良好合作伙伴。

在商业往来中，千发集团都非常重视与客户建立良好的关系，与客户交朋友，这样就能将心比心，使问题更容易得到解决，一些错误或者误会也能消弭于无形，使合作更加稳固。中国的传统社会是一个熟人社会，其特点是人与人之间有一种私人关系，人与人通过这种关系联系在一起，构成一张张关系网。中国传统文化注重人情，注重商业之外的经济和情感关系，"尚中贵和"，而商业友谊较多地包含着社会心理、情感等人文因素，可见商业友谊契合了中国传统商业文化，是中国传统商业文化的现代表现形态。

对于"淳"鱼产品，千发集团所有员工都有充分的自信，而这种自信需要有一种渠道传递到客户那里。一般，客户在对"淳"牌有机鱼不了解之前会有所怀疑，觉得其实"淳"牌有机鱼没什么大不了的，当他们来到千岛湖之后这样的观点很快就会改变，这也是许多时候公司针对一些重点市场对象，采取先邀请客户考察之后再商谈合作的原因，千发集团每年都会安排几次大型的"淳"牌有机鱼的"寻根探源之旅"，这种营销方式不仅对客户，对媒体也有相当的吸引力，好的产品成为创建良好客户关系的基础。对一些没有机会来千岛湖的客户，公司采用看宣传片和宣传册的形式让客户先对公司和产品有初步的认识，留下一个较深刻的印象。"淳"鱼销售中心有稳定的配送服务，客户与公司建立了良好的友谊和沟通，"淳"牌有机鱼又有着出众的产品品质，只要没有太大的变故，千发集团和客户这样的合作就会非常稳固。

汪子夏是负责北京市场的总经理，作为占全国销售量近20%左右的重点市场，汪子夏责任重大。相对而言，虽然业务来往头绪纷杂繁忙，但北京市场的开发和维护却比其他市场还要容易。这主要得益于2003年及后期的市场开发，当时的那次突击式的重点市场开发工作得到了股东单位中林森旅控股公司的全力支持。当年作为分管营销、由森旅派驻千岛湖的北京人白辰爽副总经理也做了大量的工作，带领着刚成立的淳鱼销售中心的营销人员，几乎跑遍了北京城的每个角落，打下了现在的市场基础，而下决心要把北京市场作为重要的战略要地进行开发的契机，却是因为一次重要接待。

2003年10月的一天，正在千岛湖湖面上进行捕捞作业的捕捞队老队长陈纪连接到公司领导的电话，让他做好捕捞安排，准备一个星期以后接待一位中央首长，到时首长要看巨网捕鱼表演。公司领导讲得讳莫如深，陈队长当然认认真真地做了部署，经过筛选仅有捕捞队少数三十几人参与这次接待，这些队员都经过了公安部门的严格政审。究竟接待哪位中央首长？拥有100多名捕捞队员的水上"部队"中产生了不同版本的猜想，实际当时县里也并不知情。为什么中央首长突然对这么一个内陆湖泊如此关注，已先后来过好几位中央领导？就在一个月前，刚刚卸任的全国人大委员长李鹏同志来到了千岛湖，和捕捞队员有过亲切的会面。这次，县委书记郑荣胜特别打电话给千发集团交代有关事项，几个部门都也提前和汪建敏、何光喜几个人约在一起商量如何接待，此时大家隐约知道了这次接待的分量。首长是中午到千岛湖，中饭后休息一个半小时，下午看鱼，再没有其他安排。如何把20分钟的起鱼过程演绎成至少1个多小时并且内容丰富的"千岛湖渔业秀"，这着实让这群"捕鱼达人"煞费了一番心思。

凌晨4点，和往常一样，捕捞队员们派出小分队，划着小船，两人一组分成6组开始侦查鱼群作业。初秋的清晨，湖面萦绕着一层薄雾，略带些寒意，偶尔可以听到细微的"哗哗"声，还伴着一些鱼儿吐泡的声音。有经验的老队员一听一看，马上就能判断出鱼群的大小，体形大小。鱼群被锁定后，先放拦网将鱼群限制在一个相对比较大的区域，方圆有几平方公里。再布置刺网和张网，这时就等着鱼群乖乖地进入包围圈了。张网就是捕捞队员所说的"畚斗网"，一边是鱼群触碰到刺网受到刺激往回逃，另一边是一个大大的"畚斗"等在那里，只许进不许出，鱼儿于是不断在畚斗网里集结，如果捕捞范围大、鱼群不集中，有时这样的集结过程需要几天时间。经过多年的改进提升，如今的捕捞作业都采用机械和人工结合，许多环节已获得了国家专利。

10月19日下午3时左右，天气晴好，几艘摩托艇就在张网周围穿梭，还有些安保人员已经就位。当时游艇靠到捕捞船附近时，捕捞队员们已经整装完毕，捕捞的最后也是最壮观的一个环节——起鱼作业就要开始了。"当时任浙江省委书记的首长及其他重要领导出现在甲板上朝捕捞队员们招手时，人群中有人喊着"首长好"，大家都抱以热烈的掌声。

千发集团办公室章丽华是那一天的讲解员，当她把千岛湖渔业的发展和巨网捕鱼的特点作了简单介绍时，首长认真倾听着，当听到这只"队伍"是1962年成立，到现在已经有40多年的历史时，甲板上的领导频频向捕捞队员们招手。

"一二，嗨咗！一二，嗨咗！"起网号子响起来。

当第一条鱼儿跃出水面时，人群不约而同发出一声惊呼。

接着三条、五条、十条，成百上千条鱼儿同时跳跃，鱼儿在雪白的浪花中不断地向上蹿起，人群中响起一阵阵的掌声。

为了增加趣味性，在捕鱼过程中穿插了一些节目，由讲解员向大家提了几个小问题进行竞猜，这也是提前一天大家集思广益想出来的，目的是渐渐引起首长的兴趣。当渔网慢慢聚拢到一个很窄的空间，一部分鱼儿已经进入了活水船时，讲解员适时的抛出了第一个问题，"这一网鱼有几万斤？"并告诉大家历史上千岛湖内捕起的最重的一网鱼有61万斤。此时有人喊2万、3万，有人喊5万。"10万斤。"首长略作思考说。捕捞队长陈纪连拿出了船上人特有的绝活，用船桨认认真真"测量"了渔网内鱼儿吃水的深度，估算出一个数字，并实事求是地报告给了讲解员。"经过测量，这网鱼大约8万斤。"此时，队员们从已经聚拢的渔网里捞起一条硕大的胖头鱼，"这条胖头鱼有几斤？"讲解员又提出了第二个问题，并告诉大家千岛湖内曾经捕起的最大一条胖头鱼有101斤。此时，有人说20斤，也有人说25斤。首长大声地回答："50斤。"捕捞队员将鱼儿过了磅，"这条鱼有30斤。"这回首长还是没有猜中，正不无遗憾地等待下一个问题。"这条鱼的鱼龄有几年？""9年。"几乎只作了片刻的思考，首长便非常自信地用手势做了一个"9"的动作。此时何光喜不紧不慢地从这条鱼身上取下一枚鳞片，抬头在阳光下认真照了一下鳞片的年轮，"报告首长，这条鱼的年龄是9年。"这回首长答对了，会心地笑容洋溢在他的脸上，观众中立刻爆发出热烈的掌声。就在这一问一答中,大家巧妙地把千岛湖渔业生产的有序发展方式向首长们作了介绍。当鱼儿全部被送入沉浮式活水船之后,那条大鱼被送到首长们乘坐的游艇甲板上,陪同领导中有好些是来过千岛湖看过巨网捕鱼的,他们赶紧把公司总经理汪建敏叫到首长身边,要他拎着这一条"千岛湖鱼王"和首长合个影,顿时"长枪短炮"的闪光灯不断闪烁。

晚上一餐鱼宴被安排在了千岛湖阳光大酒店的全湖景宴会厅,而鱼宴的菜肴则由千发集团负责,一道叫作"淳牌砂锅鱼头"的菜肴是千发集团所属的中国名餐馆千岛湖鱼味馆的主打菜,久负盛名,这道菜将由鱼味馆的厨师长徐莲英亲自掌勺。宴会流程很简单,没有祝酒词和其他的仪式,招待首长们的这一桌菜肴用的材料也主要是来自千岛湖的鱼鲜。上了几道特色菜肴之后,一道"淳牌砂锅鱼头"上桌了,怀着忐忑的心情,徐师傅在厨房紧张地等着宴会厅的反馈。

"这就是刚捕上来的千岛湖胖头鱼,市场反响非常好,千岛湖的水好,千岛湖的鱼就很受大家欢迎。"宴席间市县领导给首长们作着介绍。"那现在北京有吗?在哪家酒店?"实际上,那时的千岛湖有机鱼也只销售到江浙沪的一些酒店,市场还很不规范。县领导回答说:"已经在杭州、上海的一些大酒店可以吃到,现在市场还没开发到北京。""那一定要销售到北京去!"首长说。

当砂锅鱼头的盖子掀开时更是香气四溢,汤是浓浓的白汤,这也是鱼味馆鱼宴师傅的一门绝活,这鲜香美味的鱼头浓汤绝非一般人可以烧得出来。接待的主要菜品都按要求做了双份,当有人传话要把第二份鱼头也上桌时,徐师傅一颗悬着的心终于放下来了,看来首长们非常满意。从到千岛湖看巨网捕鱼到吃过晚饭离开的整个过程中,领导们的话题总未脱离"鱼"字。

其实从中央领导来千岛湖观看"巨网捕鱼"开始,千发集团管理团队都下定决心,一定要把市场开发到北京去。北京是我国的首都,全国的政治、经济、文化中心,美食者甚众。由于距离千岛湖路途较远,在北京市场销售的千岛湖有机鱼没办法保活。然而,采用活鱼切割后用火车托运到北京的方式又很难让首都市民品尝到和千岛湖一样鲜活、正宗、地道的"淳"牌千岛湖有机鱼。为了与众多在北京出现的其他胖头鱼区分开来，公司独创的活鱼长途运输技术真正发挥了作用，让鱼儿一路"游"进了北京城。这一技术也开创了我国淡水鱼长途活鱼运输的纪录，并载入千岛湖渔业发展史。

"淳"牌千岛湖有机鱼活鱼进京并不是一项简单的技术，它需要系统的技术支撑。为使捕捞的活鱼能鲜活地运到起鱼码头，公司专门设计制造了沉浮式活水船。该船可沉入水下半米，起网时鱼可游入舱内，在运鱼时，船内水体与船外千岛湖水体能自动进行循环交换，鱼在运输时就像在千岛湖中游弋。然后，这些鱼还要在特制的大网箱中静养一个月以上。起鱼时，工作人员使用自动起鱼装置，让鱼从网箱中自动倒入车斗。在卷扬机的牵引下，车斗沿着轨道从水面缓缓地升至装鱼平台，自动称重后，车斗中的鱼从车斗口沿不锈钢滑槽滑入放置于专用配送车内的容器中。在配送车运输途中，采用的千岛湖的天然水，并且采用纯氧不断地给鱼供氧。在平均气温达20℃以上时，还要在车载容器内放置冰块，以降低水温。配送车将有机鱼送至酒店后，用专用鱼布夹，将鱼从车载容器放入酒店的暂养水池中。千岛湖有机鱼从捕捞到配送再到酒店暂养水池的整个过程，工作人员基本上不用手接触鱼体，完全做到了精细化、自动化和标准化操作，确保了有机鱼的纯正品质，也真正实现了"游"的目标。在活鱼配送服务体系的技术研制中，公司也因此获得了多项国家技术专利，如活鱼起鱼输送车、活鱼起鱼操作浮台、沉浮式活水船均获得了国家专利。

2004年6月，千发集团把"淳"牌千岛湖有机鱼的新闻发布会开到了北京和平会展中心，正式把高品质的千岛湖鱼推介到了首都市场。接下来的几年中，千发集团在全国各地的高端酒店实现了品牌专卖和直营直销式的市场渠道建设，"淳"牌有机鱼和鱼味馆的厨师进入了中南海献艺，把鲜香的鱼头宴摆上了人民大会堂的餐桌，"淳"牌有机鱼成了国宴用鱼，千发集团也和国务院国管局建立了合作关系。2006年7月，中央党校副校长王伟光来千岛湖考察，陪同他的是当时的县委常委、宣传部部长钱美仙，一路上钱美仙热情地给他介绍了千岛湖的情况，千岛湖的鱼头也给他留下了深刻的印像。

从2014年起，公司专门成立工作领导小组，开展出境水生动物养殖场注册登记申报。在浙江省、杭州市两级检验检疫部门的指导帮助下，结合千岛湖的实际情况，制定了符合出口管理要求的养殖管理质量手册，强化并完善了活鱼从投苗、养殖、捕捞、销售以及环境、产品质量管控、产品追溯等各环节的质量管理管控体系，终于在2015年10月获得了浙江出入境检验检疫局颁布的出口食用水生动物中转场注册证书，成为浙江省首家也是唯一一家具备供港澳食用淡水鱼资格的企业。中国香港素有"东方之珠""美食天堂"之美誉，对产品质量监管极为严格，省市县相关领导和质量监督管理部门也非常

千岛湖淳鱼游进我国香港地区

重视，多次派人参与"淳"鱼由内地进香港的洽谈和流程梳理，在高度肯定千岛湖"淳"鱼品质的同时，为"淳"鱼活鱼出境销售提供了细心的指导。2016年千发集团旗下的香港千岛湖"淳"鱼商贸有限公司正式挂牌，4月，千岛湖活鱼供港首发仪式新闻发布会在千岛湖举行，全程由浙江卫视、人民日报等媒体跟踪报道。通过前期的注册、报检、报关等各程序后，载着鲜活千岛湖"淳"鱼的专用活水车顺利通过深圳文锦渡口岸进入香港，成为浙江省第一条游进香港的淡水鱼，也标志着千发集团以中国香港为契机，融入国际市场走出实质性的第一步。之后，千岛湖淳鱼在香港彩逸酒店举办推介会，中国香港立法会议员、食品专家、餐饮界精英、媒体等济济一堂。香港营养烹饪大师徐欣荣先生现场讲解了千岛湖淳鱼的营养价值和烹饪方法。由彩逸酒店大厨精心烹制的"过桥有机'淳'鱼片"、"养生鱼头汤"等鱼肴一一呈上餐桌，美味的"淳"鱼宴获得了全场嘉宾的高度赞誉，"淳"鱼化身为文化传播使者，港味中多了一味"淳"味。2019年3月27日，淳安县千岛湖旅游推介会开到了香港尖沙咀喜来登酒店，隆重宣传千岛湖的绿色发展，淳鱼再一次为千岛湖的好生态背书。

短短几年间，依托千岛湖的渔业资源，千发集团实现了全国市场的布局。

第四节 低成本创意营销

在获得企业发展的良好机遇时,特别值得学习的是,公司上下对自身的要求并未降低,积极"苦练内功",启动了标准化建设,设立专门的组织机构,全面导入质量环境管理体系。仅就产品而言,千岛湖渔业制定了《"淳"牌有机鲢、鳙鱼系列标准》,并通过有关部门的评审,同时按照打造"中国第一鱼"的目标,开展有机鱼标识系统的研制,探索"淳"牌有机鱼从水体到餐桌全程质量控制体系的建设。而为了细化提升鲢、鳙鱼的价值,公司又将活鱼分成一级鱼和二级鱼,一级鱼的标准是鱼身没有任何疤痕,这就要求捕捞队不断升级捕捞技术,整个过程任何一个环节都不能碰伤鱼。

在以后的每一年里,公司都将各个产业流程的标准化列为当年的工作重点之一,以实现精益求精。事实表明,不为外界所知的标准化为千岛湖渔业带来了内在的可持续竞争力,同时也规避了风险。在探讨标准化的意义时,汪建敏这样说:"农产品的质量弹性很大,很多消费者并不认得什么品牌,而是眼见为实。比如品牌茶叶,只有打开看看、泡了尝以后,人们才知道品质到底怎么样。农产品的这个特性就要求生产经营者必须通过流程控制产品品质,严格把关。"而在一片没有人开垦过的处女地上,谁能先发制人,谁就能获得超常规成长的绝好机会。

众所周知,广告营销是现代企业品牌营销体系中很重要的一部分。一直以来,大家都认为大规模的广告推广是打响品牌的必由之路。只有通过大规模的广告推广,企业品牌才能拥有一定的知名度,在此基础上才能进一步深化品牌内涵。的确,作为信息传播最有力的工具之一,广告营销对信息的传递、品牌的树立,以及同消费者的沟通,都发挥着重要的作用。1996年山东秦池酒业以6666万元的最高价击败众多对手,勇夺CCTV"标王"而一举成名,这可以说是中国广告业的里程碑。从那以后,中国的企业开始越来越重视广告的作用。以央视为例,近10年广告收入一路攀升,2012年央视广告总预售达到142.58亿元，比上年增长12.54%，再次创下历史新高。而与此同时，现在的广告"性价比"可谓是越来越低：相对飞速攀升的广告高成本，一般广告对消费者的影响效果却大打折扣。如今是全媒体、信息爆炸的时代，各种形式和风格的广告可谓是无孔不入，充斥在生活的每个角落。在如此高密度、高强度的信息轰炸下，消费者似乎也对此产生了免疫力，对各种广告刺激产生了视觉疲劳甚至反感。而那些没有什么商业味道，体现着社会价值的内容和事件往往更容易被人们关注。

在农产品行业，广告式营销同样还存在一些先天的问题。一面是中国的农产品市场发展落后，品牌意识不足，农产品品牌数量少；另一面是农产品不易保存和运输，有地域特性。有些产品虽然全国闻名，而大家却买不到，也不会特别去关注单个企业和单个品牌。然而，从农业产业品牌营销现状来看，其和所有产业的正常发展一样，必须要依托蓬勃的市场需求作为诱因，随着有效营销方法的导入，农产品品牌是能够开创销售"蓝海"，实现质的飞跃的。同时，这也必然会带来科技和人才的不断投入，最终使农业产业告别"低速模式"，达到转型升级。

某种意义上对千岛湖渔业来说，为了快速突围，营销必须高调。更何况碧波万顷的千岛湖本身就是一笔巨大的无形资产，只要通过媒体运作向消费者内心深处导入有机鱼的特殊性，讲清楚千岛湖有机鱼为什么与众不同，应该说，潜在的消费者是乐于接受的，千岛湖渔业也将摆脱价格战的比拼。不过，农产品创意营销的前提是，产品本身具有过硬的差异化品质，它所生长的地域无论是地理位置、气候环境、自然资源甚至是文化资源都应有所集中，否则也是空中楼阁。

很快，一连串的创意营销组合拳出笼了。这种被学者们定义为低成本创意营销的市场运营方式是指由企业主导，通过创新形式，整合内外部资源，借用各类平台，以达到"低成本大传播"效果的一种营销方式。与广告式营销不同的是，低成本创意营销内涵很广泛，主要体现在营销方式上，例如概念营销、新闻营销、活动营销、事件营销、文化营销等，随着时代的前进而不断创新，呈现出蓬勃发展的态势。其灵活的形式很好地规避了农产品在其产业特性方面的缺陷，为农产品打响品牌、提升产品销售创造了可能。充分根据自己的特点，扬长避短，任何企业都可以打造出一整套专属自己的低成本营销方式组合，以实现其提高知名度、扩大影响力的目标。简单地说，低成本创意营销是依靠主流媒体和口碑传播进行的一种低投入、见效快的营销方式，整合利用各类营销资源，以低成本、有创意的营销实现企业的腾飞。它最大的特点在于短时间内挑起话题，通过概念传播、新闻推广、活动和事件等激活平静的市场氛围，快速提高产品知名度和影响力。

央视媒体对千岛湖淳鱼进行专题报道

  从山外山菜馆发起的一轮攻势来看，效果立竿见影，销售部门电话不断，一些市民和商家纷纷开始打听怎样才能买到有机鱼。由此可见，真正的需求往往是创造出来的，与其迎合市场的口味，不如主动造势。容易被人们忽略的一个事实是，"淳"牌有机鱼巧妙地借助了千岛湖的品牌资产，如同科特勒在《区域营销》一书中所说："国家和区域不仅是一个巨大的消费市场，更是一个庞大的营销机器。站在这个视角上看，政府是这个庞大营销机器的监管者，而企业则是使之不断良性运转的轴承。因此，政府不仅要时时刻刻给高速运转的企业添加润滑剂，更要激活自己的能量。"

  杭州新闻发布会结束的两个月后，一次更大手笔的事件营销接踵而来，但这一次不是以有机鱼为主题，而是打起了水上运动牌。2002年7月24日，"千岛湖全国水上休闲运动大赛"启动，"杭州千岛湖水上休闲运动中心"揭牌，来自国家体育总局和全国23个省市体育、水上基地的50多名领导、知名体育节目主持人沙桐和世界冠军占旭刚，以及200名体育健儿参加了此次活动，掀起全国32家省、市媒体110场次的专题报道，为以后千岛湖建立国家级的水上运动基地首开纪录，而"淳"牌有机鱼也成为运动健儿的营养食品，千发集团和此书在2004年雅典奥运会上拿下金牌的孟关良、杨文军在内的水上运动健儿们建立了友谊。

有了举办国家级主题活动的经验之后，同年9月，千发集团又联合中国烹饪协会在鱼味馆举办了"2002千岛湖杯全国淡水鱼烹饪大赛"，在这次活动中，来自全国各地的108名烹饪大师各显神通，展开了为期两天的角逐，最终鱼味馆获得3金1银的好成绩，其中的两道佳肴——"淳牌金牌红烧鱼头"和"淳牌鱼中王"崭露头角，日后将上演它们自己的传奇。

皮划艇奥运冠军孟关良、杨文军

世界并不缺少机会，而是缺少发现机会的眼睛。对一家开始用心琢磨营销的公司来说，营销无处不在，随时随地都可以成为道场。在标识系统建设方面，早期最为人称道的，莫过于那张让人过目难忘的照片。扎着两个羊角辫，穿着红肚兜，一个天真浪漫的小女孩看到一条大鳙鱼时，自然不会放过亲近的机会，她奋力抱起鱼，一脸憨态可掬使着蛮力的表情。独特的装束以及孩子与大鱼夸张的对比，让摄影师的快门瞬间定格了一幅经典照片。很快，这张照片就被公司看中了。中国原本有一张流传甚广的"娃娃抱鱼"的年画，一个白白胖胖的小男孩怀抱大红鲤鱼，象征着"年年有余"的好兆头，但这一次现实中的小女孩已取而代之了。

巨网捕鱼引起轰动

其实这并不是千发集团第一次运用视觉的冲击力。早在1986年，淳安一位摄影家吴宗其抓拍到了一张巨网捕鱼的黑白照片，并命名为《狂舞》，获得过第十四届全国摄影技术展览金奖，这张惊心动魄的照片后来也成为公司推广巨网捕鱼活动的标准照片。

除此以外，巨网捕鱼作为客人体验千岛湖风情的保留节目，时常会吸引省、市乃至国家各级领导的观看，他们同样会像那个小女孩一样在现场拎起一条大鱼合影留念，无意中成为最好的形象代言人。这样的照片往往会增强千岛湖渔业的权威性和信赖度，后来也被广泛运用。

当然，事实的情况是，市场并不会因为几张照片就立刻沸腾起来，公司的效益仍旧处于起步的艰难阶段。另外，身处第一线的营销人员也需要公司的火力支持，如此线上线下才能展开互动。值得反复强调的是，以营销品牌和市场推广为龙头，千发集团始终着力于产业链的全方位发展。他们将产业链细分成了养殖、捕捞、研发、烹饪、管理、鱼产品加工、销售、餐饮、休闲旅游等若干个环节，数个轮子一起转。2002年，公司投放鱼种100多万斤；建成了一次能容纳50万公斤规模的静养网箱；偷捕鳙鱼的行为首次被定性为"盗窃罪"，会受到法律的制裁；为了充分发掘巨网捕鱼的旅游资源，公司还尝试了"做一天渔民"的游客体验项目。

龙头一旦摆动，龙身逐节发力，依托千岛湖的资源优势，千岛湖渔业悄悄迎来脱胎换骨的蜕变。千发集团的创意营销突破了营销作为市场行为的范畴，渗透到了生产经营的方方面面，而每一个不经意的创意行为又与最终的营销目的达到一种天衣无缝的有效衔接，实现了高效的整合。

第五节　全渠道联动

商业教材中提出"抱怨的客户是好客户"，意思是说一个客户如果对你抱怨，说明他们对你改善产品和服务抱有期望，如果仅仅是为表达失望的话，似乎转身就走来得更彻底些，毕竟没有哪个产品是无可替代的，大可不必和你再磨嘴皮子。每家企业在经营的过程中，都免不了遇到客户的抱怨。一家一流的企业，会懂得倾听顾客的抱怨，甚至将此作为企业进一步发展的契机。

一天，千发集团"淳"鱼销售中心收到一份客户传真，说是这一批次的鱼很容易死掉，在送到的第二天就出现半数死亡的状况，客户在传真中措辞严厉，怀疑是不是千发集团的给他们运去的是质量不好的鱼，体质太弱以致容易死亡；另外在食用这批鱼时，有些用餐的客人投诉鱼腥味比较重，怀疑是假冒产品，甚至猜测是配送人员在运输中途调了包，和鱼贩子串通，以次充好赚取市场上的普通鱼和"淳"牌有机鱼中间的差价。传真说，如果千发集团如此不讲信誉就考虑不再进行合作。

这家客户应该属于千发集团的忠诚客户，做生意非常讲品牌和诚信，在千发集团十几年的发展中，该客户依靠"淳"牌有机鱼的鲜明特色，在烹饪技术和品牌宣传上也舍得投入，几年中便逐渐从一个单店发展成为拥有多家直营分店的餐饮连锁企业，企业效益每年有很大提高，几乎一年一个变化。当时"淳"鱼销售中心的总经理余剑雄非常重视，主动给客户打了电话，客户所反映的问题和实际情况出入不大，但鱼的具体死亡原因并不很明确。需要和同一批次的鱼作对此再确定下一步如何处理。

千发集团在管理上非常灵活，许多时候一件事情有很多部门都能在一定程度上进行参与，发挥作用，而在职责上分工又非常明确，不至产生大家做大家都不担责任的情况，造成内部扯皮。这样的管理方式虽然过于人性化，因为人员的素质和工作主动性，不是很容易进行规范和掌控，但这种方式带来的灵活效果很大程度上是千发集团许多工作成功的关键因素，甚至有时是决定性的。

在做好安抚工作之后，销售中心马上与其他收到同批次鱼的客户进行了联系，了解鱼的状况，有部分客户反馈出现了类似状况，但不严重，后来千发集团初步认为这种情况与客户酒店的水质、温度、供氧、管护和鱼儿活动空间大小都有密切的关系。次日，销售中心就将这个情况报告给了千发集团总工程师洪荣华，并决定由公司下属的淳安县水产科研所的技术人员会同渔业管理部到客户处进行实地调查。

在技术人员和渔业管理部的认真观察分析之后，他们得出了结论，同一批次的鱼属于汛期捕捞，鱼儿食量充足，在一般一个月的静养期内没有彻底改变习性，并且肚子里的食物也没有完全消耗完；另外鲢、鳙鱼已到产卵季节，母鱼一般肉质较粗，口感较之前有所变化，再加上静养在一个小空间内就容易死亡。在调查小组来到客户酒店之后，客户积极配合了技术人员的调查，对调查结果表示认同并由销售中心给予了一定补偿优惠，客户表示满意。回来后，销售中心专门打电话对其他一些影响较小的客户做了解释说明，而对达不到质量要求的那一批次"淳"牌有机鱼按二级鱼进行处理。

客户的满意是企业的追求，这样的语句时常被有些企业的领导挂在嘴上，写在文件里，贴在墙壁上，但许多企业都没有真正去贯彻和落实。而千发集团往往能在一件事情都尘埃落定时还能找出许多新问题，寻找问题的新答案。捕捞队在这之后也调整了类似鱼群的静养时间，很好地改善了鱼的性情和口味，并对夏季静养进行了很多技术上的改进，生产销售部门的许多技术创新都是在这样摸着石头过河的过程中总结出来的。即便是静养这一过程，原来在生产环节中是没有的，因为这样的静养，会使鱼体有20%～30%重量的消耗，而在私人鱼贩那里，这样做必定会被当作傻瓜，不会做生意。但是，千发集团还是这样坚持下来了，虽然销售价格要比普通鱼高，但每个环节的专业程度以及产品的品质都是有口皆碑的。

全国客户酒店鱼宴金牌菜肴交流

实际上许多时候一些客户的埋怨都出于对情况不了解或是存在一些误会，如果处理不好往往会使公司陷于被动。处理类似这样的投诉时，千发集团渐渐感觉到建立起一个技术应急小组的必要性，在渔业管理部和淳鱼销售中心的共同组织下，一个渔业应急小组建立了起来，小组定期通报渔业和水体情况，并对销售情况进行实时监控，在这之后，这个应急小组还参加了许多次的统一行动，都取得了很好的工作效果。千发集团后来建立了渔业信息平台，每日向公司高层通报渔业各个系统前一日的工作状况，可量化的数据尽量详细，不可量化的作出判断和说明，这个系统给日常管理带来了极大的便利。从一次客户的投诉中千发集团不仅解决了投诉的实际问题，和客户的关系进一步加强，而且从一次事件中获得的经验也促进管理机制作出进一步调整，可以说客户这一外部因素在推进内部管理提升上起到了非常好的促进作用。

为了更好地为顾客服务，除向合作伙伴提供区域专卖权、优先供货等支持外，千发集团还提供有机鱼文化的一系列宣传品，最新菜肴技术和厨师培训等。淳鱼销售中心的经理逐个地拜访客户，对客户也进行了归类梳理和解释工作，制定了"三高"品牌战略线路，即高品质的鱼，要在高端的酒店，卖给高端的人群，他们在每个地区确定一家到两家具有相当知名度和美誉度的高端品牌酒店作为目标客户，重点提供一系列的品牌增值服务。主要是品牌宣传上的支持，比如店内品牌形象支持、新闻媒体软文支持、菜肴开发和礼仪培训等，让酒店老总们认识到千发集团不是与其共同分配最后销售利润的掠夺者，而是共同开发市场获得共同收益的合作伙伴。当产品以菜肴的形式销售到终端时，在消费者心中形成物有所值的正确印像，提高酒店菜肴的价值和销售量。对于客户群体，销售中心也分离出来了二类、三类客户，他们中很多存在以次充好的假冒现象。在经营中，

时任浙江省副省长孙景淼致辞

此类客户将千发集团送去的"淳"牌有机鱼用一点,其他地方的鱼再采购一点,在消费者中产生品质时好时坏的市场表现,破坏"淳"牌有机鱼的品牌形象,这种短视行为有时甚至让消费者形成一个错误印象,认为"淳"牌有机鱼也没什么特别的。对于这些客户,千发集团会相应地减少了各类支持的力度,同时也慢慢减少给他们供货的次数,最终与他们解除合作关系。

在不断进行市场和管理调整之后,千发集团完善了企业运行的制度,这期间千发集团在分管人力资源的副总叶来富和北京委派的副总经理白辰爽的指导下,进行了工资体系改革、员工职业生涯设计,建立了高标准的人才激励机制及创新的营销方案,公司正在慢慢走向成熟。在具体的销售计划与营销政策方面,注重关心"淳"牌的朋友,同公司做生意,不是简单的厂家与供应商、厂家与代理商的关系,而是真正的"合作",中国市场那么大,各地经济发展的快慢和消费习惯等又各不相同,单凭千发集团来制定政策,那是不符合市场规律的,千发集团正在试图建立一种与合作酒店成为一体的新型客户关系。

职业生涯设计座谈会

千发集团以工业化理念构建"淳"牌渔业产业链条，遵循自然规律和生态学原理，完成了大水域生态放养、捕捞、贮存、运输的科学体系，并通过国家有机食品认证。他们在千岛湖中心湖区的宅上、上江埠、王家弄、湖坑等处设置拦网，划定固定水域为有机鱼养殖水域。同时，每年都要向千岛湖投放近千万尾的鱼苗，以期永续利用。千发集团如今的产业体系可以归结为"养、管、捕、加、销、研、烹、旅"八个字，这八个字是在生产、销售、研发、服务等工作流程中不断总结发展而来的，它构成了千发集团产业体系的集中优势，打出了组合拳，取得了神奇的效果。

"养"是养殖，是指千岛湖内的生态放养过程，千发集团的鱼种都需要靠自己培育，为了保持资源的稳定持续，每年千发集团都向大库投放鱼种100万公斤，大概在1000万尾左右；"管"是指管护，由于历史原因，千发集团一直保持着一支人数不少的渔政队伍。近年来，千岛湖发展"保水渔业"，千岛湖的渔业生产与千岛湖水质关联度高，受历届县领导的重视，渔政工作持续提高管理水平，2007年12月，成立了淳安县渔政渔港监督管理局，隶属于农业局，严管千岛湖内的偷盗捕现象；"捕"就是捕捞，原来千发集团有捕捞一队和二队，二队主要捕捞野杂鱼防止一些有害鱼类破坏渔业资源，后与一队合并主要捕捞鲢、鳙鱼，常年在水面上"居无定所"，成为流动的水上部队；"加"为加工，千发集团从开发公司起就非常热衷于工业企业的发展，包括丝绸、啤酒、家具、水果加工等各种品类数十家企业，但一直以来并没有摸索出一套成功的发展模式，最后一些非渔业的加工企业被逐渐剥离。近年来，公司还研发微晶鲜冻技术成立千发任天公司，拓展产品线，开发进入家庭的鲜冻产品。另外，公司依托千岛湖冷冻公司这家子公司专门从事水产品和休闲食品的加工，2008年公司与战略客户北京旺顺阁盒子成立千发旺顺阁公司，产品为鱼头煲、休闲即食鱼品以及鱼罐头等产品，市场主要覆盖本地旅游市场和江浙沪周边地区；"销"是指"淳"鱼销售中心，这是公司的主要营销窗口，每年承担着公司所有活鱼的销售配送业务；"研"是指研发，公司研发中心是杭州市唯一的市级农业企业研发中心、市级技术创新中心，下设4个分中心，承担1个国家级星火计划项目、1个市级科技项目、3 个县级项目和 10 个公司级项目。千发集团拥有县级研究机构淳安县水产科研所，常年从事千岛湖水体生态的观测研究，基础数据甚至可以上溯到 20 世纪 60 年代，科研人员已经经历几代人。近年来千发集团通过水科所与中国水产科学研究院、上海海洋大学等学术机构进行合作，取得了许多科研成果，这也为千岛湖"保水渔业"理论的建立奠定了很好的学术基础。2018 年，中国科学院桂建芳院士工作站和我国大水面净水渔业研究中心落户千岛湖；"烹"是指烹饪，目前千发集团下属有七家餐饮店，3 家在千岛湖镇，是当地的餐饮老大，以烹饪"淳"牌千岛湖有机鱼为主要特色的中国名餐馆千岛湖鱼味馆为总店，还包括淳安文化特色酒店千岛湖淳香苑食府，以休闲体验为特色的千岛湖钓鱼岛店。另外在安徽，以浓郁的徽州味道为文化内核，分别是歙县披云山庄、黄山披云徽府菜馆、披云百变徽宴和合肥披云徽府等，餐饮产业规模上亿元；"旅"是旅游，经过各类高规格的活动接待，千发集团最后延伸出来了包括"中华一绝 巨网捕鱼"、千岛湖钓鱼岛鱼文化公园和鱼博馆等与渔业直接相关的渔业旅游项目和景点，其他还有以股权形式仍然参与和保留的县域旅游大一统形式的千岛湖景区公司股份以及千岛湖森林氧吧等目前仍独立运行的景点股份。

这就是千发集团神奇"七巧板"，由于千发集团的统一调配和公司经营层良好的管理技巧，实际上每个产业分支都发挥出了"一加一大于二"的结果。虽然，单独与行业中的其他企业相比，千发集团的每个产业分支都很难说得上完美，许多方面在管理和资源上存在很多先天的不足，但他们现在的市场表现足以令业界刮目相看。比如活鱼物流和营销，"淳"鱼销售逐渐建立了从水体到餐桌全程带水作业，而从捕捞到静养、到装车、到长途活鱼运输、到酒店的水池，这些环节都少不了公司各类技术人员的摸索和创新。产品推销对于从渔业生产转变过来的团队来说是个弱项，而由于社会关注度，高千发集团在媒体资源和新闻运作方面具备优势，通过成功的品牌传播和营销，许多客户都是通过方方面面的信息渠道自己找上门来的，销售变得相对轻松。又比如餐饮，人们都知道餐饮是完全竞争性行业，公司特聘的策划公司一直以来都说这是企业的"红海"，但就是这个红海，千发集团从 2002 年之前每年贴钱承包给人家经营转变为自己经营后，连年都创造出不错的业绩，如今已发展出多家分店，还将餐饮生意做到了外省，表现出了良好的成长性，许多投资商觊觎其全国市场的连锁经营，纷纷希望能参与投资。"淳"鱼旅游更是一个无中生有的特例，一帮不了解旅游的渔业人却把旅游市场做得非常有影

千岛湖淳鱼全国客商大会

响力，不断有各种国际团队对千发集团的旅游项目表示出兴趣。生产和管理，养、管、捕三个环节，千发集团的许多人员都在多岗位工作过，许多人的父辈乃至祖辈都是从事渔业生产工作的，了解生产的人更懂得如何管护、如何营销，人力资源有更多的韧性。

1992年，美国营销专家舒尔茨创立整合营销学说，核心观点是"所有接触点都是传播点"，但没人觉得它能够落地。直到移动互联网出现，微信成了触点传播最佳工具，IP化、场景化喧嚣尘上。26年来，人们竟没有发现，其实千岛湖"淳"鱼通过传统媒体早就做到了。"淳"鱼是传统媒体时代整合营销传播的孤例。从"淳"鱼自创的低成本创意营销，到"淳"鱼全流程粉丝联动，从传播学上看正是中央散布式到端点交互式、传统媒体到全媒体的迭代。随着移动互联网的普及，千发集团也更多地融入这个趋势中，形成了新的全产业链媒体能力。《中外管理》杂志社长杨光说："一方面，我们企业内刊和自媒体运营的正确姿势应该是内外一体、传递价值。这给企业媒体人提出的要求是：与时代同步的话语体系，深刻思考和轻盈表达；另一方面，企业媒体人又需具备适应企业原有文化和制度的良好手段，以及一种热爱并视为人生意义的创作激情。用一个声音说话，不是所有声音重复说一句话，而是每种话语形态都有一样的价值传递，同时也能形成企业自己的媒体风格和表达个性"。

"七巧板"整合的结果就是优势资源的共享，而千发集团经过这样的整合最后能加强的资源主要有：人力资源、生态资源、技术资源、政策环境资

源、媒体资源、社会关系资源、市场资源、融资渠道资源等。千发集团在个体不占优势的状况下有效自身资源调配，可统可分，分的时候产业各个分支支援其中一支；统的时候，各分支聚沙成塔，重拳出击。千发集团正是通过这样灵活的整体运作实现了企业的发展。

媒体链接：一条鱼的营销故事
《每日商报》 时间：2005.7.10

● **浓浓鱼香源自"有机"**

关键词：生态化

"水库鱼产量低，成本高，单就价格竞争，千岛湖鱼没有优势。"公司分析了千岛湖鱼买卖亏损的症结所在，并很快看到了突围脱困的方向，"随着绿色、有机食品在市场上的日渐流行，我们的机会来了。我们有千岛湖80万亩水面独家经营权，必须大打生态牌，把这得天独厚的资源利用起来。"

从那时起，公司在千岛湖中心湖区设置了11道拦网，划定60万亩水域为有机鱼养殖水域，主要养殖鳙鱼和鲢鱼。奇妙的是，由于鳙鱼喜欢吃浮游生物、鲢鱼喜欢吃浮游植物，鱼苗入库后，一条鱼儿就像一台"滤食器"，大量吞食浮游生物，扮演着"清洁工"的角色，遏制湖水的富营养化。

一湖秀水得以常青，发展渔业和治水达到完美的结合。

● **一流公司卖标准**

关键词：标准化

在企业界有个说法，叫作三流公司卖产品，二流公司卖服务，一流公司卖标准，接下来，这个故事第二篇的主题就叫"标准"。

"鱼的养殖以及捕捞、配送、烹饪等一系列相关动作，一个很大的特征是可以重复，而可以重复的东西就可以标准化。"千岛湖的鱼不仅仅是一条鱼，更是一个可以像冰箱、彩电一样在流水线上进行标准化生产的产品。

在这一思路的指导下，杭州千岛湖发展有限公司开始充分利用千岛湖一级水体这一得天独厚的有利条件，高起点地按照国家环保总局制定的有机鱼生产标准来规范鱼苗孵化、养殖、捕捞、加工。

比如，在鱼苗向大水域投放之前，还须经过6个月的人工养育期，并规定：养育期内用的饵料必须是天然饵料，鱼苗必须在自然生长 5 年，尾重达 4 公斤以上后才可捕捞。另外，他们还专门成立了水产科研所，鱼苗孵化场，6 个鱼种场，2 个捕捞队，1 个加工厂，对整个鱼生产过程都按有机鱼的生产标准进行规范生产。

2000 年，国家环保总局有机食品发展中心派专家到千岛湖实地考证和检测后，认为千岛湖生产的鱼完全达到有机鱼标准，为其鲢鱼、鳙鱼、银鱼等十个品种的鱼类颁发了国内第一张有机鱼证书。之后，千岛湖通过国家原产地标记注册，被命名为"中国有机鱼之乡"。

不久前，千岛湖有机鲢、鳙鱼国家级标准化示范项目又在千岛湖正式启动，这是浙江省首个淡水鱼国家级标准化示范项目。

● **产业链里掘黄金**

关键词：系统化

一条鱼从水中到餐桌，它是由养殖、捕捞、配送、烹饪等一系列环节连接起来的。一般的渔业公司只是把目光盯在了养殖和捕捞上，而千岛湖发展集团却把整条产业链都抓在了手里，并从中挖出了滚滚财源。

一是公司设立千岛湖生态农产品配送中心，以"淳"牌有机活鳙鱼为主的生态农产品直销到全国各大城市宾馆、饭店和超市，由此保证了活鱼的品质，并带动了公司相关农产品的销售。如今该配送中心已成为公司与市场相连接、相互动的桥梁和纽带。

二是走高端路线，与北京、上海、江苏、河南、福建以及省内宁波、嘉兴等地的一些知名酒店缔结了战略伙伴盟约，只在这些酒店销售"淳"牌千岛湖有机鱼。

千岛湖人对"亲家"的选择可以说近乎"挑剔"。要做"淳"牌有机鱼的特约经销商，实力、竞争力、影响力都必须上星级，要同时满足规模大、档次高、环境幽雅、地段好、信誉好、营业额在当地前 10 位、消费群有能力进行中高档消费、有高附加值菜肴开发能力、烹调师傅资质高、有品牌经营理念、发展思路清晰且有不断发展扩大的趋势等条件。签约后，一切工作得按"淳"牌品牌建设管理规范来，还得接受实时考核，不合要求的就淘汰。而他们除向合作伙伴提供区域专卖权、优先供货等支持外，还提供有机鱼文化的一系列宣传品，最新菜肴技术和厨师培训等。

随后，他们又在烹饪上做起大文章。千岛湖人不仅开办了自己的烹饪学校，专门研发鱼菜肴，还在全国各地办起了"千岛湖鱼味馆"，厨师们用"淳"牌有机鱼烹饪的全鱼盛宴，是国内餐饮业中的一绝。

他们正在考虑的下一步棋，是品牌输出，就是要将公司这种品牌运作模式向国内的其他水库推广，目前已经有其他省份的30多家渔业公司来千岛湖考察和洽谈合作业务。半个月前，来自23个国家的渔业专家慕名来千岛湖考察，赞不绝口。

- 巧借媒体把名扬

关键词：美誉度

传统商业经营观念中的"酒香不怕巷子深"是历代商家信奉的至理名言，但在当今信息化社会中，它与"好货还得广宣传""好酒还需勤吆喝"的经营理念相比就显得格格不入了。这个故事第四篇的主题就叫"吆喝"。

当千岛湖有机鱼经过两年的精心培育"芳香"毕现的时候，千岛湖发展集团开始在媒体上大造舆论了——通过一波接一波的新闻策划活动，把千岛湖鱼打造成了一个魅力四射的"鱼美人"。

2002年5月9日，千发集团在杭州成功地举办了千岛湖"淳"牌有机鱼新闻发布会，邀请了几十家宾馆饭店和新闻媒体参加，开展了"淳"牌农产品展示，举行了"有机鱼指定销售单位"的授牌仪式，"淳"牌千岛湖有机鱼由此在杭城一炮打响。

9月公司又联合中国烹饪协会、淳安县风景旅游管理局，承办了2002"千岛湖"杯全国淡水鱼烹饪大赛。

2003年，针对非典的严重负面影响，公司开展了"淳"牌有机鱼"非常时期危机营销"的新闻宣传活动。6月初，他们邀请浙江卫视、浙江日报、都市快报、钱江晚报等媒体及有机鱼经销商100余人，开展"鱼之约"主题活动、"品有机鱼宴、观巨网捕鱼""淳"牌有机鱼真情答谢杭州市民活动，掀起数十家媒体的集中报道。都市快报连续一周在头版位置刊登有机鱼销售的跟踪报道。浙江卫视《生活新主张》栏目专门摄制了《有机鱼有机可乘》节目，把它作为"非典"时期企业应付危机的案例。通过努力，公司安然渡过了这场危机。

7月，他们又在上海举办了"淳"牌千岛湖有机鱼新闻发布会。同时积极参加北京、上海、杭州、宁波等地各类农博会和千岛湖秀水节，宣传有机鱼及"淳"牌生态农产品。

随着"淳"牌千岛湖有机鱼的声名鹊起，假冒千岛湖有机鱼的销售行为日渐猖獗，为保护经销商和消费者的利益，2004年12月30日，公司在杭州山外山菜馆隆重召开"淳牌有机鱼品牌保护新闻发布会"，创造性地推出"淳"牌有机鱼身份证，这也是国内首家为有机水产品颁发的"身份证"。"淳"牌有机鱼从此上了一道"护身符"，使消费者能明白无误地吃到纯正的"淳"牌有机鱼。

"淳"牌有机鱼在打响品牌之后，公司并没有沾沾自喜，停滞不前，而是在营销手段上不断地进行创新。最近，中央电视台《天天饮食》和《走遍中国》栏目摄制组相继来千岛湖拍摄了《千岛湖美食行》《好鱼好水千岛湖》，将公司的"淳"牌有机鱼和鱼味馆搬上了中央电视台。届时，"淳"牌千岛湖有机鱼将随着电视台的转播美名更加远扬。目前公司正与人民大会堂、钓鱼台国宾馆联系，有机鱼成为国宴用鱼已为时不远。我们有理由相信，在千岛湖发展集团团队精英的努力下，"淳"牌有机鱼定能够成为"中国第一鱼"。

04 第四章 / CHAPTER

畅游的烦恼

一边是市场旺盛的需求，
一边是时断时续供应不足，客户怨声载道。
市场需求的压力瞬间袭来，公司几乎每天都接到客户打来的求购电话，
可面对热情的客户，公司有苦难言。

转眼间，千岛湖鱼已不再是一条普通的淡水鱼，一连串的光环为它插上了商业的翅膀——国家农业部命名的"中国有机鱼之乡"、国家科技部批准的国家"星火计划"项目、省级有机食品生产基地、浙江省名牌产品，等等，再到后来农业部授予的"中国名牌农产品"、国家工商总局的"中国驰名商标"。人们仿佛已经看到，千岛湖有机鱼将在中国的大舞台上尽情遨游。

随着市场的拓展，那段时间经常有慕名而来的经销商找上门来，要求合作。利好之下，公司销售中心雄心勃勃地提出了未来发展1000家客户的目标。《浙江日报》记者吴妙丽在《千岛湖有机鱼为什么这么香》这篇报道中欣喜地写道："早上5点50分，来装活鱼的车辆已经排起了长龙，今天要将2万公斤'淳'牌有机鱼运往北京、南京、上海等大城市。现在北京已有22家四星级以上的宾馆推出了千岛湖有机鱼头这道品牌菜，有时配送车来不及，就用快件方式通过火车和飞机送，将有机鱼运往大都市是带动当地渔业发展，丰富城市居民菜篮子的一项新举措。"

但2004年春天，正当"淳"牌有机鱼的营销人员日夜奔波在华东市场第一线的时候，一个意想不到的消息从后方传来。由于种种原因，千岛湖静养的活鱼量不多了，即将出现脱销，而这在两三年前，还是不敢想象的事情。2004年3月29日《每日商报》发布的文章《千岛湖有机鱼头有点断档》对此事进行了专门的报道。人们不得不接受的一个现实是：千岛湖鱼的产量不是无限的。

那么，千岛湖有机鱼到底该怎么游，又该游向哪里呢？无疑，这又是一场早春的破冰之旅。

第一节　限量供应

在"淳"牌有机鱼的营销实践中,"限量"多少出于一种产能限制下的无奈之举。然而,作为一种商业手段,似乎对于市场开发和产品服务的升级本身亦有着神奇的作用。

机械化起鱼过磅设备

在消费领域,"限量"可谓无处不在,无论是快速消费品领域还是奢侈品、收藏品领域都闪现着"限量"的光芒:逢年过节和重大赛事,可口可乐都会推出"限量版"的纪念瓶罐,引得消费者争相收藏;北京奥运会期间,联想发布了奥运纪念机型,一共只有2008台投放市场,属于具有收藏价值的限量版;售价高达108元一碗的康师傅私房牛肉面也制定了每店每天限量10碗的策略,店员称基本每天都能卖掉;即使是像涪陵榨菜这样的大众食品,如今也玩起了限量销售,推出的限量版八年陈的榨菜,售价高达2200元一包。"限量"作为当今流行的热词,大到几万元的收藏品,小到几十元的普通商品,限量的概念层出不穷,似乎一夜之间,只要商品的身上贴上

"限量""编号"的标签,就会身价倍增,就会凸显稀缺性。在市场上,限量版几乎成了天价的代名词。

然而,事实是这样的吗?

1960 年,美国管理学家杰罗姆·麦卡锡第一次提出了企业营销的 4PS 理论,4P 分别是产品(Product)、价格(Price)、渠道(Place)、促销(Promotion),由于这四个词的英文字头都是 P,再加上策略(Strategy),所以简称为"4PS"。其中的渠道是指企业并不直接面对消费者,而是注重经销商的培育和销售网络的建立,企业与消费者的联系是通过分销商来进行的。之前为了打开市场,"淳"牌有机鱼更多是在产品、价格、促销、策略上做文章,还谈不上真正意义上的渠道建设,至少在长三角地区,只要客户有需求,公司都会尽力满足。于是,当千岛湖渔业急于打开市场销路大面积撒网的时候,与经销商一拍即合的事情也就不鲜见了。这其中的主要原因,是一些先知先觉的客户感受到了千岛湖有机鱼与众不同的品质。

前面我们讲述过宁波一家酒店因为对"淳"牌有机鱼的情有独钟,相谈数小时后即敲定合作,而互促互进式的合作一直愉快地延续了十多年。像这样一拍即合的故事在不断发生,2003 年底,有一位闽南客户也是品尝过千岛湖有机鱼后立即赶到杭州,然后当天夜里 10 点就到了淳安,打电话要求见一见公司销售经理商谈合作,并已经准备好了合作方案,最后双方约好第二天一早 8 点准时见面。这位闽南客户耐着性子熬到了第二天,开口就说一年可经销 50 万斤,这个数字无疑吓了销售经理一跳,此前公司还从未有过如此大的客户。

销售经理给他先泼了点冷水,告诉他一家酒店一年 50 万斤是不可能的事情,谁知对方却说,"可能还不够呢。"为慎重起见,销售经理详细了解了对方的酒店规模、每天的营业额等细节。对方回答得也很干脆:"你问这些没用,我可以坦白地说,除了我的酒店自己用以外,我可以在整个福建卖,可以把这条鱼的价格卖得更高,而且你可以在第二年再提高我的价格。我们可以在合同里做出保证,但你们也得保证给我持续的供货,毕竟上了酒店菜单就不能今天有明天没有。"

在半信半疑的情况下，最后公司只和这位闽南客户签订了一年30万斤活鱼的协议。事后证明，这位客户并不是空穴来风，他在福州、厦门、泉州同时设立了3个销售点，配备了专门的人、车，价格高还能卖出去，这一点连"淳"鱼的销售人员都感到有些惊讶。但结果当年公司就不得不限制他的销售量，并做了一定的赔偿，到第二年进一步缩减到10万斤。也许是形势变化得太快，此前一心打品牌做市场的千发集团多少有些不适应新情况。

而最难受的，也是最始料未及的是2004年2月起陆续出现了多次限量供应，刚进入5月，千岛湖有机鱼第一次出现了脱销。一边是市场旺盛的需求，一边是时断时续供应不足，客户怨声载道。市场需求的压力瞬间袭来，公司几乎每天都接到客户打来的求购电话，可面对热情的客户，公司有苦难言。这样的窘境实际并不能怪客户，在他们看来，千岛湖的面积那么大，怎么会没有鱼卖呢？如果真是这样，那么只有一种情况，就是把鱼悄悄卖给别人了，或者是自己的关系不够硬。

当时的客户并不知道，或者说也无法理解，千岛湖有机鱼与一般的人工养殖鱼有着本质的差异。首先，千岛湖的鲢、鳙鱼作为淳安县的"保水鱼"，每年的鱼苗投放量都经过严格的测算，为了保证水质，并不是投放得越多越好，具体数量受水体中天然饵料多寡的限制。其次，千岛湖的鲢、鳙鱼遵循自然生长的规律，按照规定一般要7年后才能捕捞，也就是说生长周期长，见效慢，并非以数量和速度取胜。最后，千岛湖鲢、鳙鱼不吃人工饵料，生长速度与湖水中的浮游生物的丰富程度有关，水肥则长得快，反之即慢；此外还有一个难以避免的原因是，尽管政府加强了渔政管理力度，但在利益的诱惑下，每年仍有人顶风作案，偷捕相当数量的鲢、鳙鱼。

戏剧性的是，2004年的6月7日甚至还出现了温州两个客户为争要同一车有机鱼，客户一怒之下将配送人员和车子扣了，争执中客户还把配送车的玻璃给砸了，最后还惊动了公安出面协调解决。一车鱼最小的配送量也要1000多斤，否则运费太高不合算，销售中心于是将两家店的鱼合在一辆车起运，一家400斤，一家600斤，两家都吃不饱。客户看到车上还有鱼却是给同城竞争对手的，当即不让走，于是双方就陷入僵持，最后做了好一番工作和折腾这件事才算妥善处理了。这则故事在 2007 年中央二套《财富故事会》的采访中作为一个教训被再次提起，千发集团品尝到了无视产能限制，超量无序开发市场的恶果。

淳鱼客户代表会议

事实上，当初在与客户签订协议时，客户一般会提 3 个条件：一是必须是活鱼；二是鱼的规格要同等大小；三是必须保证连续供应。如果说前两个条件可通过技术实现，那么满足第三条就没那么简单了，湖里的鱼毕竟和地里的庄稼不一样，跟大规模的工业生产线生产的产品更是无法比拟。生产最紧张的时候，每天的有机鱼要按数量严格统计，并同时压缩一些客户的需求量，有的特殊客户只能一次性地供应 10 多条，客户的抱怨声搞得公司焦头烂额。更为严重的是，有的客户趁机以假乱真，玩起了"狸猫换太子"的游戏，有的直接跑到公司来侦查实情，有的一开始抗议，再后来投诉索赔，或者干脆住在淳安的酒店里等个说法。

公司知道，在大多数抱怨的客户中，确实有一批最早慧眼识珠、真心一道谋发展的人。于是，一面是如饥似渴的客户，一面是捉襟见肘的供应，重新优化客户结构已刻不容缓。不管公司是否情愿，市场已经为刚刚兴旺起来的千岛湖有机鱼上了一课，终止某些合同已在所难免。

此举的后果在当时的很多人看来，无疑是灾难性的。一方面看，撤回、终止协议不仅意味着客户资源的流失，也将带来直接的经济损失，而且一定程度上打击了"淳"牌有机鱼的商业信誉；从另一个方面看，这种"壮士断腕"的行为固然会付出一时的代价，却也可能是公司再造的开始。

以前的销售体系没有章法，有直接针对大众消费者的销售，有二级批发商，有直接供应的酒店。而在大客户中，有多年专业做酒店餐饮的，也有一时兴起只是当生意做的。此时的公司已经意识到，既然"物以稀为贵"，那么为什么不建立一套最适合自己的渠道体系呢？

决议一出，公司内部立刻出现了不同声音，有人说："大家辛辛苦苦才打开了市场，拒绝客户、终止协议不等于自己砸自己的脚吗？"事实上，仅这一项当年就使公司赔偿了 100 多万元。当时还有另一种说法叫作"撒葱花"，只要要我的鱼，我就给，只要你付得起我的要价，每批次不少于一定数量够发一车，"淳"鱼销售中心就送，至于到消费者手中最终的产品形式是如何，那管不了，也没必要投入精力和资金。最终策划公司说服了决策层，深入到终端的品牌营销策略最后被确定下来，通过和酒店的共同努力，消费者能够判断出产品是真的，而不像有些产品发展到最后，真品就只是一个传说，哪怕是真的，消费者也会打上一个大问号。最终品牌像一阵风，来时声势浩大，时间却不持久，一晃而过成为明日黄花。之后的时间，"淳"鱼销售中心的客户数量有一定的减少，从最高时的 500 多家减到 230 家，但在销售表现上却出现了良好的势头，公司不仅解决了库存问题，客户品质也有了质的转变。

实际上，为了满足快速增长的市场需求，公司一直在考虑品牌扩张。有将近一年多的时间，公司的管理人员几乎走遍了中国水质优良的水库，最远甚至到新疆的博斯腾湖，并和几家异地水库签订了初步的合作意向，甚至当时千发集团对丽水紧水滩水库的合作中，已经任命了经营负责人，但最后一刻考虑到千岛湖的管理模式难以复制，最终放弃。不过，这并不意味着"淳"牌有机鱼扩张的念头从此停止。在某种程度上，尽管已受到市场的快速垂青，但"淳"鱼人的危机感和进取心始终没有减退。几乎在以后历年的经营总结会上，公司都会一再强调，"淳"牌有机鱼必须主动出击，抓住机遇，利用品牌优势、管理模式和市场网络，跳出千岛湖，走向全国，采取合作或整体输出渔业的产业化经营模式，整合全国的资源为我所用。

但在当年，既然异地扩张的路子走不通，或者说时机不成熟，那么就只能接受千岛湖有机鱼产量不可能无限增长的现实。某种意义上，这种现实注定了这家渔业公司必然要走内涵式增长的经营之路。在以后的章节里，我们将看到，这家公司的渔业经营将因此完全改写行业的旧有定义。它并不是靠规模取胜，也不是单纯地靠品质取胜，而是以资源为载体开始了一系列内在价值的提升。

既然千岛湖有机鱼不可能无限量供应，与其被市场追着跑，疲于奔命，不如重新制定游戏规则，唯我独尊。其实，这时候的公司已经建立了销售预警制度，并强烈地意识到，原有的市场网络必须瘦身，同时要求增加鱼种投放力度，捕捞队加大活鱼捕捞，强化产销计划性，推动全产业链发展，促进整体效益提升。

第二节 "洗澡鱼"的忧虑

一方面，相对于工业产品来说，农产品更容易被假冒或侵权；而另一方面，一般的农产品生产经营者又很少会把产品商标等商业权利的保护放在一个很重要的位置。农产品品牌要在市场上站得稳、立得住，必须使用法律武器保护自身利益。企业要进军市场、抢占制高点，需要实施农产品品牌战略，拥有自己的商标并获得商品专有的各类荣誉，企业同时要提高农产品品牌保护的意识，找出有效保护这些品牌的方法，这是实施农产品品牌战略的根本。实际上，农产品品牌战略的实施也离不开政府的支持和领导，有时政府为农产品品牌战略创造良好的环境比企业单枪匹马进行权益维护要有效得多。品牌保护既是对企业利益的保护，也是对顾客和社会利益的保护，对假冒品牌农产品的行为和虚假广告，企业和社会都需要坚决打击，进而为品牌农产品脱颖而出创造良好的市场环境。在目前国家保护农产品品牌的法律法规尚不健全的情况下，企业仍需要把品牌的培育和保护纳入法制轨道，只有这样才能创造出一个公平竞争的社会市场秩序，为品牌农产品的生存和发展创造条件，做到创一个品牌，兴一方经济。

2012年6月浙江电视台出于对千岛湖有机鱼品牌保护的目的，连续跟踪报道了一则名为《浦江"水库鱼"成了千岛湖"洗澡鱼"?》的新闻，记者长途跟踪鱼贩子起鱼、装运、销售的全过程，揭露他们假冒牟利的事实，许多人看了都非常震惊。

所谓"洗澡鱼"，就是把别处买来的成鱼在特定的水域养几天，然后捞出来冒充土生土长的千岛湖有机鱼进入市场。食客对于有机鱼的旺盛需求让一些人看到了"洗澡鱼"带来的"商机"，商家如此这样"舍近求远"，为的就是经济利益。据报道，事实上在仙华水库中放养的鱼也是从外地买来的，而到了千岛湖经过再次洗澡之后，以千岛湖有机鱼的概念进行销售，鱼的价格成倍上涨。即便是这样，这些鱼也很畅销。这些鱼经过不良商家直接向杭州、上海的酒店供货，由于供不应求，往往也能卖断货，"我这里还有1万公斤的鱼，如果你要的话，最多也只能给你2500公斤。"卧底的记者得到过这样的答复。根据媒体的曝光，记者当日跟踪的那辆车从仙华水库中捞起2000斤鳙鱼，由专用箱式货车，运到千岛湖的翁家村水域的养殖基地后，投放到网箱内。第二天一早，这批鱼以"千岛湖有机鱼"名义卖给杭州新农都市场的商户。

随着"淳"牌有机鱼的声名鹊起，全国都出现了假冒千岛湖有机鱼的现象，不仅是在千岛湖"洗过澡"的，那些没有到过千岛湖的鱼也堂而皇之地冠以"正宗千岛湖有机鱼"的名字，甚至当营销队伍来到香港、台湾准备启动市场时，却惊奇地发现这里的假冒千岛湖有机鱼已经做得"风生水起"。作为唯一拥有千岛湖湖面渔业经营权，唯一经营着千岛湖有机鱼的企业，千发集团每年都需要投入很大的财力和精力用于一些打假和品牌保护性措施。但从效果看，假冒流行全国，以千岛湖当地最为严重，千岛湖因此也出现了一种行业，他们不生产鱼，手上却有数百万斤的"千岛湖有机鱼"对外销售；他们在千岛湖内设置网箱，对外宣称他们的鱼是在千岛湖养殖的，拥有绝对的好品质；他们也注册了商标，拥有漂亮的门店和专用配送车，宣传资料印有各种各样的证书，并信誓旦旦地对客户宣称他们才是正宗的千岛湖有机鱼；他们跟踪淳鱼销售中心的营销人员，千发集团的媒体宣传在哪里铺开，他们就在哪里发展客户。这个行业是附身在"淳"牌有机鱼销售体系上的冒牌部队，他们成为"淳"牌有机鱼市场开发最大的威胁和"淳"牌品牌打造最难缠的障碍。千发集团营销人员做过这样的估计，冒牌销售队伍一年所销售的鱼是千发集团的3倍以上。

　　起初，千发集团对这样的假冒现象采取了不予理睬的处理方式。的确，千岛湖有机鱼在全国已经具备了相当的影响力，毕竟正宗的"淳"牌有机鱼无法无限制扩大产量，每年仅有那么几百万斤。假冒产品填补了中低端市场的空白，许多消费千岛湖鱼头的消费者在消费假冒鱼头的时候心里是清楚的，那样的价格在那样的酒店里应该不会是正宗的。而"淳"牌有机鱼要做全国市场，只能选择高端的客户，在各地选择数一数二的酒店作为自己的忠诚客户，这样的市场格局似乎比较和谐，狮子、狐狸、豺狼虎豹各有各的需求，各取所需而已。但是，很快公司就发现了这样做的破坏性后果。

　　首先，整个市场开始出现对"淳"牌千岛湖有机鱼的排斥态度，高端市场不接收"淳"牌千岛湖有机鱼的价格，似乎千岛湖有机鱼成了俯拾皆是的地摊货，而"淳"牌有机鱼由于生产复杂，投入相对比较高，价格很难与这些"入侵者"相抗衡，销售面临很大压力。另一方面，"洗鱼业"在千岛湖成为一个很赚钱的行业，有这样一个奇怪现象，一个外地老板乐此不疲地给千岛湖当地管理网箱的人员做工作，希望能扩大他在千岛湖湖面上的网箱数量，据说这两年他在网箱"洗鱼"中赚了不少钱，一打听这个老板居然在外面做着房地产生意，看来其中的利益诱惑居然堪比房地产业。好好的一个特色品牌被假冒逼得没有招架之力，市场销售出现了一定影响，除了一些极忠诚的客户，在这期间许多曾经做了多年的老客户都开始使用冒牌鱼，千发集团管理层对此感触不小，所幸当时"淳"牌有机鱼刚刚开始拓展全国市场，有些空白市场的开发填补了老客户的流失，但这始终还是触动了大家要进行规范市场的决心。现在，从"淳"牌有机鱼的全国市场格局来看，越是品牌影响大的地区越是市场相对混乱，真真假假混做一团。反而是后期开发的一些重点市场，单店影响力很大，"淳"牌有机鱼在消费者中有很好的口碑，这也充分说明了当时做出"区域专卖"这个决策的正确性，那些原来做得不太好的传统市场，千发集团目前也开始腾出手来进行规范。

在宏观概念上"淳"鱼产业属于农副业，是带有很强地域特色的行业，地域概念是立足根本，而"淳"牌有机鱼起初可以发展的市场覆盖区域也必然受到地域概念辐射力的限制，也就是说地域概念可覆盖的区域就是"淳"牌有机鱼可发展的空间，值得庆幸的是，目前千发集团的主市场已经突破了这个怪圈，把有机鱼卖到了全国。淳鱼产销是公司主要的利润以及现金流来源，是公司的支柱产业，在公司自有品牌产品中市场接受程度最高，近年来公司在该领域的技术、渠道、品牌积累也是最多的。公司希望，通过淳鱼产业链条每个节点，采取深耕市场的方法，构建诚信规范的品牌营销体系，获得更多稳定的效益回报。

2012年借着全国推进新国标的时机，千发集团进行了一次新闻发布活动，并特意对外界公布了如何识别千岛湖有机鱼的方法。主要通过鱼儿识别和酒店宣传两个方面双管齐下让消费者练就"火眼金睛"。

从鱼儿本身这个方面，千发集团告诉消费者，看体形，辨颜色，尝口味。对于体形，池塘里的鱼一般投饵养殖，空间局促鱼儿缺乏运动，成长速度快，所以这样的鱼嘴尖肉厚体形胖，而"淳"牌有机鱼经过大水域一级水体5年的生长，鱼体壮硕、圆润、有活力。颜色上看，池塘里的鱼鱼身光泽度差，色彩偏白，抵抗能力不强，反应迟钝。而"淳"牌有机鱼体色较黑有光泽，活动性强。口味上，正宗"淳"牌有机鱼口感有韧性、无泥腥味，而池塘养殖的鱼没有纹理感、没有嚼头，泥腥味有时靠厨师加重调料还是盖不住，还有可能吃出柴油等工业产品残留气味。

在酒店的识别方面，"淳"牌有机鱼在品牌入店方面做了很多的文章，作为合作的附加条件和在品牌投入方面的有力支持，这些正宗经营"淳"牌有机鱼的酒店都有明显的识别方法。他们有形象代言人、专用器皿和各类宣传物品。"淳"牌有机鱼形象代言人是一位憨态可掬的抱鱼小女孩,这位小女孩的代言行为是有正式授权的;"淳"牌有机鱼的烹饪方法虽然各有不同,但砂锅鱼头在各大客户酒店都采用由千发集团统一制作和提供的获得国家专利保护的棕黄色砂锅,砂锅盖子和锅身都有相关"淳"牌有机鱼的文字和图形;在酒店的各种宣

专利器皿

传物品中,为能让消费者更容易辨别,千发集团聘请专业策划机构给酒店做策划设计,宣传品在具有一定观赏性的同时会配有"淳"牌、"中国驰名商标""中国名牌农产品""杭州千岛湖发展集团有限公司"等唯一归属的标志性字样。如果还觉得不放心,消费者可以到厨房照着"淳"牌有机鱼的外部特征看鱼点菜,再回来安心享受正宗美食。

也就是在2005年,公司成立了打假办公室,由现在已经是千发集团总经理助理的桑传其任法律事务部经理,与市场部、"淳"鱼销售中心共同进行市场的打假工作。对所有假冒产品进行针对性的归类汇总。一般的假冒产品都打着千岛湖有机鱼的旗号,没有商标,不侵犯"淳"牌商标权,而使用的"有机鱼"称呼侵犯的是公权,打假难度大。这些年,千发集团通过与工商和有机食品发展中心等公权部门的共同努力,联合出击进行维权行动。为了加强视觉冲击力,冒牌的千岛湖有机鱼都使用了许多千岛湖有机鱼重要的宣传照片,而这些照片,千发集团是拥有知识产权的,这给公司打假增加了底气。更多的假冒是在文字介绍或是大幅标题中使用到了"淳"牌、杭州千岛湖发展有限公司等字样,并且使用了公司所获得的一些荣誉和证书的照片,这些就更是明目张胆的侵权了。公司对危害较大的侵权酒店进行了拍照取证,通过寄送律师函的方式迫使他们停止了侵权行为,同时进行"定点清

除",这样客户酒店周边的假冒产品就被肃清了。当然,公司没有为打假而打假,打假的目的是更好地开发维护市场和产品,通过与客户酒店的合作,在当地电视和报纸上刊发"严正申明",以达到正本清源的目的,让消费者知道在哪里可以吃到正宗的"淳"牌有机鱼。通过店头的各类配套宣传物料和专用器皿,增强了进入酒店消费"淳"牌有机鱼的消费者对产品的识别能力,他们最后都会为成酒店的忠实顾客,酒店业务因此也获得了很大提升。

报纸广告宣传

在此期间,公司还发明一种消费者体验活动,叫作"寻根探源",客户酒店通过一些方式选出自己的一部分顾客并自带媒体,组织他们来到千岛湖考察整个鱼儿的生长环境,观看壮观的"巨网捕鱼",由公司领导图文并茂地召开"淳"牌有机鱼产品推介会,这些顾客回去以后不仅自己对产品增加了好感,认定"淳"牌有机鱼是安全和营养的,而且也会向自己的亲朋好友进行推荐。

在千岛湖的湖区,以前水上餐厅和网箱养殖是很普遍的,它们破坏着千岛湖的水质,是造成污染的一个重要来源,政府管理者渐渐地意识到这个问题,为了不让污染影响整个千岛湖在淳安经济中举足轻重的地位,2005年以后政府下大力气相继对千岛湖上的餐厅和网箱进行了清理。千岛湖有机鱼的假冒现象得到了有效的控制,"淳"牌有机鱼的品牌又重新获得了良好的口碑。2009年,政府进一步开展五大整治,网箱整治从3000亩缩减为500亩,十三五规划再次确定为400亩,有力支持了渔业资源保护。

第三节　提价带来的质变

众所周知，产品价格是一把"双刃剑"，无论提价还是降价，短期的剧烈变化势必会给市场带来强烈的震荡，而有机农产品的定价则是一门学问。从长期看，真正的有机农产品价格必然呈上升趋势，但在培育市场的早期，任何有机农产品都具有一定的可替代性，如何把握定价是个难题。

起初，千岛湖有机鱼的定价多半采取随行就市、量力而行的原则，缺乏完全的自信。在没有品牌的初级阶段，主要市场为东北地区，那时候的价格并非公司单方面可以决定，一般走的是当地的批发价，但后来随着20世纪90年代东北经济的衰退，低价远销已失去意义；其后进入第二阶段，即刚刚有品牌的初期，这时候的定价有一定的随机性，主要看客户对有机鱼的认知度。由于此前的价格太低，所以在谈判中能够翻一番，比如从原来的每公斤6元卖到12元就已经皆大欢喜了。事实上，很难说这个价格是高还是低，很多人也不敢想象未来的空间还有多大。

但在2004年供应最紧张的时候，公司决定在原来的基础上一次性提价一倍，这无疑是当时中国最贵的鳙鱼，不仅客户觉得高得有些离谱，连公司高层也有人认为过高了。

这会是一次"自杀式"的提价吗？没有人知道答案，正如很少有人真正理解有机鱼的价值一样。果然，一倍的价格立刻引起了市场的反弹。首先承受不住的是一些低档次的酒店，他们开始改用普通的鱼来烧鱼头，与两年前的提价一样，这一次公司的经营策略再次遭到了普遍的质疑。也有些大客户持观望态度，希望随着事态的变化千发集团能回心转意，重新将价格恢复到适当的尺度上。但这一次公司依然咬牙坚持主张，给出的回答依然是坚定的——"坚决不降！"

实际上，新价格也是一块试金石。此前公司已经发现，前期开发的客户良莠不齐，有些客户暗中通过加重菜品的口味用外购鱼替代"淳"牌有机鱼,与此同时,更令人头疼的是,随着千岛湖有机鱼的风生水起,大量冒牌的有机鱼趁势涌入市场,已经直接影响到公司品牌的正常运营。因此今天看来,当年的提价兼具一石数鸟的作用:其一整顿市场清理门户;其二促使公司将销售工作引导到科学化、规范化的道路上来;其三,筛选并结盟那些真正具有战略价值的客户。

面对困境,公司首先开始着手开展客户满意度调查,建立客户资料库,同时在客户管理方面迈出了实质性的突破——按照酒店档次、销售数量、客户信誉等指标,对原来所有的客户进行了等级评定,评选出一类、二类、三类客户,淘汰了很多规模不大、信誉不好、工作不配合的客户。

这是公司第一次开始主动地选择客户,而不再像以往那样来者不拒。与此同时,"淳"牌有机鱼各区域市场进行统一提价,以星级客户的评定标注和区域专卖制度抬高指定经销商的合作门槛,规范区域市场管理,与酒店共同实施"淳"牌有机鱼的形象导入,试图锁定那些有价值的客户。

事实上,这项工作真正完全规范化大概花费了一年多的时间。在以后的日子里,公司一手抓客户建设,一手抓品牌,做了大量的实质性工作。这些工作主要包括:第一,多次到杭州、宁波、温州、江苏、上海等地走访客户,听取客户的意见和建议;第二,加强有机鱼质量管理,出台产品管理制度,设立专职的有机鱼质量管理监督员,负责从起鱼到运输的全程质量监督;第三,定期举行产销协调会,加强产销衔接;第四,整合销售市场,每个地域重点开发一到两家黄金客户。

而在品牌建设方面,"淳"牌有机鱼的推广从早期的宣传造势向系统化深入。比如,召开客户代表会议,阐述"淳"牌有机鱼的发展愿景,介绍新的品牌战略和销售政策;在常州、宁波、郑州、江苏等地举办"千岛湖美食节",

指定经销商授牌

加强对经销商的宣传支持,联合客户进行品牌推广;正本清源,在区域市场媒体刊登"淳"牌有机鱼的销售声明,授予已签约客户"特约经销商"牌匾;继续通过中央电视台的各种专题片加大品牌推广力度,牢牢掌握"有机鱼就在千岛湖"的话语权;设计制作了一系列与"淳"牌有机鱼有关的小产品、宣传册、光盘等,强化终端印象等。还有一个点睛之笔是,在2005年7月淳安举办的第三届千岛湖秀水节上,公司设计的"淳淳"卡通鱼成了活动吉祥物,继当年的小女孩抱鱼之后,再一次巧妙地将"淳"牌有机鱼植入区域营销。

此时的捕捞队也没有闲着,为了保障持续供应,在有经验的老师傅带领下,全队上下开始攻坚挖潜增产的新课题,看地形,摸资源,适时进行各种"拦、赶、刺、张"捕捞作业。真正的难度在于彻底了解和掌握渔场的地形地貌,还有水下河道、田磡、废墟、沉积物等,不放过每一个可能的空间。同时,捕捞队打破了既有的作业时间,冬天大雪纷飞时仍坚持在湖面上作业。

2004年底,公司再一次举行了"淳"牌有机鱼品牌保护新闻发布会,正式启动"淳"牌品牌战略规划保护工程,在国内水产行业首次推出智能防伪卡——"淳"牌有机鱼身份证。在这次发布会上,公司展示了一张印有有机认证标志、公司商标、原产地注册标志的绿色卡片,并隆重向外界宣告,自2004年12月28日起,凡公司生产的"淳"牌有机鱼将拥有自己的身份证。该卡片通过各酒店随鱼头菜肴向终端消费者发送,每份鱼头发送一张。该身份证类似名片大小,和每一天配送的鱼儿一起配发给酒店客户,是一种新型防伪尝试。消费者得到身份证后,可刮开涂层将防伪码通过短信、网站、电话等三

淳鱼有了"身份证"

种方式查询真伪,如发现假鱼,可立即拨打热线电话举报。由此可见,公司已经将品牌经营的精细度聚焦到了每一条活鱼身上。

这种做法同样体现在捕捞环节，公司内部反复倡导"善待每一条活鱼"的理念，将活鱼按照形体完好程度细分成一级鱼和二级鱼，激励捕捞队在活鱼的基础上不断提高一级鱼的生产率。同年底，公司在大规格鱼种培育方面也有了突破性进展。此前由于连续几年雨水少，水位低，投放的鱼种规格小，受人为捕捞、鸟害、鱼害等因素，鱼种的成活率不是很高。而要保持稳产高产，投放合理数量、规格、体质的优质鱼苗成为关键。为了提高鱼种成活率，公司专门成立了攻关小组，在几个鱼种场开展了一龄大规格6~12尾/公斤的鳙鱼科技项目研究。试验是成功的，公司顺势将2005年设立为"资源保护年"，同时加大护渔力度。在一份工作总结中有这样一段文字："保护渔业资源不仅仅是保护公司的生命线，更是保护千岛湖的水资源。水是千岛湖的灵魂和发展的核心所在，县委、县政府予以高度重视，因此渔业资源保护不是一劳永逸的事情，而是一件需要持之以恒的工作。""要形成以渔政执法为主体、公安为后盾、公司保护管理和乡镇群管为基础，发挥全社会力量的长效管理机制，严厉打击各类破坏渔业资源的行为。"

如果说2003年的非典激发了公司低成本创意营销的灵感，那么第二年的供不应求则使公司的竞争力得到了一次全方位的提升。就内部而言，提高了渔业生产、渔政管理水平；向外则精简了过于分散的销售渠道，建立和规范了公司与客户的长期合作关系，使持久的共赢成为一种可能。而对那些有想法的客户来说，只有看到一个蓬勃、可持续发展的公司，才会真正迸发出合作的激情。

从20世纪50年代末到60年代早期，Lowenbrau是美国市场排名第一的进口啤酒品牌。该啤酒在慕尼黑生产、罐装，再运往美国。因为战后玻璃短缺，空瓶子还会被运回德国。为了覆盖因为燃料价格上涨引起的成本上升，Lowenbrau不得不进行提价。然而，令Lowenbrau吃惊的是，提价后美国市场的需求反而节节攀升。这是为什么呢？原来，很多消费者判断产品品质的标准并不是产品的口感、纯度等客观指标，而是用价格或者品牌的吸引力作为选购的依据。当制造商在他们的品牌形象上花下巨资的时候，他们也从市场上赚取了额外的利润。这些额外利润一方面来自产品消费体验中的可感知价值；另一方面也来自消费者通过这样的购买行为在他们的朋友、同事中留下的印象所带来的价值。因此，当制造商认识到这些因素时，他们通常不会打价格战，导致价格下跌。相反地，在这种品牌形象、品牌质量驱动的市场竞争态势中，他们会更多关注品牌宣传在消费中产生的影响，而不是在价格上相互厮杀。虽然，现在的有机鱼算不上奢侈品，甚至只能算是酒店餐饮的初级原材料，但它已经具备了许多优秀的特质，这些特质具有不可替代性，为千岛湖有机鱼保持了一定的市场身价，在千发集团加强了客户服务和提升了最终消费者的消费体验时，这些特质最终为淳鱼实现在市场上的良性发展提供了条件。

某种意义上，营销体系的再造是千岛湖渔业打品牌后的第二次革命，也是从坐商变为行商后走向市场的一次真正对接，实现了品牌影响力的一举穿透，并有可能在终端客户平台上做更细的文章。对于其中的奥秘，汪建敏这样说："长期以来，我们的模式等客户采购上门，鱼具体销到哪里无法了解，消费者也不知道鱼从哪里来。这种信息不对称的情况一直存在。比如有些经销商在千岛湖买了半车鱼，在路上再拉半车别的鱼，最后都当作千岛湖鱼卖出去，这种状况扰乱了千岛湖鱼的品牌，因此必须改变。于是我们取消中间环节，直接进行点对点的交易，就像我们的鱼通过农贸市场肯定卖不出高价，而直接配送高端品牌酒店却对进一步打造品牌非常有益。"

此后，千岛湖有机鱼不再追求经销商数量上的规模，而是有选择地实现共赢。如果你来到今天的温州，问当地人去哪里品尝正宗的千岛湖有机鱼，那么对方多半会告诉你，去得尔乐大酒店。短短几年，这家酒店营业面积已超过1.5万平方米，成为当地餐饮业的佼佼者。

实际上，2004年的得尔乐正处在严重亏损，举步维艰的边缘，无论是规模还是客源基础，都难以扭转局面。巧合的是，得尔乐之前与"淳"牌有机鱼有过合作，但谈不上紧密，只是一种简单的买卖关系——你有鱼，我要鱼，甚至当时还曾因为经销特许权的问题差点儿与千发集团打一场官司。到了2005年，随着"淳"牌有机鱼品牌运作的日益聚焦和规范，得尔乐改变了主意，决心与"淳"牌有机鱼认真合作一回。简单地说，就是用千岛湖有机鱼的品牌来重新打造一家温州的名牌餐饮店。为此，陈总多次到淳安与公司沟通，谈自己的想法，以争取公司最大的支持。

为了打好翻身仗，得尔乐首先在传播造势上做足了文章。此前的温州人喜欢吃海鱼，并不认同淡水鱼，认为淡水鱼上不了档次，且口感有泥腥味，人们对千岛湖有机鱼的认知几乎为零。不过得尔乐却不这么看，他们在详细考察了全国优质水库的鳙鱼后，最终认为"淳"牌有机鱼无可替代。他们体会尤深的是，如果是做剁椒鱼头，凭借重口味也许很难分出鱼的差异，但如果一旦做奶汤鱼头，千岛湖有机鱼的优势就立刻显现出来，不加任何调料，美味浑然天成。

于是，得尔乐围绕"千岛湖淳鱼"在市场上发起了"美味原汁源头"的立体攻势，从电视到报纸，从广播到店堂装置，开始有内容的投入，同时组织研发团队遍访名师开发特色鱼头菜肴。

在整合营销方面，得尔乐与千发集团有着惊人的相似之处。一时间，温州的大街小巷都能看到千岛湖有机鱼的大红条幅，广播中每个月至少两次讲述与有机食品和千岛湖有机鱼相关的知识，电视的美食节目也是投放的重点，报纸上各种菜肴获奖的消息和有奖问答一波接着一波。结果不到半年，当初营业面积约为1000平方米的得尔乐就一举扭亏为盈。到2008年9月，第二家4000平方米的分店开业，一个月后两家店的鱼头需求量做到千发集团所有客户中的第一。再到2010年6月，面积8000平方米的第三家店亮相，从此彻底稳固了得尔乐与千发集团的战略合作。

随着生意的日益火爆，得尔乐也面临过各种假冒有机鱼的市场冲击。面对这种情况，得尔乐一开始的思路是用法律的手段打假，后来感到效果有限，成本太高，于是不再采用"硬碰硬"式的打假，而是请当地媒体到千岛湖也进行一次"寻根探源"活动，随后召开新闻发布会。在千发集团的大力支持下，得尔乐向外界隆重宣告自己是温州地区唯一的千岛湖有机鱼经销商。事后得尔乐悟出了一个道理："这个世界上真的就是真的，假的就是假的，唯有坚持品质才是正道。"回首往事，得尔乐的陈总深有感触地说："'淳'牌有机鱼挽救了我们酒店，也成就了我们的今天。"

淳鱼全国客商峰会

实际上,在"淳"牌有机鱼的发展史上,像得尔乐这样的故事并非孤例。某种意义上,得尔乐的一路快速成长也见证了千发集团重构销售体系的全过程,在对品质的共同诉求下,两家公司者走出了一条康庄大道。而另一方面,千发集团也通过挖掘得尔乐这样的客户,使千岛湖有机鱼游得更加出彩。这些年来,公司一面掌控着渔业资源和品牌传播的制空权,一面从根本上改写了农产品随行就市的弊端,采用工业化的理念,撇开中间环节,由公司和客户一年签一次供应合同,授权酒店特许经营,筑就了一道基业长青的"防火墙"。另外,正是因为销售终端的坚固,千岛湖有机鱼有了更大的发展空间。时至今日,千发集团在全国已确立了稳定的客户群,每年按指标做一次优选。

在当年的一次采访中,公司总经理何光喜这样说:"要做'淳'牌有机鱼的特约经销商,实力、竞争力、影响力都必须上星级,要同时满足规模、档次等八大条件。签约后,还要按照"淳"牌有机鱼的品牌建设管理规范来做,应该说条件越来越严格。千发集团对此也会提供给经销商相应的保障,比如区域专卖权、优先供货等,千发集团还会免费提供有机鱼文化的一系列宣传物品，不定期地进行菜肴技术交流和厨师培训等。总之，投桃报李，客户获得了技术的提升和市场的回报，一点也不会吃亏。"

"淳"鱼为什么一定要引领市场，走高端路线？今天我们可以从当年公司总结的一段文字中看出端倪："全面实施'淳'牌战略规划，开展'淳'牌的市场传播和品牌维护，策划、制作有机鱼全程标识系统，统一宣传、统一标识、统一用语、统一图形，关注有机鱼提价后的市场反馈，加强有机鱼身份证管理，完善渠道建设。围绕'淳'牌有机鱼的销售策划产品推介会，进一步提高"淳"鱼的知名度，缔造中国有机鱼第一品牌，展现'淳'牌有机鱼的尊贵不凡。"由此可见，打造"中国有机鱼第一品牌"是千岛湖渔业持之以恒、不懈追求的战略定位。或许也正是因为定位的不同，千岛湖渔业所有的商业策略和商业模式一开始就赢在了起跑线上。

第四节　非常时期非常营销

事件营销在英文里叫作 Event Marketing，国内有人把它直译为"事件营销"或者"活动营销"。事件营销是企业通过策划、组织和利用具有名人效应、新闻价值以及社会影响的人物或事件，引起媒体、其他学科、社会团体和消费者的兴趣与关注，以求提高企业或产品的知名度、美誉度，树立良好品牌形象，并最终促成产品或服务的销售目的的一种手段和方式。简单地说，事件营销就是通过把握新闻的规律，制造具有新闻价值的事件，并通过具体的操作，让这一新闻事件得以传播，从而达到广告的效果。事件营销是近年来国内外十分流行的一种公关传播与市场推广手段，集新闻效应、广告效应、公共关系、形象传播、客户关系于一体，并为新产品推介、品牌展示创造机会，建立品牌识别和品牌定位，形成一种快速提升品牌知名度与美誉度的营销手段。20 世纪 90 年代后期，互联网的飞速发展给事件营销带来了巨大契机。通过网络，一个事件或者一个话题可以更轻松地进行传播和引起关注，成功的事件营销案例开始大量出现。

新闻的传播是有着非常严格的规律的。当一件事件发生之后,它本身是否具备新闻价值就决定了它能否以任何形式在一定的人群中进行大范围的传播。只要它具备的新闻价值足够大,那么就一定可以通过适当的途径被新闻媒体发现,然后以成型的新闻形式来向公众发布。新闻媒体有着完整的操作流程,每一家媒体都有专门搜寻新闻的专业人员。所以,只要当一件事情真正具备了新闻价值的时候,它就具有了成为新闻的潜在能量。

"非典"在2003年之前并非一个词语,而正是这个新词在2003年之后给世界带来的无法估量变化,随之而来的"隔离""疑似病例""密切接触者"等医学术语被许多人所知道,几乎连不认识26个英文字母的人,也熟悉了"SARS"这个单词所代表的恐怖,这种被我们称为"非典型肺炎"的病毒不仅搅乱了一个中国,还几乎波及整个世界。

而对千发集团来说2003年的那一次劫难可谓凤凰涅槃一般。如果2002年被叫作千发集团的市场开发元年,那么2003年应是花开遍地的丰收之年。这一年随着几次成功的新闻运作,"淳"牌有机鱼响彻大江南北,市场人员等在家里就可以接到全国各地的要求合作的订购电话。这一年在千发集团发展史上被叫作品牌建设年,公司开始聘请专业策划公司给品牌量身定制计划,进行全面严谨的品牌战略规划,并雄心勃勃地提出了3年之内拓展全国高端酒店客户500家的宏伟目标。销售中心派出了7个营销小组,每组2~3人,负责人挂"淳"鱼销售中心(当时称千岛湖生态农产品配送中心)营销部经理头衔,拿着全国地图,按图索骥,开疆辟土。那时,几个营销部经理是很吃香的,因为每个营销部都攥着"淳"牌有机鱼的有限的销售配额,几次成功的新闻宣传之后,市场开发已经相对比较容易了。

2003年1月后,非典型肺炎在广东省首先发生传染性流行,并迅速向全国传播,媒体开始每日报告感染人数和情况,全国上下人人自危。很快,没人敢到酒店吃饭了,酒店关门歇业,全国餐饮业哀声四起。千发集团的市场开发此时面临全面挑战,发货数量骤减,千发集团刚刚好转的局面急转直下,高昂的士气也备受打击。公司不得不紧急派出各个营销经理四处跑市场,一些重要市场甚至连千发集团领导也亲自参与客户商谈,并推出一些短期优惠政策，保证用货，稳定现金流。

高危时期跑市场自然到处受人冷落，有些时候买一包泡面，人家水都不愿意提供，只好干嚼凑合一餐。联系北京市场的营销人员从北京一回来就被卫生系统劝说在家隔离一个月不能外出，就这样在家心情焦灼地看了一个月电视。通过这一系列的市场走访，许多客户关系被艰难地建立起来。特别是北京市场，市场基础就是那个时候打下的，那时营销人员经常说的一句话就是："淳"牌有机鱼用鳃呼吸，而非典是肺部病毒引起的，所以"淳"牌有机鱼绝对安全。而在走访客户时营销人员手上的宣传册也起到了非常重要的作用，当客户看到那么多名人参观过巨网捕鱼，爱吃"淳"牌有机鱼，他们几乎无一例外地都认识到了"淳"牌有机鱼安全生态的产品特性和稀缺高端的市场价值。在经过一个月左右时间的市场大挫折后，"淳"牌有机鱼重新获得了市场认可和稳定的市场回报。

浙江卫视《生活新主张》千岛湖淳鱼专题节目

这期间，举行的一系列新闻活动加速了这一转变的到来。针对非典的严重负面影响，公司开展了"淳"牌有机鱼"非常时期危机营销"的新闻宣传活动。2003年6月，当时媒体也在寻找抗击非典生产自救的企业典型，浙江电视台、浙江日报、都市快报、钱江晚报等一些媒体找到了千发集团，公司组织了100多位经销商和媒体进行互动，并在一档浙江卫视的节目"生活新主张"现场直播，主题是"有机鱼有机可乘"，将"淳"牌有机鱼作为非典型时期企业应付危机的成功案例，通过卫星直播和其他媒体的连续报道，社会反响强烈。实际整个活动是被称为"鱼之约"的系列活动，节目录制只是一部分，还包括联合下属的中国名餐馆千岛湖鱼

市民尝鲜活动

味馆共同举行的"观巨网捕鱼，品有机鱼宴"活动和《都市快报》举行的"淳牌有机鱼真情答谢杭州市民"活动等，《都市快报》连续一周在头版位置刊出有机鱼销售的跟踪报道，这也引来了全国其他数十家媒体的关注和集中报道。在非典影响渐渐减弱的7月，千发集团在上海又举办了"淳牌千岛湖有机鱼新闻发布会"，宣布进入上海市场。

没有这场非典，"淳"牌有机鱼可能以另一种形式成为市场宠儿并获得成功，但也有另一种可能，市场的持续低迷重创企业的经营，最后毁了"淳"牌有机鱼的大好市场，这样的后果是不可想象的。商业上广泛地流传着这样的一种说法：即使可口可乐公司在全球的生产工厂一夜之间全被大火烧毁，只要可口可乐品牌在，几年时间就可以重新建成新的可口可乐王国。这是非常值得怀疑的件事，虽然品牌在企业经营中至关重要，但可口可乐公司也忽略了最重要的一点，任何事业最关键的是人。在2003年的那场非常严重的社会危机中，千发集团能够转危为安，一方面是因为这场危机时间不长；另一个重要原因就是千发集团有一个优秀的团队，而这个团队在当时正处在一种非常良好的战斗状态上。

第五节 "淳"鱼代言人风波

随着品牌竞争的加剧，各企业都在想方设法提高自己品牌的知名度和美

誉度，而形象代言人代表着品牌和企业的公众形象，具有很高的传播价值和良好的传播效应。因此，形象代言人在品牌传播和企业经营过程中发挥着越来越重要的作用。现代企业聘请品牌代言人已经不是什么稀奇的事情，聘请品牌代言人已经成为一种为企业广为接受的品牌传播手段。近年来，国内家电业也掀起一股品牌代言人热潮。美的曾选择韩国女星全智贤、创维曾签约女子十二乐坊、LG空调曾选择金喜善、超人曾选择胡军、帅康曾选择杨丽萍、康佳曾选择张曼玉……品牌代言人与企业越来越强烈的相互影响，使企业越来越热衷于此，他们希望借助品牌代言人的力量来带动企业市场竞争力的提升，将品牌代言人的实力、影响力的大小直接转嫁到企业身上。目前，中国国内只要是拥有一定实力和优势的厂家，都会选择一些社会大众明星作为品牌代言人，各家电厂商、经销商都想利用名人效应传播品牌的企业形象，从而实现以小博大的目的。

其实，就名人代言来说，众多企业的期待似乎太高了一些，其实企业与代言人之间到底谁是谁的载体还不一定呢，现实中又有几个品牌因为形象代言人而让消费者记住，真正达到了以小博大的目的。企业所倚重的明星知名度究竟能给企业的市场竞争力带来多大的提升？代言人真正的意义和价值又在哪里？

企业在选择品牌代言时，究竟是使用与品牌和产品相对结合度高的普通人，还是使用在一般大众中具有影响力的知名人士，这是仁者见仁智者见智的问题。个性是品牌的灵魂，它体现了品牌的价值，也就决定了品牌拥有的不同消费群体。比如力士的品牌个性是高贵，万宝路的个性是阳刚、豪迈。同样，代言人也有不同的个性，有的成熟稳健，有的青春时尚……代言人个性同品牌个性吻合一致是品牌传播效果优化的关键，两者只有协调一致，精准对接，形象代言人才能很好地演绎出品牌的个性内涵，互相辉映，为品牌形象增光添彩；如果两者不一致甚至相悖，只会稀释甚至损害品牌形象，还会失去一部分品牌忠诚者的心。品牌个性与代言人个性的吻合是品牌传播效果优化的关键。人的个性是在现实社会中塑造而成的，不同的个性折射着不同的人文精神和个体价值；品牌个性也产生于社会，它是整个市场价值肌体上的一个细胞，是企业经营理念和文化的无形缩影。

在"淳"牌发展过程中，所有宣传中一直以抱鱼女孩作为品牌最佳的宣传形象，照片中的这位小女孩憨态可掬，头上扎着一对红头绳羊角小辫，光着脚丫身穿着肚兜和红裤衩，非常吃力地抱着一条硕大的千岛湖胖头鱼，脸上充分流露出对丰收的喜悦之情。照片中的主人公叫姚诗华，作为"淳"牌有机鱼的形象代言人，她在"淳"牌有机鱼前期的品牌形象推广中起到了很好的宣传效果，也使"淳"牌有机鱼更形象并更具亲和力，堪称绝配。而姚诗华代言"淳"鱼其实还有一个颇为戏剧性的故事。

淳鱼代言人姚诗华

2000年前后，千岛湖旅游蓬勃发展，政府强势介入，进行资源并购和整合，政府主导的"六统一"产业发展构想奠定了如今大一统的千岛湖旅游产业的大格局，其中不得不提的一个人就是时任千岛湖风景旅游局局长的汪成设，在整个旅游营销过程中，他非常注重媒体运作，营销策略往往切中要害、奇招迭出，而"淳"鱼本身的社会关注度高、吸引眼球的特性会一再成为政府部门媒体营销的重要内容。2002年8月，千岛湖旅游局拍摄宣传片，投入很大，全部采用胶片拍摄，这个最后被剪成5秒、15秒和30秒等不同版本的宣传片据说后来还获得了很多奖项。在宣传片的每个版本中都有一个那个小女孩抱鱼的镜头，当然片子中的人物都是动态的。千发集团所使用的这张照片是由时任旅游局策划部主任的何亦星拍摄的，当时他是整个拍摄工作旅游局安排的联络人。应该说，千发集团的法律意识还是很强的，也获得了千岛湖旅游局给出的书面使用授权。从2003年开始，这张小女孩抱鱼照片已被杭州千岛湖发展有限公司广泛使用，出现在各类对外的宣传资料当中，宣传效果很好。当时姚诗华只有10岁，正上小学二年级。2003年12月，姚诗华和家人一纸诉状将千发集团告上了法庭，要求公司停止对她肖像权的侵害，并要求支付肖像使用费和精神损失费，这个消息经过《杭州日报》《法制日报》等一些媒体的报道，在千岛湖引起了不小的风波，被称为小镇上第一个肖像权官司。

千发集团也非常重视这件事，汪建敏亲自登门拜访姚诗华一家，"淳"牌有机鱼在当时已经具备良好的口碑和外部形象，对企业而言，如果处理不好也会造成负面影响。因为是老牌国企，公司在当地有几十年的经营，姚诗华的父母其实对千发集团印象很好，只是在没有沟通的情况下使用了他们女儿的照片，让他们觉得公司在这件事的处理上很不妥当。经过友好协商，千发集团和姚诗华的父母签订了协议，姚诗华正式作为"淳"鱼的形象代言人，公司给与相应的报酬，并且在姚诗华今后学习生活中为她提供力所能及的帮助，千发集团与小姑娘家最终达成和解，大家握手言欢。

事情的解决虽然比较圆满，但这其中也显示出了千发集团在牵涉法律方面的工作中有一些疏失和不够专业。由于宣传的需要，千发集团的员工经常有机会出现在如中央电视台等高端媒体上，在分管千发集团总部工作的总会计师洪光的提议下，公司于 2005 年成立了独立的法律事务部，专管企业法律方面的问题。后来，在所有员工的合同中，我们可以找到这样的条款，大致意思是"公司拥有对员工在其工作期间拍摄的工作照片进行使用和对外宣传的权利"，从这一点上隐约可以看到这次事件在公司经营决策中留下的影子。

2006 年浙江电视台民生休闲频道"飞艇直播千岛湖特别节目"把"抱鱼小女孩"姚诗华请进了直播间进行了现场采访，她也成为"淳"牌有机鱼和千发集团多年来品牌成功运作的见证者和亲历者，被记者们竞相报道。此时的"抱鱼小女孩"已经是一名初中一年级的学生，经过很多次媒体采访，应对记者的提问一点看不出紧张，在同学们之间她也成为一个公众人物，镜头中的小姑娘仍然透着一股顽皮和真实，那场风波已成为她人生的一个美丽插曲。2012 年 8 月中旬，姚诗华顺利考上了上海的大学，千发集团登门表示了祝贺。几年间，公司每逢佳节都会派人看望姚诗华，双方也建立了良好的情感联系。

2007年两年一届的的千岛湖秀水节如期举行，这是淳安全县的一次盛大的节日，这次盛会上首次使用了吉祥物，而这个吉祥物方案最后确定为由千发集团报送的"淳"牌有机鱼的卡通形象"淳淳"。吉祥物"淳淳"抓住了千岛湖有机鱼鲜明的头部特征，用卡通化、人格化的手法勾勒出一个流畅、饱满、可爱的卡通形象。胸前闪闪的金牌不仅使其形象人格化，同时蕴含"淳"牌有机鱼——中国有机鱼第一品牌的深层含义。纯净、清爽的蓝色则是对"淳牌有机鱼是有机食品"的无声诠释，凸显了千岛湖水作为可直接饮用的"天下第一秀水"的独特魅力，展现了千岛湖"好水养好鱼、好鱼护好水"的和谐生态环境。策划公司还同时提供了包括淳淳大厨、淳淳导游在内的十几个不同的淳淳形象，在2007年的那届秀水节之后，

淳鱼吉祥物：淳淳

"淳淳"成为"淳"牌有机鱼又一个形象大使，这一形象颇得小朋友们的喜爱。

2009年5月，千发集团对外发布了两条消息，一个是"淳"牌获得国家工商总局授予的"中国驰名商标"称号；另一个是聘请中国烹饪协会副会长高炳义大师为"淳"牌有机鱼新的品牌代言人。高炳义大师头上顶着一系列头衔，他是特一级烹调师、中国烹饪大师、鲁菜烹饪大师、中华国际名厨，还是世界烹联国际评委、世界烹联国际饮食文化研究会委员、中国餐饮业中国饭店协会授予的国家一级评委、国家职业技能竞赛裁判员，也是中央电视台"满汉全席—全国烹饪电视擂台赛"烹饪技术总顾问、首席评委、CCTV-2《美食美客》《美食冠军》裁判长。作为这样一位重量级的人物，由他来诠释"淳"牌有机鱼作为优秀食材是再合适不过了，因为"淳"牌有机鱼主要的销售渠道为高端酒店，而在这个群体中对中国烹饪协会及其重要人物都十分关注，而高炳义大师同时在中央台许多美食节目中充当评委和重要评论员，具有很好的专业导向性。这样"淳"牌有机鱼就有了两位形象代言人。

在2009年之后，千发集团的宣传资料做了调整，改成了左边是"小女孩抱鱼"，右边是高炳义大师竖起大拇指的形象，其他以文字为主。主要抓住两个人群，一个是一般大众；另一个是高端专业人士。知名度和美誉度，甚至市场针对性都非常精准，取得了非常好的宣传效果。

"淳"鱼代言人，由一个官司引发的课题，使千发集团的营销方式更为完整和饱满。应该说"淳"牌在品牌代言方式和数量上的选择比较实用的。当然，一定时期以后也会作相应的调整。但总体上，"淳"鱼对代言人的选择上一直保持其目标的针对性，这是品牌代言的关键。从淳味十足的小女孩到拟人化的卡通鱼，再到国内餐饮界公认的泰斗级人物，"淳"牌这一不断递进的代言人策略，用不同的形象强化着同一个主题："淳"牌具有天然无污染的产品品质，具有健康质朴可爱的品牌形象，在业内具有领先地位。

淳鱼代言人高炳义

媒体链接：爱跳的鱼
CCTV-10《讲述》时间：2008. 5. 8

初春时节，浙江省淳安县的汪建敏心神不宁，整天徘徊在千岛湖的渔船上，不敢回去面对自己的家人，因为他对家人许下的一个诺言已经无法实现。而让汪建敏如此苦恼的竟是千岛湖里的鱼，一种爱跳的鱼。

汪建敏：这种鱼跳得非常高，而且鱼跳动的持续的时间也比较长，一般能连续跳跃五分钟，连续地跳。

汪建敏今年45岁，是淳安县本地人。在千岛湖边长大的汪建敏，从小对鱼就有着浓厚的兴趣。他对湖里面鱼的生活习性是了如指掌。

汪建敏：我们的鱼是不吃任何人工饲料的，鲢鱼和鳙鱼吃的都是水中的浮游生物。水清的话浮游生物就会少一些，所以长得比较慢。鳙鱼的话，性格比较温顺。而鲢鱼呢，它的性格很暴躁，它很喜欢跳跃。

正是因为对鱼有着深厚的感情，因此原本在一家机关单位工作的汪建敏做出了一个大胆的决定，放弃原本优越舒适的工作环境，到千岛湖从事渔业。可是汪建敏的这个决定遭到了他妻子的强烈反对，因为在千岛湖养鱼风险很大。

汪建敏：这里的养鱼条件极佳，虽然成鱼的品质比其他地方要好，但是如果在成本上跟人家比，我们是非常不利的。

为了争取妻子的同意，汪建敏向妻子做出保证，一定会尽全力将千岛湖的鱼养好，并在两年内取得盈利。有了汪建敏的保证，妻子终于勉强同意了他到千岛湖从事养鱼业。千岛湖水面开阔，水质优良，养出来的鱼肉质鲜嫩，味道鲜美，因此汪建敏一开始就对自己从事的养鱼业充满信心，准备展开拳脚大干一场。但没想到的是，养鱼业的激烈竞争给了他当头一棒。

汪建敏：因为千岛湖的湖面特别大，水又比较深，在这样深的大湖面捕捞，它靠的是一种叫"拦、赶、刺、张"方法，就是用大的网，要几十号人同时作业，我们称之为巨网捕鱼，就用这套方法去把鱼捕上来。所以它需要的人力成本非常高，而鱼又长得又比较慢，所以说一斤鱼的总成本比人家要高出好多。

一年多来，汪建敏养鱼不但没有盈利，反而出现了亏损。眼看自己向妻子许下的诺言已经无法实现，汪建敏的心里非常着急。而就在此时，另一件更加严重的事情发生了，他卖到酒店的鲢鱼被了退回来，而退回来的原因竟然是因为这种鱼爱跳。

汪建敏：鱼遇到外界刺激就跳，是一种本性，但不停地跳会消耗它的体力；第二，鱼跳起来后互相之间容易擦伤。一到酒店鱼缸里面，它马上就肚皮朝上了。客人点的时候，都喜欢点很鲜活的鱼，不喜欢看上去快要死的鱼。

汪建敏养的鱼本来就因为成本高，在与别人的竞争中处于劣势，如今再加上这些鱼喜欢跳跃容易受伤的情况，更是给处于困境中的汪建敏雪上加霜。

汪建敏：这个时候是非常困难的，我们的企业出现了很严重的亏损，压力就非常大。

汪建敏陷入了绝望之中，他每天都划着船，在湖面上转悠，不愿意回家。面对日益亏损的局面，虽然汪建敏的妻子并没有责怪他，但汪建敏觉得自己对不起家人，也对不起自己的员工。就在汪建敏愁眉苦脸的时候，一天他突然接到了县总工会的通知，县里即将举行一场职工文艺会演，汪建敏的公司也被要求出一个节目。

汪建敏：五一的职工文艺表演，县里搞一个文艺表演，每个单位都有一个任务，我们公司也要出个节目。

接到任务后，汪建敏觉得很为难，因为他的公司正处在困难之中，根本拿不出人力和财力来编排节目。但由于这次是全县性的群众文艺会演，汪建敏也只好表示全力支持和配合，但他自己实在没有精力来组织节目了，因此他只好请自己认识的县文化馆的一位舞蹈老师来帮忙。

汪建敏：我说你到我们捕捞队去体验体验，看看能不能在鱼上面做点文章。

这天下午，舞蹈老师为节目的事情来到了千岛湖，汪建敏和舞蹈老师商量看能不能就地取材，在不用花费多少钱和不耽误工人们捕鱼作业的前提下，编排一个节目参加演出，正当汪建敏和舞蹈老师站在船舱上说话的时候，意外发生了。

潘咏霞：我说这可能是一种缘分吧，突然有一条鱼一跃而起，跃到了我的脚边，突然之间我也不顾那条鱼是滑的，可能被鱼鳍刺伤什么的，我当时就把那条鱼举了起来。鱼本身的曲线也是比较优美的，当时我形体有点偏向于鱼形了，下面脚摆成尾巴，上面腰部有个曲线，双手举过头顶，两只脚往后踏点步，双手举上去。

汪建敏：她就把鱼一下抓起来，举起来做了一个造型。正好那次我们有一个摄影师，我们一起请去的，摄影师就把她和鱼拍下来了。

回到办公室后，汪建敏发现照片上舞蹈老师抱着的鱼正是那种让他苦恼的爱跳的鲢鱼，而当他看到舞蹈老师抱鱼的优美姿势时，他的脑海里突然之间产生了一个想法。

汪建敏：照片冲洗出来后我们发现，这照片挺好，后来我们就把它装裱起来，挂到了我们捕捞队的船上。

让汪建敏高兴的是，他的客人们看到这张照片后都非常喜欢，并纷纷仿效舞蹈老师的动作抱着鱼一起合影。看到大家这么喜欢与鱼亲密接触，汪建敏的脑子里不禁灵机一动，他想能不能仿效舞蹈老师抱鱼的动作编排一个诸如"渔家姑娘"之类的舞蹈节目，去参加县里的文艺会演呢？汪建敏立即将舞蹈老师再次请到了千岛湖，把自己的想法告诉了她，可是小潘老师觉得这样的节目过于老套，而且需要花钱去请舞蹈演员。就在两个人商量的时候，正好赶上了捕捞队的现场捕鱼作业。

潘咏霞：当时就是捕捞工人喊着"一二，嗨咗！一二，嗨咗！"的时候，突然之间我就觉得这些工人们好可爱哦，然后就好像回到了我们童年时代，玩那种过家家的游戏一样。突然间我发现，有成千上万条鱼在我的眼前跳跃，当时我就非常的兴奋，突然之间有了一种灵感。

小潘老师看着捕捞工人们捕鱼的场面，突然之间产生了创作的冲动，她觉得可以利用这些工人们拉网捕鱼的动作编排一个舞蹈节目。

潘咏霞：我说汪总，其实我觉得你这边的工人，一线的捕捞工人，就是实实在在的演员，汪总说让我试试吧。

汪建敏的捕捞队有100名捕捞工人，小潘老师从中挑选了12个作为舞蹈节目的演员。

潘咏霞：那12个演员，有胖胖的，黑黑的，有瘦瘦的，也有高高的，反正都不一样，但是你感觉看上去就非常有特色。

接下来小潘老师就开始对这12名地地道道的捕鱼工人进行舞蹈动作的训练，由于这些捕鱼工人平时以打鱼为生，没有半点舞蹈基础，因此训练的难度可想而知。

潘咏霞：排练的初期，他们的举手投足就非常像小孩，非常可笑，一边排一边笑，举手投足每一个动作都得给他们一个一个摆正，而且不止一次一个人刚摆好动作，回过头来他又复原了，需要反反复复地给他们排。

在小潘老师和汪建敏的鼓励下，这12名演员终于坚持了下来，并能够初步完成一整套的舞蹈动作。文艺会演的时刻终于来临了，面对成千上万的观众，汪建敏和捕鱼工人们都非常紧张。

叶志青：那个时候看人家表演的时候，我们站在后台，轮到我们的时候，那个时候真紧张，就是不停地在那里走过来走过去，走过来走过去，心像要跳出来一样，一上台眼睛也不敢往下看。

比赛终于结束了，让汪建敏和捕鱼工人们惊喜的是，他们的节目竟然获得了文艺会演的第一名，而更让他们意想不到的是事情还在后面。

潘咏霞：当这个节目演出之后，它的余音其实还没有消失，我在街头巷尾遇到的人谈论最多的就是巨网捕鱼、起网号子，这个节目真有特色。

捕鱼工人们表演的节目竟然获得了第一名，这让汪建敏非常高兴，可是一想到自己目前所处的困境，他又发起愁来。这一天，汪建敏看着正在拉网捕鱼的工人们热火朝天的劳动场面，联想起大家那么喜欢捕鱼工人表演的节目,汪建敏不由得灵机一动,一个大胆的想法在他脑海里形成了。

汪建敏:后来我们觉得这个节目特别受人家欢迎,所以认为这里面就有商机。我们就想人家既然喜欢看这个捕鱼,而我们这个鲢鱼在市场上又卖不出去很高的价格,那我们就应该把它跳的这个特性挖掘出来,把它作为一种表演,用这种表演的特性来提高我们的价值。

汪建敏一开始的想法其实很简单,就是请人来看他的巨网捕鱼,他兴冲冲地举办了一场捕鱼表演,可结果却让他有些失望。

汪建敏:人家看了之后,也觉得很平常。主要那个时候什么也没有讲,也没有音乐,没有统一的号子,就是纯粹的原来怎么捕,现在就怎么捕。

难道观众对捕鱼不感兴趣?汪建敏左找原因右找问题,最后觉得是捕鱼的工人出了问题。应该找一些专业的演员来代替这些捕鱼工人。

汪建敏:开始我们想请专业的演员到舞台上表演,我们请文化局和文化馆帮助在全县范围之内物色一些演员。

可汪建敏的想法刚一出来就被一个人给否决了,这个人正是那个抱鱼拍照的舞蹈老师,小潘老师。

潘咏霞:我说汪总,就用你这些一线的工人作为演员,因为现在崇尚一种原生态的表演,我说这就是原生态的。一线的,实实在在的。

但汪建敏还是觉得很迷惑,既然不是演员的问题,那到底是哪里出问题了呢?他只好再次向小潘老师请教。

潘咏霞:我说原因嘛,可能就是动作的设计太朴实了,你要稍稍加一点艺术性,增强节目的美观度,在舞台上你至少给别人一种先是美的感觉,然后再是你具有的那些特色。

应汪建敏的邀请,小潘老师又一次来到千岛湖,对捕鱼工人们进行指导,这次训练的重点是如何将舞蹈和实际的捕鱼作业相结合。由于有了上次演出的成功经验,捕鱼工人们这回练起来感觉轻松多了。他们还结合每天的捕鱼作业进行练习,因此很快就掌握了动作要领。紧接着汪建敏和小潘老师又为捕捞队设计了专门的音乐和捕鱼号子。

汪建敏:号子一般是有一个领头的人,"一二"大家然后就是"嗨哧",

一起用力,"一二、嗨咋",号子配合动作。

就这样,一支由12人组成的巨网捕鱼表演队正式成立了。一个星期天的下午,这支巨网捕鱼表演队正式亮相千岛湖。公开表演的时候,最紧张的人就是汪建敏。

汪建敏:当时我也很紧张,希望场面上不要闹出笑话,我在后面看,很紧张的。

等观众都在船舱上坐好之后,捕捞队长一声令下,巨网捕鱼表演就正式开始了。

"一二,嗨咋!一二,嗨咋!"

汪建敏:拉网最精彩的时候,就是大家统一用力的时候。这个时候鱼最多,跳得最欢快,而人这个时候也是用力最大的时候,所以这个时候呢,鱼拼命地跳,捕鱼工人"一二,嗨咋",观众有拿照相机拍照的、有欢呼的,"咔嚓、咔嚓"快门声不断。有很多观众还跟工人们一起喊,捕捞工人喊,观众也跟着节奏一起喊。现在往往是捕捞工人"一二,嗨咋"的时候,全场都在"嗨咋"。这种场面非常壮观,大家整个都动起来了。

巨网捕鱼表演终于获得了成功,这让汪建敏和捕鱼工人们都乐开了花,小潘老师也从心底里为他们高兴。

潘咏霞:他(汪建敏)很善于思考问题,而且很特别的一点就是,他能够在别人不能发现也不能够产生创意的某一点,突然之间他会来一个灵感,我觉得跟他个人的性格有关,首先我觉得他敢做敢当。什么事情想到了,他就去做了,然后他的思维是非常活跃的,让别人摸不着头脑。你这样做怎么能行呢?但是他做出来就是成功了。

汪建敏利用自己的智慧,把一项捕鱼作业变成了表演,这在千岛湖是头一次,一时间在淳安县轰动一时,而汪建敏也开始有所收获。

汪建敏:开始的时候,有一些单位来找我们,他们说我们上面来的重要客人一定要来看捕鱼,你给我们组织一场。我很不好意思地提出来,我说我们收个表演5000块钱一场。他们说5000块钱没问题,你只要让客人开心就好。

原来不值钱的鲢鱼就这么一跳竟然价值千金,汪建敏大喜过望,他接着将巨网捕鱼表演推广到了整个千岛湖旅游区,让游客与鱼进行零距离接触。游客通过观赏和参与巨网捕鱼享受到了无尽的乐趣,他们一个个开心不已。

游客:我们看到那么多鱼从水上跃起来,觉得非常兴奋,从来没有看到过这样的景象。

活蹦乱跳的鲢鱼对久居城市的人来说倍感新鲜。这会跳的鲢鱼也变成了游客眼中难得一见的景观,而在汪建敏的眼里,他养的这些鲢鱼则从不值钱的便宜货摇身一变成了香饽饽。

叶志青:他(汪建敏)就能够从生活方面的一些细节捕捉到商机,把它发展下去,做下去,利用公司的这个资源把它做好。

汪建敏利用千岛湖里爱跳的鱼开发出了巨网捕鱼表演,在让人们获得快乐的同时也为千岛湖创造出了财富。汪建敏用自己的智慧一举扭转了事业上的不利局面,同时也实现了自己对家人的承诺。望着那些活蹦乱跳可爱的鱼,久违了的笑容又重新挂在了汪建敏的脸上。

05 CHAPTER
第五章
鱼水之恋

我们居住的这个蔚蓝色的星球上,绝大部分表面为浩瀚的海洋所覆盖,
淡水资源不过3%,由于海水中含有丰富的海盐,
既不适宜灌溉土地,也不适宜发展工业,随着地球人口的爆炸性增长,
以及工业和化学农药对水体的污染,人类正面临空前的水资源危机。

1998年，捕捞队每天依旧在湖面上下网，但令人有些奇怪的是，湖里的鲢、鳙鱼比往日少多了。到年底大家一算账，当年收获只有70多万斤，而就在上一年，捕捞量还有300多万斤，人们不确定到底发生了什么。第二年的情况更糟，只有57万斤。那些投放的鲢、鳙鱼究竟去哪儿了呢？

最焦心的自然莫过于捕捞队，他们比以前工作得更卖力了。每天早上4点多钟，有经验的捕捞队长就划着小艇去侦查鱼群，合围之后，带领队员们照旧是一次次拉网，但希望仍是一次次破灭，人们不得不承认一个现实——那种一网下去捕获数万斤的好日子已经一去不复返了。

很快，捕捞队有些沉不住气了，感到自己陷入了一个怪圈，越是知道收获可怜，越是要加大工作量，因为总是有所期待，就像海明威笔下的那位老人八十四天没有打到一条鱼一样，老人还是决意撑船驶向未知的湾流，或是到人们更少去的地方，相信自己没准儿会撞上一次奇迹般的好运。

然而，好运终于还是没有来。捕捞队连续几个月工资都发不出来，不得不临时放假，大家自谋生路。队长鼓励大家筹资自备渔具，八仙过海，各显神通，只要是能打上来鱼，不管是什么鱼，也不管卖出什么价钱，能卖出去就好。于是在那一年，有人赚了，也有人赔了。更有些不妙的是，捕捞队员在湖面上发现了一种黏糊糊、散发着异味的东西，像是为湖水涂上了一层薄膜。

昔日的鱼类天堂究竟怎么了？那种人欢鱼跳的景象到哪里去了？1999年8月27日，淳安县政府召开了全县水资源（渔业）保护工作会议，成立新安江渔政分站，出台《淳安县渔和管理办法》，同时规定，自8月25日零时起至2002年12月31日24时止，威坪港和中心湖区常年封库禁鱼。

而这两个水域，正是季节性蓝藻第一次出现的地方。与此同时，县里决定，每年向千岛湖投放不少于60万公斤的鲢、鳙鱼种。紧接着，一个新词汇——"保水渔业"登上了历史舞台。

第一节 创立保水渔业

作为一种学术名词，富营养化（eutrophication）是指在人类活动的影响下，生物所需要的氮、磷等营养物质大量进入湖泊、河口、海湾等缓流水体，引起藻类及其他浮游生物的迅速繁殖，水体含氧量下降，水质恶化，鱼类及其他生物大量死亡的现象。在自然条件下，随着河流夹带冲击物和水生生物残骸在湖底的不断沉降淤积，湖泊会由贫营养湖过渡为富营养湖，进而演变为沼泽和陆地，然而这是一种极为缓慢的过程。由于人类大量地违反生态学原理的破坏性活动，水生生物特别是藻类大量繁殖，使生物量的种群、种类、数量发生改变，破坏了水体的生态平衡，大量死亡的水生生物沉积到湖底，被微生物分解，使水体氧含量急剧降低，以致影响到鱼类的生存，这大大加速了水体的富营养化过程。水体富营养化后，由于浮游生物大量繁殖，往往呈现蓝色、红色、棕色、乳白色等。这种现象在江河湖泊中称为"水华"。在海中则叫作"赤潮"。

湖泊是人类赖以生存的重要淡水资源，是农业、养殖业和生活用水的主要水源，它不仅具有淡水资源库、蓄纳洪水、维持生物多样性、水产养殖、交通运输、景观旅游等功能，还具有调节气候、净化水质、维系生态平衡的特殊功能。然而随着社会经济的发展，城镇人口的不断增加，工农业废水和生活污水大量排入湖泊，营养物的大量流入造成湖泊富营养化日益严重，给社会发展、人民健康和生活水平及湖区建设带来了重大的影响。

从二次世界大战结束以来，欧美国家的经济和社会发展迅速，但也为此付出了环境质量恶化的代价。1998年，欧洲在统计的96个湖泊中有80%的湖泊不同程度地受到氮、磷的污染，呈现富营养化的状态。也有河流出现了富营养化问题，如由于建造阿斯旺大坝使尼罗河水文发生变化而使开罗市的供水水源受到水体富营养化的影响；法国里昂下游地区的河流中，叶绿素值极高。我国多年以来的调查结果表明,富营养化湖泊个数占调查湖泊的比例由20世纪70年代末至80年代的41%发展到80年代后期的61%,到20世纪末期又上升到77%。根据对全国39个大、中、小型水库的调查结果表明:处于富营养状态的水库个数和库容分别占所调查水库的30.8%和11.2%,处于中营养状态的水库个数和库容分别占所调查水库的43.6%和83.1%。我国部分河流水域如汉江、珠江偶尔出现"水华"等富营养化现象的报道。中国是一个湖泊众多的国家,大于1平方公里的天然湖泊有2300余个,湖泊面积为70988平方公里,约占全国陆地总面积的0.8%,湖泊蓄水量为7077多亿立方米。然而,我国的湖泊环境非常脆弱,湖泊中的营养物质来源广、背景浓度异常高,湖泊富营养化进程迅速,大部分湖泊已处于中营养向富营养迅速过度的状态。近20年来,有许多湖泊富营养化问题日益严重。从全国范围来看,城市湖泊由于湖小且受城市废水的影响大,目前都已处于重度富营养或异常营养状态,大中型湖泊中除了处于人烟稀少地区和原始状态的湖泊,均已具备发生富营养化的条件或处于富营养化状态。

我国五大淡水湖水体中的营养盐均已大大超过氮磷富营养化发生浓度,尤其总氮浓度达10倍以上,目前太湖和巢湖已进入富营养化状态,部分水体已经达到严重富营养化水平。其他三个湖泊只要某些条件具备,水体的富营养化现象就会显现出来。2007年5月底发生的太湖蓝藻危机,在国内外造成广泛影响,水体分析显示,总氮、总磷、化学需氧量及α叶绿素浓度是太湖正常情况下的10~20倍。此外,除了已经富营养化的湖库需要治理外,我国还有为数不少的尚处在中营养或只是处于轻度富营养状态的水库和湖泊。这些水体即便没有受到点源污染的影响,也还会受到来自流域的大量非点源污染的冲击,从而使其富营养化进程加速。因此如何有效保护这些尚未富营养化的水体,甚至比对富营养化水体的治理更加

实验室水样化验

急迫和更具现实意义。而且，对于来自流域的非点源污染，目前从技术层面讲，也较难控制，因此迫切需要寻找一些有效的方法来控制其危害。而这些水体往往是很多地区的饮用水源，对水资源保护要求很高。如何防止其富营养化，切实改善其水质也是当前我国水环境保护的一项重任。

20世纪九十年代末的某一天，千岛湖镇的居民突然之间都聚集在街头巷尾议论纷纷，他们都从饮用的自来水中闻到了一种异味，最严重的几天，这种异味甚至发展为类似六六粉的臭味。环保监测的分析人员都怀疑自己的实验有问题，反复地进行实验，事实准确无误——蓝藻大暴发，从湖中藻类突然暴发的情状看，湖中确实发生了富营养化反应。事后分析有两方面原因：一是由于近年来千岛湖周围及上游源头地区经济发展不合理，千岛湖的景区开发和游览对生态环境局部造成影响，湖周和上游工业的发展产生的大量污水未作彻底处理后直接排入湖中；二是千岛湖鱼类的不合理养殖和过度捕捞引起了藻类的大规模繁殖，特别以浮游生物为食的鱼类被过度捕捞引起湖中生态系统失衡，一些网箱养殖产生的大量饲料和排泄物沉淀同样使水体难堪重负，从而导致了藻类的无制约繁殖。

研究人员根据长期跟踪研究，提出了保水渔业的概念。保水渔业（英文名为aquatic environment protection oriented or aquatic ecosystem conservation oriented lake fishery，简称 AEPO fishery 或者 AECO fishery），是指以水环境保护为导向或者以保障水生态系统的健康为导向，以非经典生物操纵理论、生态化学计量学理论（及其消费者驱动养分再循环理论）和生态系统控制理论等为主要依据，以水体中鱼类食物网结构和生物量的调控为主要技术手段，即借助这种特定的渔业模式在生产过程中的鱼类放养和捕捞，达成对湖库生态系统结构和功能的某种调控，以增强其对外界干扰（如面源污染）的抵抗力（Resistance）和回复力（或称弹性，即 Resilience），从而达到改善湖库水环境质量、乃至保障湖库生态系统的健康与稳定的目标，并最终实现湖库的渔业利用与其水环境保护的双赢（即多个生态系统服务之间的平衡和协调）的更高目标。对于藻型湖泊（水库）而言，由于水体中最主要的生态过程是营养盐经藻类迁移转化的生态链，因此藻型湖库中的保水渔业就是指包括鲢鳙的合理放养与捕捞、凶猛鱼类的适度控制和底栖或底层食有机碎屑鱼类（或贝类、螺类等）的搭配放养或资源增殖等在内的一种渔业综合调控技术。而其中，服务于水环境管理目标而进行的鲢鳙种群的科学管理（即通过鲢鳙的合理放养和捕捞来实现对水环境的调控）无疑是保水渔业的核心，保水渔业中的几个关键功能如控藻、控磷和控藻毒素等都是鲢鳙所起的核心作用；而凶猛鱼类的适度控制，则是为提高人工放养鲢鳙成活率的一种保障措施；而增殖或放养食有机碎屑鱼类，则在进一步提高水体中营养物（特别是P）的循环利用效率、减少水体底层有机质的负荷和累积、降低底层耗氧等方面起到了积极的作用。

"鱼水情深"，这个道理看似简单，但要真正理解其中的全部含义并不容易。长期以来，人们对鱼水关系的理解是不够全面的，以往的认识更多地偏重于"鱼儿离不开水"这一层面上，而对"鱼在维护水质稳定方面的作用"则认识还不够深入。这主要表现在，或者对鱼类可能对水质造成的影响较为漠视，而出现随意改变原有水体中的鱼类群落结构的现象；或者过分强调鱼类对水质的负面影响，而否定鱼类在维护水质稳定方面所起的积极作用。但是从最新的一些研究来看，人们对鱼水关系已经有了一个全新的认识。2003年12月上海海洋大学对外发布了一则简单的消息："本月11—15日，应杭州千岛湖有

现场水质检测

关方面的邀请，生命学院院长、博士生导师李家乐教授和刘其根副教授、王丽卿副教授一行考察了位于浙江省淳安县境内的千岛湖（又名新安江水库）湖区，并就共同开展'保水渔业'研究与当地有关部门达成了合作意向。李家乐教授一行还与淳安县领导就开展科教合作交换了意见，并接受当地媒体的采访，阐述了'保水渔业'的观点。而上海海洋大学与千岛湖有着长期的合作历史，早在1959年新安江水库刚建立时，陆桂教授、赵长春老师、陈马康老师等老一辈专家就对库区进行了资源调查，为水库的渔业开发积累了宝

贵的资料。以后,还有李思发、童合一、张克俭等水产专家及科教人员也参与了新安江水库渔业的研究开发工作,取得了一些很有意义的科技成果,为当地渔业的发展奠定了基础。学校还在新安江水库建立了'大水面增养殖'和'捕捞学'的教学实习基地。为了在保护千岛湖区水质的同时适度发展千岛湖渔业,生命学院和千发集团的有关科技人员联合提出了'保水渔业'这一概念,刘其根副教授还专门为淳安县各级领导讲授了保护水质和发展渔业的生态学原理,得到了当地政府领导的高度评价。当地政府和有关部门非常重视这项工作,提出了实施'保水渔业'工程的设想,并邀请各位专家开展研究工作。"

蓝藻是一种低等的水生浮游植物。其种类很多。有微囊藻、束丝藻、鱼腥藻等,其中危害最大的是微囊藻,它死亡后会产生毒素。在一些营养丰富的水体中,夏季高温季节常会发生蓝藻大量繁殖,并在水面形成一层蓝绿色而有腥臭味的浮沫。对蓝藻水华的遏制和治理,是水环境治理的一项重要内容,是当今环保领域的热点和难点。科技人员在近几年的探索和实验中,摸索出运用生物操纵法原理,即放养鲢、鳙鱼遏制蓝藻水华的方法,并取得了明显的实效。鲢、鳙鱼隶属于脊椎动物门硬骨鱼纲鲤形目鲤科,属于中上层的滤食性鱼类。口腔由上颌和下颌构成,消化腺散布在消化管之间,不成叶状,肝脏

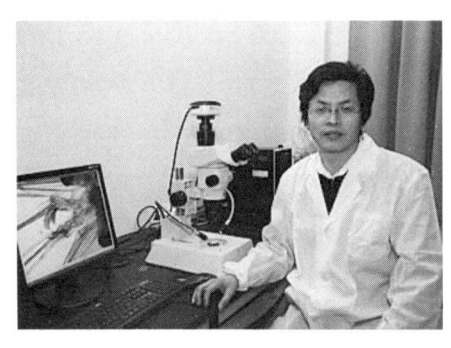

上海海洋大学刘其根教授

和胰腺没有明显的区别,叫作肝胰脏,能分泌各种消化酶,帮助消化食物。在肝胰脏上有一个暗绿色的胆囊,呈椭圆形,里面的胆汁经胆管进入肠。左右咽鳃骨上均具一行齿,齿式为4/4。咽齿表面具有羽状纹,鲢、鳙鱼鳃耙长,数目多,连成片状,形似海绵,但没有骨质桥,也没有筛膜,因此滤水作用较快,滤食浮游生物的能力较强。食道短,壁厚,食道前端与口咽腔相接处有呈环状排列的特殊肌纤维。鲢、鳙鱼肠较长,长度可达体长的7~10倍;鲢、鳙鱼食物的主要组成是轮虫、甲壳动物的枝角类,也包括多种藻

类。掌握鲢、鳙鱼的放养和浮游生物群落结构改变的机制，了解藻类水华治理和鲢、鳙鱼增殖放养之间的关系，摸清鲢、鳙鱼对于藻类消化吸收选择性的问题，在千岛湖进行鲢、鳙鱼和藻类治理关系的研究，其结果表明：鲢、鳙鱼能有效控制藻类的生物量，有利于水质的改善，这为千岛湖的养鱼治水提供了理论上的指导。

生物操纵理论的提出，改变了单纯关注营养盐控制蓝藻水华的思路，促使学者们开始考虑通过食物网作用（营养级联下行效应）来控制水生态系统中浮游生物群落结构，达到改善水质的目的。鲢、鳙鱼因其滤食性特点，被认为是潜在的控藻生物，很早就受到关注。近年来，全国的渔业科研工作者做了大量工作，比如1991年陈少莲、刘肖芳、华俐的《鲢、鳙在东湖生态系统的氮、磷循环中的作用》；1993年的李琪、李德尚、熊邦喜的《放养鲢鱼对水库围隔浮游生物群落的影响》；1995年的谭玉均、李家乐、康春晓的《利用隔离水界研究池塘施磷肥的效果和鲢、鳙控制水域富营养化的作用》；1999年刘建康、谢平的《揭开武汉东湖蓝藻水华消失之谜》；2003年谢平的《鲢、鳙鱼藻类水华控制》等大量的论文和专著问世。通过"养鱼治水"这种方法，不仅保护了千岛湖的鱼类资源和生态环境，也稳定了千岛湖水生生态，保证了千岛湖每年的渔业生产，真正做到环境效益和经济效益的有效结合。

近年来，作为一项系统工程，淳安县政府加大环境保护的"五大整治"工程，过去网箱养殖在淳安较为普遍，高峰时曾有数千亩。通过系列宣传、行政和经济补偿等强有力的工作推进，到2011年底，千岛湖内除保留500亩科研网箱外，其余2000多亩养殖网箱全部退出千岛湖水面。政府进一步加强了千岛湖水域采砂监管力度，严厉查处非法采砂活动。全面进行了千岛湖船舶污染整治，实现了千岛湖游船艇污水零排放。完善了县域城乡垃圾集中收集中转处理系统，使千岛湖城区及中心镇生活垃圾无害化处理率达到100%和75%以上。周末数千人前来千岛湖这个曾一度被称为"垂钓天堂"的地方钓鱼的"盛况"也已消失，每个双休日，各部门出动100多人联合执法，并专门划出8个垂钓区，使钓鱼得到规范管理。为保护千岛湖水资源，恢复、增强渔业资源，县里颁布了《淳安县渔业资源保护和管理办法》，该管理办法的主要内容是将中心湖区及威坪港 1.45 万公顷水域（约占全湖水面的三分之一）划为常年禁渔区，实行三年封库。并规定上江埠以上水域每年 4 月 15 日至 7 月 15 日三个月为休渔期，保护产卵群体，取缔对千岛湖渔业资源破坏严重的灯光、沉网诱捕渔具渔法和鳜鱼、鲈鱼网箱养殖。渔政执法部门加大违规处罚力度，强化渔政、公安等部门的执法管理水平。同时，对于必须保留的少部分网箱，县委、县政府还出台了相关政策，划定了养殖品种与养殖区域。对从事湖内养殖、增殖、捕捞、经营等渔业生产及相关活动的单位和个人也制定相应的规定。

在全县上下共同努力下，渔业资源恢复工作通过千发集团加大鲢、鳙鱼种的投放量，加大捕鳡除害力度和加强渔政管护措施有条不紊地时行。2003 年以后，随着全县上下综合治污措施工作的逐渐发挥作用，千岛湖水质得到改善，鲢、鳙鱼产量也大幅度上升。十多年的实践已经证明，保水渔业实施的过程中，千岛湖的水质已有明显改善，千岛湖渔业的存在已超越仅提供鱼产品的意义，在此区域经济范围内具有不可忽视的基础地位。千岛湖通过利用鲢、鳙鱼滤食浮游生物的生物治理，降低了水体生物含量，使透明度大大提高，水质明显优化。为了巩固封库禁渔成果，县政府在淳政〔1999〕9 号文件的基础上又进行修改、完善，出台了淳政〔2002〕78 号文件，规定千岛湖中心湖区和威坪港实行常年封库禁渔、千发集团在确保合理蕴藏量的基础上，实行捕大留小。渔政部门也加大了执法管理力度，在常年封库区的宅上、小金山、界首设点管理，强化渔业资源保护。开展护渔联防行动，与公检法、工商、乡镇等部门一起开展综合整治工作，严厉打击偷捕、非法贩运鲢、鳙鱼的违法、犯罪行为。

千岛湖中盛产 114 种鱼类，隶属 15 个科。其中以鲤科最多，为 56 种，占总数的 55%。主要经济鱼类为鲢鱼、鳙鱼、银鱼、鲴鱼、翘嘴红鲌、蒙古红鲌、鳡鱼、鳜鱼、青鱼、草鱼等品种。其中人工投放增殖鱼类有鲢鱼、鳙鱼、青鱼、草鱼，产量占 60% 以上；其他鱼属自然增殖鱼类，以鲤鱼、鲴鱼、鲌鱼、鳡鱼、鳊鱼、鲫鱼居多。千岛湖的鱼在全天然的环境中自然生长，这一汪秀水是这一地区的一个重要的淡水鱼生产基地，也为这一地区的广大人口和工农业生产提供优良的水资源和生态环境，提供气候调节和废物处理等生态服务；其优异的水环境也使其成为我国著名的旅游胜地，为更多的人提供休闲娱乐服务。20世纪末的千岛湖内局部季节性蓝藻水华事件，引起了有关方面的广泛关注，对以千岛湖为依托的旅游、水业、生态工业、农业等都造成了非常大的影响，也给"保水渔业"的提出和实施带来了良好的社会认同和支持。2000以来，千岛湖实施的以保护水环境为目的的保水渔业，在上海海洋大学、中国科学院水生生物研究所、中国水产科学研究院、浙江大学、宁波大学、浙江海洋学院等几所水产研究机构和大学的帮助下，结合淳安县水产科学研究所的长期研究，科研工作者们开展了长达数十年的生态学研究，就千岛湖的各种理化环境因子和生物群落特征进行了深入调查。从历史数据的对比中显示，

产学研合作签约仪式

保水渔业对千岛湖水质保护的正面作用，为千岛湖水环境的科学利用和合理管理提供了依据。2011年3月4日至5日，上海海洋大学校长潘迎捷专程带队前往千岛湖考察"保水渔业"项目成果，陈马康、童合一、刘其根三位项目负责人，以及水产与生命学院等部门负责人陪同考察。潘校长指出，"保水渔业"不但是一个经济项目，而且是重要的生态环境保护项目，符合低碳经济发展的战略要求。通过科研工作者的积极努力，千岛湖环境的保护与水质治理要提升到国家战略这个高度，进一步完善大水面生态养鱼技术，不仅为千岛湖，还要为全国范围内各大水库的保护与利用提供重要参考价值。

生态建设和环境保护工作是一项系统性工程、长期性任务。近年来，淳安县提出"生态立县"的口号，千岛湖在县域经济中的重要地位日益突出，全县上下积极开展各类生态保护工作，使淳安的生态环境不断优化，并促进了全县经济布局优化、发展空间集聚、生态经济壮大，生态优势正在加快向

经济强势转化。2018年5月，淳安县委老书记郑素成20年后故地重游，写了篇游记，他深情地写道："千岛湖美在山水，水是生命之源，也是千岛湖的魂。20世纪末暴发蓝藻，通过多次调研和专家论证，主要原因一是入库流量水质不好，二是千岛湖的生物链遭到破坏，尤其是以浮游生物为主要食物的鱼类大为减少。为此我代表县委在保护千岛湖水资源的全县干部大会上首次提出了'保护就是最好的建设，要像保护自己的眼睛一样保护千岛湖的水资源'。同时提出了控制千岛湖流域面源污染、实施油污分离加强污水集中处理、加强入库河道治理、大量投放鲢、鳙鱼苗优化千岛湖生物链、实行千岛湖禁渔三年等十多项措施，许多措施沿用至今。如今令我感到欣慰的是，千岛湖的水一直保持国家一级水体，达到可以直接饮用的标准。更为可喜的是保护千岛湖的水质已经成为全县人民的共识：湖清则县兴，水净则富民，像爱护自己的眼睛一样爱护千岛湖水资源已成为全县人民的自觉行动。千岛湖的生物链也日益稳固，每年投放的鲢、鳙鱼，其捕捞方式——巨网捕鱼，堪称中华一绝，定期向游客开放，成为千岛湖一道亮丽的风景线，千岛湖'淳'牌有机鱼也成为享誉国内外的品牌，吃千岛湖胖头鱼已是每位来千岛湖旅游的朋友必须品尝的美味。想当年我作为一个当局者，只想着如何把千岛湖保护好，建设好。如今我从一个过客成了一个看客，从一个当局者变为一个旁观者，以欣赏的眼光看待我为之付出了十年心血的千岛湖，她那千峰竞秀万壑滴翠，高峡平湖波光潋滟，一湖镶嵌千岛，天下第一秀水，诗画般的山水令我心旷神怡，回味无穷。"

第二节 没有尽头的水质保卫战

1998年的那个夏天，千岛湖第一次向世人发出了警告。这一年距离千岛湖的形成只有36年，时间并不算长。但后来的事实表明，这只是一个开始，10年后，蓝藻这个幽灵将多次出现在中国的主要湖泊中，为经济发展带来了水体"灾难"。

这一切与人类对环境的态度和理解有关。实际上，相对于山川海洋，湖泊的生命周期要短得多。此外，随着人类活动强度的加大，原本对外部作用力敏感的湖泊面积有可能快速减少，甚至消亡。从人类的历史看，不知有多少浩瀚的湖泊最终消失，当然也会有新的湖泊形成。湖泊对人类的生存和发展而言有着不可或缺的意义，它们不仅仅是文人墨客抒发情怀的对象。有了湖泊，人们可以饮用、发电、灌溉、防洪、发展渔业和旅游，而人类出于自身生存的需要，大多也都会选择在水边生产和生活，于是在人类活动的干预下，人与湖泊的潜在矛盾难以避免。在工业时代，人们很少注意环境污染，直到20世纪六七十年代，世界范围内的环保运动才蔚然成风。这或多或少是出于一种无奈，因为对人类来说，造物主赐予的淡水实在太少了。我们居住的这个蔚蓝色的星球上，绝大部分表面为浩瀚的海洋所覆盖，海洋的面积占地球表面积的71%，水量占地球总水量的97%，淡水资源不过3%，由于海水中含有丰富的海盐，既不适宜灌溉土地，也不适宜发展工业，更不用说是直接饮用了。稍微有点常识的人都知道，随着地球人口的爆炸性增长以及工业和化学农药对水体的污染，人类正面临空前的水资源危机。

现代鱼种生产基地开工仪式

据联合国调查，全球约有4.6亿人生活在用水高度紧张的国家或地区内，还有1/4人口即将面临严重用水紧张的局面。联合国环境署在2002年发布的《全球环境展望》中指出,"目前全球一半的河流水量大幅减少或被严重污染,世界上80个国家和占全球40%的人口严重缺水。如果这一趋势得不到遏制,今后30年内,全球55%以上的人口将面临水荒。"有数据显示,中国是世界上最缺水的国家之一,人均水资源占有量只有世界平均水平的三成。中科院的一份国情报告表明,全国532条主要江河中有82%,共436条受到不同程度的污染。到2005年,全国已有一半城市市区的地下水污染严重,一些地区甚至出现了"有河皆干,有水皆污"的现象。更雪上加霜的是,据环保部门监测,全国每年水污染事件高达1700多起。有人断言,中国未来最大的问题不是经济,也不是社会问题,这些问题都会在发展中解决,而是生态环境与资源紧张的问题,首当其冲的则是水危机,如果中国不能解决水的问题,将不会再有中国故事。

今天的人们已经普遍意识到,在利用湖泊之前,保护永远是第一位的。以太湖水污染事件为例。太湖与千岛湖一样,曾以风光秀美著称,但2007年5月末的一天,很多无锡市民拧开自来水同样闻到一股刺鼻的味道,这种水不仅无法饮用,而且连洗漱都令人作呕,于是市民们自发地涌向超市抢购饮用水,几个小时内全市所有超市的纯净水几乎断档,而罪魁祸首正是一种最古老的菌类生物,和1998年千岛湖出现的一样,这种生物叫作蓝藻。这年夏天,长江中下游地区持续高温,连续多天无雨,太湖水位下降,水温上升,于是蓝藻伺机大面积暴发,尽管湖上管理人员第一时间发现了蓝藻的异动,但由于生长的速度实在太快,人力已无法阻挡遭到蓝藻污染的湖水进入自来水厂取水点。

蓝藻暴发一般要具备几个条件:一是水温,蓝藻喜高温,25℃~28℃是蓝藻生长的最适温度。因此夏季是蓝藻高发的季节,在全球气候变暖的大环境下,生活在淡水里的蓝藻会随着水温的升高而快速蔓延;二是由于养殖生物等活动造成的水体富营养化,加之水体缺乏流动,蓝藻则找到了最佳的生存空间;三是由工业污染造成的水体中有机磷物质的增多。蓝藻暴发时,消耗大量的水中溶解氧,鱼类将因缺氧而死亡,最终导致水体变色、散发出臭味,生物链变得异常脆弱。不仅如此,蓝藻还会释放出直接损害人类健康的有毒物质，严重影响人们的生命安全。

无独有偶，2007年的中国不仅是太湖，安徽的巢湖、云南的滇池、武汉的东湖乃至北方等很多地方都先后暴发了蓝藻，以至于这一年在中国的生态环保史上被称为"蓝藻年"，与海洋中的赤潮并称为"两大杀手"。但抑制蓝藻暴发并不是一件容易的事情，西方国家的经验表明，治理蓝藻是一项系统工程，一般需要数十年的努力，投入大量资金和人力。而且稍有不慎，治污的速度远远赶不上污染的速度。积重难返的滇池就是最好的例子。按照云南省计划，到2015年，滇池水质将力争达到4类，而累计投入治理资金近千亿元。

实际上，千岛湖形成以后，淳安人对于生态环境的保护可谓先人一步，维护青山绿水早已成为淳安人的共识，但即便如此，为什么20世纪90年代末，千岛湖的局部水面依然会出现蓝藻呢？

全国放鱼日主会场活动

先来看外部因素。需要知道的是，千岛湖68%的水量来自新安江上游的安徽省，也就是说，要想保持千岛湖的一级水质，仅仅靠淳安人自己的努力是远远不够的，如果上游的生活、生产污染物顺流而下，对千岛湖来说无疑是一场灾难。此外，有专家指出，千岛湖是典型的深水湖泊，最深处达117米，一旦污染，极难恢复。但现实的情况是，安徽与浙江有着不同的经济发展诉求。一段时间以来,相对于浙江,安徽的经济发展水平慢了一拍,急于快速拉动经济。而在经济发展中,能起到立竿见影效果的莫过于工业,加上沿海地区的工业纷纷向内地梯度转移,处于中部的安徽省以其优越的地理区位自然是企业明智的选择之一,这股产业转移的浪潮也正符合安徽省的需求。

其实,这种情况在中国的区域发展中非常普遍,现实生活中,人们一般以行政划分为界限,地处上游的人往往顾不上下游的发展,如果没有整体的环境观,越往下游的水质肯定越差。而在具体协调中,如何调动各方的积极性实施跨省保护生态环境也从来都是一个难题。道理很简单,千岛湖的环保效益更多归于淳安乃至杭州和浙江,但为此安徽省必须付出经济发展放缓的代价,甚至要放慢工业发展的速度。以临近千岛湖的安徽省黄山市为例,黄山市在安徽省中主要经济指标排名靠后,正准备抓住机遇奋起直追,却因为保护下游的千岛湖不得不做出牺牲。但对浙江省来说,千岛湖的水质必须保护,如果千岛湖这个大水缸上演类似滇池的悲剧,后果不堪设想。于是,浙江省主动与安徽省反复磋商如何分担责任,利益共享也就成了千岛湖生态保护的题中应有之义。

早在2005年,浙皖两省就启动了谈判,终于在2012年达成共识。谈判的焦点在于利益协调。最终双方确定,两省环保部门每月监测一次两省交界处新安江的江段水质,为千岛湖水质评价提供基础数据,并按规定程序上报中国环境监测总站。在监测年度内,新安江流域水环境补偿资金为每年5亿元。其中,中央财政每年拿出3亿元无条件划拨安徽,用于新安江治理。3年后,若两省交界处的新安江水质变好了,浙江地方财政再划拨安徽1亿元;若水质变差,安徽划拨浙江1亿元;若水质没有变化,则双方互不补偿。

此举意味着安徽境内产业形态的变化,而对于淳安来说,一场没有尽头的水质保卫战已迫在眉睫。千岛湖要承载来自上游安徽地区带入水体的大量营养盐,加上千岛湖自身的旅游业发展,人口往来频繁,城市化建设加快、范围扩大,这一切都在对千岛湖优良生态环境不断构成威胁,随着旅游业和其他工农业生产的发展,这种压力变得更加突出和紧迫。在此形势下,通过调查研究不断调整水域生态系统的结构,增强其自净能力,坚持用生态管理的办法争取在最大限度上消除污染物所带来的不良影响是最经济合理的措施。

第三节　以鱼护水

在跨省保护千岛湖水质的同时,淳安人自己也开始了一系列防治污染的举措,具体措施包括关停陆上污染企业、加强环境监测、多点布局建设污水处理厂、大力发展湖边农村生态建设、全面推进湖上船舶污染整治等等。为此,淳安县每年拿出1/3的财政收入投入环境治理。有些戏剧性的是,一条普普通通的鲢、鳙鱼在这项系统工程中担负起了湖水"湖水卫士"的使命,成了千发集团经营渔业主要增殖的对象。

有这样一个插曲,其实美国也想"养鱼治水",而就是这些鲢、鳙鱼,却让美国人颇为头疼。2012年,美国总统奥巴马批准了一项预算,年度内将投资5150万美元阻止亚洲鲤鱼入侵五大湖,至此美国已连续三年投入1.65亿美元对付亚洲鲤鱼。所谓亚洲鲤鱼,就是人们常说的鲢鱼、鳙鱼和鲤鱼。上个世纪六十年代,美国一些水体出现蓝藻,为了控制局面,美国鱼类和野生动物局决定从亚洲引起亚洲鲤鱼,但没想到几十年后,亚洲鲤鱼借洪水之便纷纷"越狱",尽管亚洲鲤鱼对中国人而言是餐桌上的美味,但美国人却鲜有问津。由于缺乏天敌,它们快速繁衍生长,乃至泛滥成灾,给航运带来极大影响。可

浙江省委书记车俊(左一)参加增殖放流

以看出,一种生态学治污手段必定是一项产业联动的系统工程,"得一利而

生一害",美国人的"保水渔业"有些水土不服了。

作为常年从事渔业开发生产的经营者,到20世纪80年代,千岛湖淡水渔业已迅速发展了20年,曾有过一段产量的高峰,产品远销世界10多个国家和地区,1961年,鲜鱼产量达766吨;1966年鲜鱼产量达到2578吨;1985年达到历史性的3844吨,成为浙江省最重要的大型商品鱼基地之一,这一切耕耘成果来之不易。

所谓水库渔业,是指在水库水域进行鱼类资源增殖和保护、鱼类养殖、捕捞等渔业生产活动。相对于湖泊渔业,我国的水库渔业发展要晚得多,水库渔业与湖泊渔业有一定的共性,也有自身的特殊性和复杂性,但有一点是一致的,那就是都要走可持续发展的道路,注重水资源的保护。

让我们先回到淳安人当年奋战渔业的年代。1960年,江西九江、安徽芜湖和湖北等地迎来了一批特殊的客人,他们是从浙江一个叫作淳安的地方来采购鱼苗的,不久,一篓篓鱼苗经火车转汽车运抵淳安,即行投放库湾之中,之后为了方便,改在杭嘉湖一带采购鱼苗种。与当年的植树造林一样,此时的淳安人燃起了养鱼的热情。在土坝拦就的库湾里,一个个阳光充足、不受其他活动干扰的鱼种场逐个辟建出来,数万公斤刚刚孵化出来的鱼苗找到了新家。鱼种培育分为几个阶段,首先是将鱼苗在浅水区域里培育成长度为3厘米左右的鱼种,业内称之为夏花,之后再转移到大库湾里培育成长度为8厘米或13厘米左右的的老口鱼种,也就是冬花。当鱼苗充分适应了新的水环境,具有一定的生存能力后,就可以投放到千岛湖里自由遨游了。与此同时,淳安人开始试验鱼苗人工繁殖。研究人员发现,千岛湖中的鲢、鳙鱼性腺发育良好,具备人工繁殖的条件,并于1964年成功获得鱼苗336万尾,一来大大降低了养殖成本;二来形成了捕捞和繁育的有机结合,实现了捕鱼和鱼苗生产的双丰收;三来也有效利用了本地资源。

1966年5月27日,湖面上喜讯传来,捕捞队一网捕获鲜鱼30.5万公斤,创水库渔业巨网捕鱼先河。随后,千岛湖渔业声名鹊起,成为亚非拉一些国家争相学习的样板,先后多人前往阿富汗、苏丹、利比亚等国支援渔业建设。同时,也有越南、墨西哥等国家代表团前来千岛湖考察取经。应该说，淳安人积累了丰富的渔业经验，但随后由于种种原因，渔业暂时步入底谷。

进入"文革"以后，淳安渔政管理机构瘫痪，生产混乱，面积573平方公里的千岛湖成了没有管理的"自由王国"，炸鱼、毒鱼现象时有发生，产量连年下降。随后进入20世纪80年代，当地兴起了网箱养鱼，但网箱养鱼在带动渔民致富的同时，也加速了水体富营养化的进程。在我国很多地方，网箱养鱼曾经是一种非常普遍的养殖方式。从一时的效果看，网箱养鱼成本低，见效快，很多渔民为了高产会通过化肥饲料加速鱼的生长，但饲料本身是有机物质，鱼并不会吃完所有的饲料，结果必然是导致水体中的氮磷含量增高，由水体污染造成的损失其实远远超过渔业的收入。20世纪90年代，全国各地相继出台了内陆水域发展网箱养殖的一系列鼓励政策，千岛湖网箱养殖进入快速发展阶段，养殖面积迅速扩大，养殖品种迅速增加。

网箱养鱼一方面增加了农民的收入，但另一方面随着面积自由无序的扩大，养殖设施良莠不齐，不仅影响了千岛湖的自然景观，而且给水质保护带来了压力。淳安县政府后来召开了千人动员大会，整治网箱养殖，为弥补养殖户的损失，让养殖户自己请信得过的评估公司进行资产评估，政府给予相应补偿。从那以后，如何让

中宣部"改革开放40周年'百城百县百企'调研组"调研千发集团改革创新成果

农民转型致富一直是政府和渔业思索的命题。但无论过程如何，一个简单的道理是，杭州、浙江乃至中国只有一个千岛湖。千岛湖出现蓝藻后，渔业科研人员很快认识到了鲢、鳙鱼的另一种价值。与很多肉食性鱼类不同，鲢、鳙鱼滤食浮游生物，天生具有抑制水藻的功能。于是，"放鱼养水"的想法日渐成熟。这一治理方法也称生物治理，即在湖水中放养足够数量的鲢、鳙鱼遏制使湖水富营养化的蓝藻。据测算，每公斤鲢、鳙鱼的生长，可消耗水体中湿重40公斤的浮游生物。如果千岛湖鲢、鳙鱼的生长量为4000吨，那

么每年通过这两种鱼类而滤食的藻类就将达16万吨。那么,这种方法在实践中对千岛湖改善水质到底效果如何呢?1999年8月,千发集团在曾经爆发蓝藻且比较容易受到新安江上游影响的中心湖区和西北湖区开始了"保水渔业试验",设置高60米、长7000米的拦网,围隔总面积为144.66平方公里的试验区。政府规定,3年内禁止任何单位和个人在此区域内捕捞,以检验"保水渔业"是否有效。

结果证明,自由生长的鲢、鳙鱼不负众望,经过3年试验,千岛湖各项水质指标均得到改善,如水体的透明度逐年增加,pH值更趋于中性,变动幅度更小,水中的总氮、总磷和叶绿素含量也都逐年降低。这一科技成果后来得到了全国渔业和环保专家的充分肯定。2005年5月,《淳安县千岛湖渔业发展规划》通过了中国水产科学院、上海水产大学等单位的专家审核。在此规划中,确定了千岛湖渔业发展将着眼于水体保护,每年投放的大规格鲢、鳙鱼种数量不少于60万公斤。同时,淳安县先后制定了严格的渔业法规。例如,捕捞草鱼、青鱼等每尾的体重要在1.5公斤以上;鲢、鳙鱼每尾体重在2.5公斤以上。低于上述可捕标准的幼体鱼,捕获后应立即放回水域。捕捞杂鱼的刺网,高度限制在10米以下,禁止使用麻布网和网目在4厘米以下的刺网。凡在幼鱼保护区内捕捞者、在禁渔区和禁渔期捕捞者、在规定期内使用禁止使用的超规格网具者、在鱼种场捕捞或破坏库坝设施者、无证捕捞者、捕捞鱼量中幼鱼占同类鱼类总量的20%以上者、收购千岛湖内幼鱼者,视情节严重批评教育、罚款、吊销捕捞许可证,情节严重的依法追究刑事责任。2006年浙江省高级人民法院、浙江省人民检察院、浙江省公安厅联合下发的《关于修改盗窃罪数额认定标准问题的通知》(浙高法〔2006〕30号)规定,对在千岛湖偷捕鲢、鳙价值达到二千元以上的行为,以盗窃罪定罪处罚。2006年,淳安县渔政部门已移送司法机关追究刑事责任的案件达30余起,有力打击了渔业违法犯罪行为,保护了渔业资源与水域生态,树立了渔政执法的威信。客观地说,这些法规的出台对保护鱼类的生长,尤其是提高鲢、鳙鱼的回捕率起到了至关重要的作用。

获"全国渔业执法工作先进集体"称号

事实上,由于千岛湖面积大,湖畔地形复杂,人流涌动,护渔绝非易事,鱼类资源保护一直是淳安县渔政部门和千发集团长抓不懈的重要工作,尤其是随着后来千岛湖渔业品牌的迅速提升,各种五花八门的偷捕鲢、鳙鱼活动和手段一度日益翻新,愈演愈烈。为此,淳安县建立了全方位的立体打防体系:一是广泛开展宣传教育,通过各种形式向沿湖各乡镇宣传保渔业资源的重要性和必要性;二是全面推行有奖举报和快速反应机制,举报热线24小时值班,严格保密并依法保护举报人;三是健全渔业资源管理网络,将渔业资源纳入专项目标考核内容,公、检、法等多个部门联动;四是不断深化渔政管理体制,先后成立了渔政站、水上协警、渔政渔港监督管理局等。特别是2007年12月成立的淳安县渔政渔港监督管理局,加大了千岛湖网箱整治力度,系统全面进行护渔管理。2007年和2019年,该局两次获得了农业农村部"全国渔业执法工作先进集体",间隔12年中农业农村部没有进行该项评选。

因此我们看到,在千岛湖上和湖边库区每天都活跃着一支日夜巡查、火眼金睛的"护渔特种部队"。多年的经验使他们熟悉千岛湖每一个角落,透过茂密的丛林,或是在狭窄的山路上,他们能敏锐地发现非法捕钓的蛛丝马迹,然后迅速跟踪追击。当然这并不是一场游戏,有时候也会有风险,更考验人的是,他们既要严格执法,同时又要区分不同性质的违法活动并善加处理。

"人是需要一点精神的",时任新安江渔政分站站长的唐敏后来回忆了一次难忘的经历。一天夜里,他和几位同事在湖面上巡逻时隐约发现几百米外有一艘可疑船只,为防止被发现,他们用木浆划着摩托艇悄悄靠近,可对方听到动静后马上将违法证据倒入湖中,然后加大油门迂回逃窜,结果双方在浮岛之间穿梭了40分钟。当他们迫使对方停船后,对方手里竟拿着把柴刀,而且故意砍在船沿上,火花四射,并大声叫嚷"柴刀不长眼睛",服软后他无奈地说:"还真有不怕死的。"

渔政执法

就这样,"以鱼护水,以人护鱼"在千岛湖的经济发展中形成了一种有趣的循环,而且多管齐下,形成了一套长效机制,为中国的大面积湖泊淡水保护探索出了一条崭新而独特的"依法治渔"的道路。

第四节 可持续的渔业

21世纪全球的主旋律是经济与社会的可持续发展。我国很早就提出了可持续发展的战略,特别是2018年以来持续的"环保风暴",使经济社会的发展和生态环境的改善一致起来,不能再走以牺牲资源和环境为代价追求经济高速增长的不可持续发展的老路子,各行各业的可持续发展已是一个刻不容缓的严峻课题。农业是国民经济的基础,国民经济的可持续发展也必须以农业的可持续发展为基础,改善生态环境是关系中华民族生存和发展的长远大计,渔业是大农业中的一个行业,走渔业可持续发展的道路,发展生态渔业是关键所在。

大水面渔业究竟如何发展下去?在淡水资源日益成为制约国民经济发展

的限制因子背景下，我国科学家已经认识到，湖泊的利用和保护应坚持两项兼顾，即渔业生产和环境保护兼顾，渔业产量和优质、高效兼顾。这为湖泊增养殖技术研究和湖泊渔业生产实践指明了方向，湖泊渔业必须在养护生物资源和淡水资源的前提条件下求得持续发展。在 20 世纪 80 年代以前，我国大中型湖泊的开发处于初级阶段，对湖泊的许多生态学规律认识不深，根据我国国情、资源条件等分析，有学者认为在以后相当长的时间内我国中型以上的湖泊渔业仍以资源增殖和人工放流为主要技术措施。传统渔业

中国科学院曹文宣院士指导千岛湖渔业发展

对水质和生物多样性的变化基本上不予重视，而可持续渔业则充分考虑水环境和生物多样性的重要性，注重渔业与环境的协调发展，寻求湖泊的渔业功能与其他功能的协同发挥，产量不是追求的第一目标。可持续渔业强调不能因为渔业活动导致或加速湖泊富营养化，更不能因为渔业活动导致或加速湖泊面积和体积的萎缩。国内外的渔业实践早已表明没有优质的水质条件，渔业的发展是不可能持续的，渔业的可持续发展必须从生态、经济和社会三个维度进行综合考虑。几乎所有的渔业生态学管理原则最终都体现在放养与捕捞的操作之中，合理放养是优化渔业种类结构的主要措施，充分利用水体空间和饵料资源，最终达到保护资源和增产的双重目的。

早在 20 世纪 70 年代中期，千岛湖渔业就开始实施"以养为主，养、管、捕相结合"的方针，大面积推广网箱培育老口鱼种新技术，鱼类资源开始回升。随着网箱养鱼的整治，为帮助农民"靠水吃水"，增加收入，千岛湖渔业将鱼种的网箱养殖全部下放给库区农民，并予以技术指导，即采用"公司+农户"的订单方式，每年的 11 月由千发集团提供鱼种给养殖户，由养殖户经过 9 个多月的养殖管理，在第二年的 8 月由公司全部收购长大了的老口鱼种。此外，千发集团还通过建立风险金制度，保证养殖户收入不大起大落，并有专项的养殖补贴。

不过淳安人当时并没有想到，基于鲢、鳙鱼在所有养殖鱼种中的特殊地位，到底该如何进一步发展渔业。新安江水库建成后，鱼类种群发生变化，鲢、鳙鱼逐渐成为主流，同时凶猛鱼类增多。除了天然的野生杂鱼外，捕捞队对两种鱼至今仍记忆犹新，一种是太湖银鱼，一种是鳡鱼。在餐桌上，银鱼以味道鲜美著称，早在明代就与松江鲈鱼、长江鲥鱼、黄河鲤鱼并称为中国四大名鱼。银鱼体细长，呈圆桶状，长度约为 12 厘米，在市场上，银鱼以独特的口感和营养价值而价格不菲。为了提高千岛湖的经济价值，淳安人曾引进太湖银鱼，从 1991 年开始连续 3 年放投银鱼，但没想到的是，银鱼进入千岛湖后，与原本高密度放养的鲢、鳙鱼开始争夺生存空间，更为严重的是，由于捕捞银鱼的网眼规格非常小，抓银鱼的同时小鱼（包括鲢鳙小鱼）也被一网打尽。与此同时，不少渔民开始养殖鲈鱼和鳜鱼，这两种鱼的饲养几乎不需要成本，它们专吃湖里的小鱼，而且价格也很好，最终导致鲢、鳙鱼的回捕率一度只有 2%，即投放 100 条，捞上来的只有 2 条。而鳡鱼则是一种凶猛的掠食性鱼类，一旦发现捕猎目标，猎物很难逃脱，而且生长速度极快，最大的体长可达 2 米，重 50 公斤。它们是鲢、鳙鱼的天生杀手。据一位渔业专家介绍，鳡鱼不仅吃大库里的鱼，如果饿了还会吃网箱里的鱼，它会在很短时间里用利嘴撕破网，随后逐层吞吃，堪称千岛湖鱼霸。

于是在其他各类鱼种的四面夹击下，千岛湖里鲢、鳙鱼的生存状态也就可想而知了。为了扭转局面，从 1998 年开始，捕捞队开始研发新的渔具，有针对性地捕捞鳡鱼，以保证鲢、鳙鱼的存活率。同时，政府也开始加大渔业管理力度，逐渐减少网箱养殖面积，太湖银鱼也渐渐减少。最终淳安各方的意见达成一致，即千岛湖渔业并不是单纯为了养鱼而养鱼，也不是为了最大限度地攫取经济效益而养鱼，而是必须从生态环境的维护和优化出发，重新为渔业找到最精准的定位。

20 世纪 70 年代，为了解决水产品供应不足的问题，水库渔业曾与水利、电力并列为水库开发的三大支柱产业，受到了极大关注和重视，发展非常迅速。从 1978 年到 2000 年水库渔业单产增长了 12 倍，显著高于同期世界渔业和我国淡水渔业增长的平均水平。进入 21 世纪，伴随着水资源的不断开发

大型增殖放流活动

和水污染日趋严重,越来越多的水库已成为生活用水的主要来源。综合运用生态调控理论、采取生物措施控制,可以杀灭有害藻类或抑制有害藻类的过度繁殖,保持水体中的各种生物处于一种相对的动态平衡状态,从而实现对藻类生长的动态调控,降低有害藻类的种群密度。如何应用生态学理论发挥渔业优势,解决水库水污染、水域生态问题,实现鱼水共生和资源可持续开发利用,开展相关应用研究就显得十分重要。

在《千岛湖鱼类资源》一书中,对什么是渔业的可持续发展有这样一段论述:"湖泊渔业、水库渔业走可持续发展是历史必然,也是社会发展的必须。然而,我国湖泊渔业、水库渔业的可持续发展正面临挑战。一方面,某些渔业生产部门往往以追求渔业自身的利益为主要目标,忽略了渔业对湖泊、水库环境所产生的负面影响,从而对渔业可持续发展的理念提出挑战;另一方面,环境保护部门及相关人士,根据国外湖泊管理模式,认为我国的湖泊、水库也应以水资源功能为主,忽略了我国合理渔业开发的可能性和必要性,切割了渔业可持续发展和水环境保护之间的内在平衡关系。"

这段话集中反映了渔业人员对行业本质的认知和判断,同时也可以看出,一切事物的发展总是在动态中取得平衡,面对环境的变化,世界上没有最理想的解决方案,但却有最合理的办法。事实上这些年来,杭州千岛湖发展有限公司的专业研究人员从未间断过对千岛湖鱼类种群变化的研究,尤其是鱼和水质变化的关系,至少自试验保水渔业以来,千岛湖水质情况有了明显的好转。他们同时也认为,或者说不放弃在保护水环境的前提下不断提升渔业经营内涵的各种可能性。

这时的人们已经知道，渔业不仅是在和鱼打交道——通过人类的智慧让鱼类资源发挥更好的效益，同时也是在和各种利益的打交道。更重要的是，不能为了渔业的利益而牺牲环境。如今，杭州千岛湖发展有限公司依托千岛湖有机鱼的品牌优势和销售网络体系优势，大力发展有机鱼产业化项目，把淳安建设成为有机鱼生产大县，打响了千岛湖有机鱼品牌，提高了千岛湖渔业的综合效益。

时至今日，人工放养鲢、鳙鱼抑制蓝藻生长已在国内各大湖泊中广泛应用，在理论可行性上已不需要任何探讨。

第五节　千岛湖上放鱼节

在社会生态中企业仅仅是个个体，在社会发展的推进中，企业中的精锐力量往往发挥着积极的作用。千发集团作为具有数十年历史渊源的国有企业，其生存发展不可能脱离整个社会环境，更具体地说不可能脱离淳安县和千岛湖这一环境而独立存在。多年来，千发集团在积极寻找与社会环境最良性的互动关系，主动进行各种形式的对接，或者改变自己以适应社会，或者用一种更为科学有效的方式逐渐协调社会环境对于企业的认识。这方面，千发集团一直做得非常优秀。

每年8月，千发集团下属的鱼种养殖场照例都要对湖区内由库区渔民养殖的老口鱼种进行过磅，以此计算各家渔民的劳动报酬，所有的过磅工作都在湖面上的木质渔船上进行，然后再将称好的鱼种一筐筐倒入湖中，因为这些鱼儿已经到了合适的规格，具备可以在自然环境下独立生存的能力。一般每年过磅

库区农民养殖鱼种实现就业

开始几天,总场场长都会邀请公司领导来视察一下本年度老口鱼种的规格和质量。空旷的湖面上,鱼儿从水里捞上来称一下之后又倒进水中去,工作似乎颇显乏味。千发集团从来都是不缺乏创意的,也不知当初是谁第一个提出了要把这个过程包装成为放鱼节。这样的一个节日既能很好地宣传"保水渔业",又使这一个简单劳动变得异常有趣起来,且似乎天然地能够成为一种农业特色旅游项目。2008年11月19日,中国·千岛湖首届放鱼节在千岛湖城中湖水域隆重开幕,各地嘉宾和当地群众将活蹦乱跳的鱼苗倒入湖中,而千岛湖的放鱼节的意义又与佛家的放生仪式不同,千岛湖鱼与千岛湖水的和谐共生已经成为一个抢眼的主题,一湖秀水中进驻了成千上万的"湖水卫士",滤食浮游生物,使千岛湖鱼更鲜、水更清。通过活动大家知道了,由于千岛湖的水流特性,鲢、鳙鱼不能自然增殖,只能通过人工放养来完成鲢、鳙鱼种群的增殖。为防止季节性、局部水域因浮游生物数量剧增而形成水华现象,千发集团每年都要投放大量的鲢、鳙鱼,以降低千岛湖富营养化的压力,促进生态平衡。实际上,首届放鱼节一天就放流了10万尾鲢、鳙鱼苗,放鱼节期间共放养了800吨保水鱼种,这些活蹦乱跳的鱼儿从放流点游进了浩渺的千岛湖,为保护千岛湖承担"净水工程"。当年的活动还邀请到了全国绿化基金委员会、国家林业局等一些重要部门的领导亲自到场,这也为千岛湖公开的保水渔业增殖放流活动增加了更多的媒体关注。

一位见证者后来这样兴奋地写道:"当10万尾小鱼苗从市民的手中一尾尾游到千岛湖去时,那游鱼排列整齐奔向绿水的场面让人感到温馨难忘,无论大人小孩,人们都带着虔诚与敬意小心翼翼地把手中的鱼儿轻放入湖,用目光护送。这时人们对'以鱼护水'和'保水渔业'有了更深的体会与了解。而那一望无际的绿水,也用至纯至清的柔情迎接着"淳"鱼的到来。"毫无疑问,鱼种投放的公开化、社会化和节日化既维护了资源,也为千岛湖的体验旅游增添了一大亮点,从前的人们只是观鱼、吃鱼,从未有过机会如此近距离地亲近鱼的生命历程。在放鱼节上,千发集团还组织了名为"以鱼护水共建和谐环境,以鱼名湖共创美好明天"的万人签名活动。更深远的意义在于,亲手放鱼大大增进了人鱼之间的感情,也使得人们对人与自然的和谐共生有了更深刻的理解。尤其是当那些戴着红领巾的孩子们亲身经历过后，从小就对身边的环境更知道珍惜。

首届千岛湖放鱼节热热闹闹的召开，效果也非常好。之后不定期地，有些社会团体在千岛湖的旅游或者商务活动都加入了这个千岛湖上特有的节目。几年中，它最终又扩展成为千岛湖有机鱼文化节，有机鱼文化节时间跨度几个月，近十几个项目，是千岛湖渔业和千岛湖旅游的一项盛事，而千岛湖放鱼节一直是文化节的重要内容。

2011年1月，在杭州举行的中国农产品品牌大会上，浙江大学中国农事节庆影响力评估课题组发布了《2010中国农事节庆影响力研究报告》，该报告研究的全国100个农事节庆活动中，千岛湖农事节庆活动以联合报道量居于高位，成为杭州地区唯一入围的联合报道量前十强。另外，千岛湖农事节庆活动的影响力指数排行也居于杭州地区农事节庆活动前列。在大会举行的中国农事节庆高峰论坛上，杭州市有关领导在做《丰富节庆活动，打造区域品牌，提升区域形象》的主题演讲中多次以千岛湖为例，介绍杭州的农事节庆。汪建敏受中国农产品品牌大会组委会的邀请，参加了中国农事节庆高峰论坛，作为"农事节庆影响力与创意传播"对话专场嘉宾，与北京市农委农产品流通处处长任荣、福鼎中国白茶节代表陈兴华、黑龙江省兰西县县长王秀平、《中国广告》杂志社社长张惠辛、浙江大学教授胡晓云同台对话，向大家介绍千岛湖农事节庆的经验。与会广告与传播界专家听了经验介绍后给予了高度评价。他们认为千岛湖农事节庆活动是一个品牌的系列化活动，具有主体清晰、体系完整、目的明确，紧密结合地方文化，并强化自身特色和不可替代性等特点。

中国是个历史悠久的农业国，农业生产的成败与农民的生活密切相关。我国古代节日大多源于农事，是在岁时节令的基础上形成的，大多和天文、历法、数学相关，更与后来划分出的节气有关。二十四节气是古代人民在长期的农业劳动实践中积累的有关农业与气候变化的丰富知识和经验。二十四节气与特定的风俗和信仰相结合，便成为很多传统节日的来源。这些节日大多处于农闲或丰收之后，被赋予了团圆、思亲、祭祖、娱乐、郊游等内涵。既让农民在农事之后得到休息，也体现了中华民族的社会特点。在地方政府

全国高峰论坛上介绍淳鱼节庆经验

和新闻媒体的推动下,千岛湖的放鱼节在淳安当地同样具备了与传统节庆活动相同的社会属性,市民和游客都从这种体验式的活动中获得了乐趣,了解了千岛湖渔业和千岛湖水环境保护的各种知识。不仅如此,千岛湖的鱼儿已成为千岛湖区优质环境最形象的代言人,通过类似活动又从另一个侧面对千岛湖和淳安进行了宣传,而这一条鱼儿似乎已经融入淳安特别是千岛湖地区城市的方方面面,改变着人对自然的思考和行为习惯。

而对于一家企业而言,所有营销宣传的最终收获需要以企业或者产品的品牌进行回收,形成良性的商业闭环。这或许是农产品品牌大会对于千发集团农事节庆活动推崇有加的一个更重要的原因。近年来,以构建强势区域公用品牌为主体目标的农事节庆活动在我国蓬勃开展。据不完全统计,在全国各地,农事节庆活动已有上千个之多。这些农事节庆活动,大多由各地区政府、行业协会、旅游局、农业局等政府及其职能部门和行业协会发起并组织实施。在组织实施过程中,相关政府、机构和组织顺应各地区相关风俗,延续或发扬浓郁的传统风俗色彩,使节庆活动不仅成为各地区民众喜闻乐见的节庆形式,更体现了其在区域公用品牌打造、区域形象传播方面独特的价值力量。而企业在其中的无缝衔接无疑使农事节庆更具商业价值和社会传播性。

农事节庆活动在中国大范围地发展,这一现象本身已经说明越来越多的人开始关注农产品的品牌建设和品牌传播问题,这毫无疑问是中国农业发展观念的一个重大进步,也体现了中国农民和企业家们面对市场及时应变的经营智慧。千发集团将"放鱼"这个简单的劳动过程打造成为一个有趣的节日是非常有意义的举措。虽然千岛湖历年的鱼种投放规模都较大,但社会各界却很少参与,广大群众对此知之甚少。2008年中国·千岛湖首届放鱼节采取鱼种投放活动公开化、社会化的方法,让广大市民和游客也能亲身体验、亲自参与鱼种投放。通过放鱼节,引起了社会各界对渔业资源及生态环境的关注。

在整个发展历程中,千发集团始终采取开放的方式与社会达成一种良性的互动。2005年,千岛湖环保基金由宋庆龄基金会与杭州千岛湖发展有限公司合作在宋庆龄基金会的名义下设立。2012年6月5日是世界环境日,在淳安县委、县政府主持下,"污染减排与环境友好型社会"主题活动顺利举行,通过鱼种投放活动,倡议各行各业的人来保护千岛湖渔业资源和水资源,激发了社会公众支持和参与环境保护的积极性,增强全社会环境保护凝聚力,为保护母亲湖贡献了力量。宋庆龄基金会千岛湖环境保护基金设立后,千发集团于2005年一次性捐赠200万元人民币作为创始基金。自2006年,根据公司当年鲢、鳙鱼销售量,向基金会每年捐赠不少于30万元。宋庆龄基金会千岛湖环境保护基金成为千岛湖及周边地区的环境保护和生态治理相关研究、渔业资源保护、环保公益宣传及活动的一个重要渠道和平台。

全国放鱼日主场活动

千岛湖的"保水渔业"的良性发展对全国渔业产业的可持续发展是一个非常好的借鉴。"十一五"期间,杭州市本级投入300余万元在钱塘江、千岛湖、运河、苕溪、富春江流域实施增殖放流活动,投放13个品种3970余万尾鱼苗。2009年,农业部和浙江省人民政府联合举办的"2009浙江母亲河——钱塘江流域水生生物增殖放流活动"在杭州圆满完成。期间,杭州市主放流区将向钱塘江投放重要经济鱼类苗种1100万尾,放流品种包括鲢、鳙鱼在内的11个品种,有力地改善了水域生态环境,恢复了水生生物资源,维护了生态平衡和生物多样性,保障了渔业资源的稳定。

媒体链接：把鲢鱼和鳙鱼请回来
CCTV7《科技苑》时间：2014.3.21

一池碧水为何突现蓝藻？要给千岛湖搬怎样的救兵？把花白鲢请进来，为何还要请出去？花白鲢和蓝藻之间究竟是怎样的关系？《科技苑》马上为您讲述。

主持人：千岛湖位于浙江省淳安县，是我国非常有名的旅游胜地，它是世界上岛屿最多的湖，风景优美。可现如今，比起千岛湖的山水，湖里的鱼似乎更是有名，现在去千岛湖旅游，有一个必看的景点，就是巨网捕鱼。

"一二，嗨咗！一二，嗨咗！"

记者：这鱼多少斤啊？

何光喜：这条鱼30多斤。像这么大的比较多，超过30%吧。

何光喜是千岛湖有机鱼生产基地的负责人，据他介绍，像这样的巨网捕鱼，每年要进行100多个网次，而且，只捕捞四公斤以上的大鱼。

何光喜：我们一年像这样捕2500多吨的鲢、鳙鱼，直接销售收入可以达到7000多万。

大家发现，巨网捕鱼捕上来的90%以上都是鲢鱼和鳙鱼。青、草、鲢、鳙是我国传统的四大家鱼，鲢、鳙属于基础鱼类，也就是说，千岛湖里打上来的鲢鱼和鳙鱼都属于经济价值比较低的鱼。千岛湖的水，可是国家一级水体，水质非常纯净，透明度可以达到五米以上，在我国的大江大湖中，位列优质水之首，甚至可以直接饮用。那么，这么好的水，为什么不养一些更贵的鱼呢？

鲢和鳙，在历史上就是千岛湖的传统鱼类，十几年前，当地人还真动了这个念头，开始在千岛湖里养高档鱼。

何光喜：我们当时在千岛湖发展过网箱养殖，养殖鲈鱼、鳜鱼。

可是，养着养着，却养不下去了。1998年和1999年，连续两年，千岛湖的水质都出现了污染的情况。

何光喜：1998年、1999年，我们千岛湖在五六月份连续两年局部水域发生了一些蓝藻水华，水面看上去绿绿一层藻类。

与何光喜在一起的，是常年在千岛湖做科研的上海海洋大学教授刘其根，当时，他也发现了水质的异样。

刘其根：千岛湖的水，自来水厂出来的水，都有那种六六粉的味道，然后渔民的手，搞网箱养殖的渔民，手接触水后都会有点腐烂。

其实，蓝藻是一种单细胞生物，它非常小，只有数量特别多，聚集在一起的时候，肉眼才能够看见。当时的千岛湖还只是局部地区出现蓝藻水华，如果不及时控制和治理，要是大面积暴发，蓝藻水华会像绿油漆一样遍布水体表面。蓝藻出现，就意味着水体里的营养物质过多，水体已经富营养化了。蓝藻过多，不仅容易使水体缺氧，更可怕的是，蓝藻水华会释放出一种毒素。

刘其根：蓝藻形成的水华往往会产生藻毒素，可能会对我们人类饮用水构成一定威胁。

1998年、1999年，千岛湖的蓝藻并没有暴发得太严重，可是，千岛湖作为华东地区的战略水源地，一池湖水要解决千千万万人的吃水问题。一旦严重污染，对饮用水造成威胁，后果不堪设想。当地政府和千岛湖有机鱼生产基地都非常焦急。只有查出蓝藻暴发的原因，才能够有针对性地去解决问题。

何光喜：我们县委、县政府高度重视，马上开始分析原因，我们请上海海洋大学进行调查，还走访中国水生生物研究所，还到云南昆明滇池去考察，组织四套班子考察，大家共同分析。

那么，千岛湖暴发蓝藻水华的原因到底是什么呢？有人猜测，既然暴发蓝藻，那么说明水体的富营养化严重，一种可能就是大量氮磷营养物质流入水中。有人怀疑是湖水遭到工业污染，可是事实上，当地几年前就注意了这个问题。

何光喜：我们政府也非常重视环保，把一些农药厂、化肥厂都关闭掉了。大的污染源没有增加，反而是减少。

污染源比以前还少，那么蓝藻显然不是工业污染导致的。而且，千岛湖的森林植被保持的也非常好，水土流失并没有加剧，也没有从山上下来的营养物质。这时候，有人想到是不是这两年的洪水比较大的缘故？

刘其根：这个确实没错，但是历史上这样的大水有没有过呢，后来我们通过调查历史的资料，发现这么大的水历史上其实是有过很多次的。

刘其根所在的上海海洋大学的科研团队，通过调查发现，高水位并非历史上的首次，而氨氮的浓度，也不是历史最高。也就是说，水里的营养物质含量的确有所增加，但这并不是造成千岛湖的蓝藻水华的主要原因。排除了外界输入营养源的因素，上海海洋大学的刘其根教授推断，问题只能是出在千岛湖的内部了。科研团队通过调查，有了一个出人意料的发现。千岛湖中的鲢鱼和鳙鱼变少了。

何光喜：花白鲢才捕了40多万斤。所以跟我们原来一年捕个300万、400万甚至500万花白鲢，只有原来差不多十分之一这么一个捕捞量。

有了这个发现，刘其根教授一下子就明白了产生蓝藻水华的原因。

刘其根：我们通过分析以后发现，鱼少跟暴发蓝藻水华是相关的。

那么，鱼和蓝藻之间到底有着什么样的关系，鲢、鳙鱼怎么就能对千岛湖的水起到如此大的影响呢？另外，湖还是原先的湖，里面的鲢、鳙鱼怎么就突然变少了呢？原来鲢、鳙鱼的数量减少，跟当时过多的网箱养殖高档鱼有关系。网箱养殖的大多都是鲈鱼、鳜鱼这样的高价鱼类。

何光喜：当时大家有个说法，要把低值鱼类换成高值鱼类来养殖。

从个人的角度来看，为了追求经济效益，这样的做法，看似没有什么问题，可是，却埋下了很大的隐患。因为养殖户给这些高价鱼喂的就是湖里的鲢、鳙鱼苗。

何光喜：鳜鱼一定要吃活的，必须要抓小鱼给它吃。这样把小鱼抓掉以后，鱼种减少，这个生态水生生物的平衡被打破，生物资源大大下降。

就是过多的网箱养殖，严重地破坏了千岛湖的水生生物平衡，导致鲢、鳙鱼少了。那么,鲢、鳙鱼少了,为什么湖水就坏了呢?

千岛湖是 1959 年为了建新安江发电站拦坝蓄水形成的人工湖,它又叫做新安江水库,之所以叫千岛湖,是因为湖中遍布 1078 个岛屿,是世界上岛屿最多的湖。千岛湖形成五十多年来,湖里生长着上百个淡水鱼种,最为常见、数量最多的就是鲢鱼和鳙鱼。鲢鱼和鳙鱼俗称花白鲢,它们的数量减少之所以能够引发蓝藻水华的产生,是和它们的食性有关系的。

刘其根:因为这两种鱼的食性是滤食性,主要是以水体当中的浮游生物为食,特别是藻类。

水中的营养物质,像氮磷等元素被藻类吸收,藻类是浮游动物的食物,同时,浮游动物和藻类又都是鲢、鳙鱼的食物。鲢、鳙鱼每生长一公斤的体重,就要消耗掉 40 公斤的藻类。

刘其根:因为藻类体内大部分是水分,体内蛋白质等物质是比较少的,那么,鲢、鳙鱼需要大量的摄食藻类,才能够保证自身的生长获得足够的营养。

而蓝藻也是藻类的一种,它们也是鲢、鳙鱼的食物。由此看来,要想把污染了的水治理好,就要把鲢、鳙鱼再请回来。首先要做的就是保护好千岛湖里现有的鲢、鳙鱼苗。养殖户抓鱼苗的时候都是偷偷摸摸的,要想完全杜绝养殖户捕捞鲢、鳙鱼苗,这么大的湖的确很难管理。于是他们考虑采用减少网箱数量的办法,从源头开始保护鲢、鳙鱼苗。

何光喜:网箱总面积比原来的 3000 亩是大大减少了。差不多只有原来的十分之一了。整个千岛湖 80 万亩水面只留 200 亩投饵网箱。

而且,对网箱养殖的鱼类品种,还做出了限制。

接受采访的养殖户:鳜鱼这种的吃鱼的鱼不让养了,我们现在也是为了保护水质而养一些花鲢、白鲢、鲫鱼、鳊鱼。

同时,千岛湖开始设立保水渔业区,在渔业区内禁止任何人继续捕捞鲢、鳙鱼。

何光喜:设立保水渔业区,就是我们讲的威坪岗中心湖区,从 2000 年开始,当时做实验,三年封库禁渔,在这个区里只能放鲢、鳙鱼种放下去,任何人不能捕。

何光喜他们要做的第二件事，就是把少了的这些鲢、鳙鱼再补回来。他们逐渐往千岛湖里放入鲢、鳙鱼种，人为增加鲢、鳙鱼的数量。

何光喜：放了 200 多万斤鱼种下去，鱼种量下去以后，加强资源保护，成立 18 个渔政管组，强化管理，这个资源得到很好保护。

经过这样综合的治理，三年以后，千岛湖的水质果然大幅好转。

何光喜：第一个是水质透明度大大提高，原来是不到 3 米，后来到 5 米多了；第二个就是后来就没有发生蓝藻水华，看得见，大家也感受到水质没有异味。

主持人：继续说千岛湖"以鱼养水"的故事，放养了大量的鲢、鳙鱼以后，千岛湖的水已经清了，可是，在这个时候，千岛湖有机鱼生产基地又做出了一个出人意料的举动，他们要把这些鱼再打捞出来一部分。当初是为了抑制蓝藻的生长，特地把它们请回来的，那么现在为什么又要捞出来了呢？

经过了三年时间，千岛湖的湖水好不容易又清澈了，可这个时候，千岛湖有机鱼生产基地却决定再把鲢、鳙鱼捞出来。其实最初的时候，对于到底要不要打捞保水渔业区里的鱼，大家有着很大的分歧。

何光喜：有些部门提出来，既然是"保水渔业"，永远让它养在水里，这样不是更好嘛。

把鲢、鳙鱼继续留在千岛湖里，让它们继续摄取湖里的藻类，听起来好像没什么大问题。可是专家给出的结论却非常明确，鲢、鳙鱼吃了水里多出来的营养物质，捞鱼就是要把这些多余的营养物质捞出去。

刘其根：鱼多了你没有把它捕出来，其实营养物质还是要通过排泄要回到水体。鱼到了老龄以后，已经不太生长了，它排泄还是一样，"保水"效果就差了。

那些大龄的鲢、鳙鱼，对营养物质的转化率降低，用于自身生长的就少了，这些氨氮还会随着排泄物再回到千岛湖中去。

刘其根：鱼的生长是需要养分的，所以这一部分本来是在藻类体内的氮和磷，被鲢鳙摄食以后就变成它自身的蛋白质，这样就变成鱼肉了，这样的话我们通过捕捞就把氮磷带出水体了。

氨氮最后转化成鱼肉蛋白，固定到鲢、鳙鱼身上，只有把鱼捞出去，才能够真正的把氨氮等水中多余的营养物质从水中排出去。这种方式叫做生物操纵。在芬兰也有类似的成功经验，来自芬兰的安娜教授特地来到千岛湖进行考察交流。

安娜：我认为这种生物操纵的经典方法现在并没有被广泛使用。因为很难得到经费，而且，达到的效果并不持久。但是这种长期的商业捕捞，却可以年复一年的进行。

千岛湖也是一样，只有有了合理的商业捕捞，把千岛湖的鱼捞出来，再不断放入新的苗种让它继续繁衍，这种以鱼治水的保水渔业项目才能够真正地持续下去。

要想把这些养大了的鱼捞出去，千岛湖上的捕捞队可有着丰富的经验，他们都是新安江里的渔民后代，他们就生活在千岛湖上，以船为家，鱼群在哪儿，他们就去哪儿。对于在千岛湖上捕鱼，可谓是轻车熟路。

何光喜：我们船只还分为很多"兵种"，很多的捕捞工，一个联合作业，集团军作业的方式，打歼灭战的方式来做。

千岛湖有机鱼养殖基地早就做好了计划和部署，每年该打捞多少的鲢、鳙鱼，都心中有数。在该捕捞的地方，就要整群捕捞。至于具体该怎么捞，就是捕捞队的拿手好戏了。首先，他们要确定鱼群的位置，然后，下一步就是要拦上一个巨大的奋斗网，给鱼群设陷阱，诱鱼深入。让鱼儿自己游到网里来。

何光喜：网不动，鱼动，让鱼主动进入我们这个奋斗网。达到几万亩水面，集中性的捕捞，所以奋斗网是这么一个目的。

这个巨大的网两边拦住鱼群，不让它们逃逸，而在这下面，有着一排排我们看不到的柔软的刺网。

何光喜：我们如果是往这个方向赶，在上游，把刺网搁开一两百米，撒下去，有一部分鱼，鲢、鳙鱼就会刺到网上去，刺到网上去它会发出撒"这里非常危险！"的信号，促使鱼群向没有网的地方游动。

这样鱼群就会逃窜到预先给它们设置好的陷阱里。这个正方形的陷阱可是有讲究的,两个八字型的入口,容易进,却很难出。

何光喜:前面蓝色口子,一米宽,20米深,是八字形,鱼容易游进来,不容易游出去。再经过第二道门,后面是一个八字更小的范围。如果进到前面这个门,再进后面这个门,那鱼基本上就不可能逃出去,所以是这样一个诱敌深入的过程。布置好这个奋斗网以后,等鱼儿自己进了埋伏圈,就坐等收鱼了。千岛湖中的鲢、鳙鱼都是为了保持水质的,所以,都是把个体大,对营养物质代谢能力差的先捞上来,四公斤以下的小的还要继续留到水里净化水质。

像这样大的一张网,捕鱼队曾经捞上来过305吨的鱼,一网这么多的鱼上来,就要在市场上找到一条出路。为了给捕捞上来的这么多鲢、鳙鱼找到一条市场出路,千岛湖有机鱼生产基地推出了新的烹饪方式,砂锅鱼头。这一尝试,没想到居然形成了独有的地方品牌。

食客:其实吃鱼是主,游千岛湖是次。

食客:来吃鱼头,真的专门来吃鱼头。

食客:我们慕名而来就是来吃这个味道,一个字,鲜。

当地用特殊工艺烧制的砂锅鱼头,汤色如乳,鱼肉细嫩,没有土腥味。而且,因为千岛湖的水质好,鱼的生长环境没有任何的污染,千岛湖的鱼还被认证为有机鱼,这下,平常人眼里低值的鲢、鳙鱼,也变成了高档名菜。

专家调查发现,鲢、鳙鱼不仅没有干扰其他鱼类生长,还保护了千岛湖的生物多样性。

刘其根:事实上我们通过调查,它保护的作用很好。

通过科学的计算,如今在捕捞鲢、鳙鱼的同时,每年还要至少投入60万公斤以上的鱼种进行资源量的补充。通过发展保水渔业,千岛湖是水清鱼丰,处处是美景,走上了持续发展的道路。

主持人:现在千岛湖生产的有机鱼已经成为知名品牌,千岛湖的水也因为这些鱼的存在而越来越好了。千岛湖以鱼养水、以水护鱼的保水渔业实现了科学的可持续发展,也给其他大型湖泊水库的水源地保护提供了有益的借鉴。

第六章 鱼头大时代

这些年来,在品牌运作和产品提升相互促进的过程中,以虚驭实、以实济虚一直是千发公司的拿手好戏。在通过创办全国性大赛巧妙地营造品牌氛围之后,接下来千岛湖鱼味馆启动了全方位的产品和服务质量提升工程,试图将餐饮纳入工业化管理的流程中。

2005年底，千岛湖鱼味馆的两位厨师风尘仆仆地来到北京，第一次走进了中南海的大门，此次他们肩负着一个特殊的任务——为国家领导人烹制正宗的千岛湖鱼头，连他们自己都没想到，没用几年的工夫，千岛湖鱼不仅游进了中央党校，游进了人民大会堂，而且游进了中南海。而在几年前，在淳安，在素以"鱼米之乡"著称的江南，鱼头几乎一文不值。

今天的人们来到千岛湖，几乎没有人不吃鱼头，吃过的人没有不大呼过瘾的，在各种高端接待的宴席上，千岛湖鱼头更是成了当地的一道标志性佳肴，食客在品味鱼头的同时，也感受着千岛湖的文化。以至于在今天的中国，给人以没吃过千岛湖鱼头就像是没吃过鱼头的印象。

鱼味馆厨师进入中南海献艺

一个鱼头不仅成了提升一方水土吸引力的杠杆，也是一座名副其实的"金矿"。这些年来，无论是正宗的千岛湖鱼头还是那些打擦边球的，一个鱼头所带动的餐饮消费无法用数目计量。与此同时，千岛湖有机鱼头某种程度上还成了身份的象征,高端食客尤为喜爱,可谓食鱼成癖。但我们真正感兴趣的是,昔日那个大而无用的鱼头究竟是怎样完成"鲤鱼跃龙门"的变身的呢?

更值得探究的一个问题是,在中国各个区域纷纷想方设法以地方美食为引擎拉动一方经济发展的21世纪,一个名不见经传的千岛湖鱼头究竟是怎样冲破观念后来居上,从而大放异彩的?

第一节 打响鱼头品牌

鱼头,司空见惯,特别是鳙鱼的鱼头,作为最普通的鱼,多年来,在许多人的印象中,鱼头是不吃的。就是这么一种鳙鱼的鱼头,它从被人们冷落甚至被遗弃,到让人钟情,实属不易。生鱼头被废弃,这是浪费。熟鱼头被扔掉,这更是浪费,也使得各种适宜的调味料和厨师的辛勤劳动也随之而去。而千发集团从鱼头中发现了金子,使鱼头发挥出了比鱼本身更高的商业价值,这不得不说是令人匪夷所思的。

由于烹调加工上的失误,以及受食客们的消费观念和饮食习惯的影响,本是鱼中上品的鱼头,在餐饮业长期没能受到应有的重视,没能做到物尽其用。但自从千岛湖鱼头腾空出世以后,就在餐饮市场掀起了大浪,引得无数食客蜂拥而至,趋之若鹜。它让人们体会到鱼头最美味之处,其滑嫩之美难以形容,似散非散之间,含在口中,香气充盈,舌尖已经融化,而往往鱼头又是营养的精华所在,是各种营养成分集中的部位。鱼头的兴起促进了鱼头菜肴的发展,并且在餐饮业中掀起一阵阵"鱼头热"。至今,鱼头热已经

金牌鱼头王

持续 20 年，其热度仍然未有衰退迹象，这是现代餐饮业经营的奇迹，这样的奇迹似乎告诉我们，潮流也是可以创造的。

实际上，千岛湖并不是鱼头最早出名的地方，就在附近的江苏省天目湖，一道独具特色、精心研发的天目湖鱼头一直广受欢迎，而天目湖宾馆最早生产经营和开发市场的一些方法都被千发集团所学习和运用，早期的千发集团还专门为天目湖宾馆供应过鱼头原料，青出于蓝而胜于蓝，而今学生已然超过了老师。

计划经济时代，在很长的一段时间里，在公司没有卖活鱼之前，一部分鱼肉一般用来做鱼罐头加工，而鱼头则不好利用，常常以几分钱一斤的价格低价处理，人家还是不要，最后只能当作福利发给职工。捕捞队告诉我们，早年由于船上采购不便，捕捞队员几乎顿顿吃鱼，一来鱼头肉少，吃起来不划算，二来鱼头不好烧，烧不好满屋子鱼腥味，所以没人愿意吃鱼头，可谓食之无味，弃之可惜。

而今天的一道千岛湖砂锅鱼头在千岛湖鱼味馆已划分若干不同价位和档次，最贵的突破 1000 元，仍供不应求。据说，千发集团下属千岛湖鱼味馆建立之初，烹饪的鱼肴都是整条鱼一锅炖的，用搪瓷脸盆盛装上桌，味道香浓而且价格实惠，可惜造型不是很美观，最多在上桌之前再撒点葱花，算是点缀。后来，由于鱼味馆名气越来越大，吃鱼的食客也越来越多，而此时千岛湖内进行了规范捕捞，7 年以上生长期的鱼才能捕捞，鱼的个体太大，如果烹饪整条鱼用脸盆也装不下了，而且烹饪大鱼的锅也需要特制，关键分量太多，一算还要亏钱。于是，渐渐的鱼味馆开始切割烹饪，鱼头单独做菜，鱼身和鱼尾另外做菜，而此时鱼头装进了砂锅，摆上桌时比其他菜盛装的餐具要高出很多，所以也就一直放在餐桌的中央。久而久之，经过厨师的精心打造，食客们吃得美味可口，这样一道鱼头菜肴就成了压轴菜。

其实，鱼头的历程并非如此简单，也不仅仅是原料的美味所致，当然，这是千发集团一系列运作的结果，不过鱼头砂锅造型独特而气派，上桌时能压得住场面倒是真的，也许这也是美味之外鱼头菜肴大行其道的一部分原因。而千发集团在其市场的运作手法与"淳"牌有机鱼也颇为相似，而且事实上，鱼头在公司的品牌营销中扮演着催化剂和加速器的作用，一定意义上，推广千岛湖鱼头菜肴就是推广有机鱼，也是推广千岛湖旅游。

"淳"牌有机鱼为什么一定要把鱼头做起来？汪建敏有一次解释说："农产品和工业品一样，售后服务很重要。千岛湖鱼销售出去了，卖到酒店如果烧不好还是体现不出品牌鱼的优质，因为消费者还是认定味道。所以，我们的售后服务必须要跟上去。实际上，我们当初做鱼头并不是为了做餐饮，而是作为整个渔业链条中的一个环节。"但结果却是一发而不可收。

让我们先从公司的那家鱼味馆说起。与一般的渔业生产公司不同，以鱼味馆为载体，餐饮一直是千岛湖有机鱼产业链中至关重要的一环。早在1980年，公司就成立了淳安县唯一一家自主经营的鱼味馆，整个建筑采用中国宫殿式风格，1987年即被评为"中国名餐馆"。但到20世纪90年代末，经他人承包后的鱼味馆早已盛况不再，严重亏损，只剩下"鱼味馆"三个字还向世人提醒着它曾经的荣耀，而作为充分参与市场竞争的行业，餐饮一直是国有企业少有触及的行业，因为这是与机制灵活、管理细密的私人企业在市场上进行的肉搏，一板一眼的国有企业没有任何优势可言。2000年底，公司决定理顺关系，做大千岛湖渔业产业链，作为这个链条上的一个点，

千岛湖鱼味馆老照片

收回鱼味馆经营权，从此迎来这家老店的"第二春"。或者说经营者的商业智慧和勤劳耕耘，或者说"淳"牌有机鱼对整个产业链的高效辐射作用，使千岛湖鱼味馆不断取得一个又一个业绩上的成功。

就在当年的鱼味馆因为他人承包走下坡路的时候，淳安县已掀起了餐饮业的第一拨浪潮。全县的35家酒店、宾馆，无论环境、服务还是市场网络，鱼味馆都不占上风。但经过调研之后，刚刚接手鱼味馆的吴建平发现，这些竞争者都忽略了一个潜在的秘密武器——品牌，当然他们还缺一样法宝——"淳"牌有机鱼头。怎么办？鱼味馆决定"用一个品牌菜兴一个餐馆"。关于这道菜

的风波，在之前的文字里已有讲述，这里不再赘述。很快，一道88元的红烧鱼头端上了鱼味馆的餐桌。接着他们成立了7个市场部，分四路人马，跑遍了全国与千岛湖有业务合作的660多家旅行社，连续四年开展地毯式促销，为千岛湖鱼味馆和鱼头菜肴的品牌塑造奠定了基础。除了前期的人事制度改革和市场开发，在吴建平后来的回忆文章中，我们可以看到当年的具体谋划：

"重树品牌餐馆形象。一是从'一餐吃遍天下鱼'提升到'中国名餐馆'的品牌核心定位，在大门口树起了'中国名餐馆'黑底金字大牌，并在顶层设计了大型鱼文化霓虹灯广告；二是组织'千岛湖茶艺表演队'树'美'的形象，演出曾获上海国际茶文化节金奖；三是缩减客房，扩大餐饮，将鱼味馆打造成千岛湖专业型餐馆；四是改造门庭大堂和三楼鱼文化包厢，为鱼味馆铺垫了鱼文化、新安文化、山水文化；五是清理了鱼味馆外墙边的多个广告牌，独树'千岛湖鱼味馆'的牌子。"如果说这些举措只是餐饮业的规定动作，那么接下来的就是自选动作了。

早在2002年"淳"牌有机鱼开始做品牌打市场的时候，公司就已经意识到，鱼头不仅是振兴鱼味馆的利器，同时也是快速拉动有机鱼品牌的重要手段。为此，在公司的市场开拓年也就是2002年，全年的营销主题确定为"游千岛湖、赏秀水、品鱼头"，同时要求鱼味馆做强做大。同年9月，为了打响千岛湖鱼头，在淳安县举办的首届千岛湖秀水节上，经过精心策划和准备，公司联合中国烹饪协会开创性地推出了第一个全国性的淡水鱼烹饪大赛，这次大赛吸引了全国108名烹饪大师会聚鱼味馆，开展为期两天的激烈角逐，同时鱼味馆荣获了3金1银的好成绩。2007年，"千岛湖淳牌杯"中国淡水鱼烹饪大赛已连续举办四届，不仅为千岛湖的节日营销增添了一道永不落幕的风景线，而且借助大赛不动声色地导入了千岛湖鱼头烹饪的品牌。实现了从一种菜肴原料到打造一道菜的提升，千发集团离市场更近了一步，更能深刻理解市场的反馈，并对鱼味馆自身和产业链上的其他环节带来更符合市场的精准调整。

2007年，公司又联合中国烹饪协会举办了中国淡水鱼烹饪高层论坛，来自全国200多家知名餐饮企业的老总及烹饪大师参加了此次会议，并重点探

全国淡水鱼烹饪大赛开幕式

讨了"淡水鱼烹饪如何实现产业化"及"淡水鱼如何打响品牌"等议题,类似以淡水鱼烹饪技术为主题的高层论坛在国内尚属首次。从中我们可以看出,公司始终注意强化自身对于鱼头烹饪的强势领导地位,不仅通过大赛与中国烹饪协会建立了良好的合作关系,而且通过论坛树立自身在餐饮业的形象,既结缘了众多全国餐饮名店,加强了同行间的交流,使千岛湖有机鱼在中国的烹饪界有了一席之地,同时也极大地带动了当地餐饮业的发展,还通过各种大型活动聚集了人气,刺激了当地旅游服务业的发展。

在整合资源、高举高打的同时,鱼味馆也开始了大力度的营销。除了吸引主动来千岛湖旅游的游客资源以外,鱼味馆走出淳安,在全国范围内连续3年实施了地毯式促销,每年分路上门营销660余家旅行社,积极拓展市场。同时,在县旅游局的带领下,在全国16大城市的千岛湖旅游新闻发布会上重点推广鱼味馆,并先后在省道和国道旁竖起了15块鱼味馆的大型广告牌。在如今的淳安,我们仍可以经常看到"游在千岛湖,吃在鱼味馆"的形象广告。在市场营销方面,千岛湖鱼味馆并不会比民营的餐饮企业少花精力,由于鱼味馆背靠整个千岛湖有机鱼产业体系,给人以大企业的信任感,雄厚的背景加上认真细密的市场对接、贴心周到的服务,获得良好的市场反应是必然的。

2003年，鱼味馆已经开始尝试着走连锁经营、品牌输出的道路。如今，通过混合所有制的千岛湖鱼味馆已在杭州开出3家分店，2017年，还把分店开到了首都北京。这也标志着公司采用"品牌——技术——文化——配送"的扩张模式，从单纯经营有形资产向同时经营有形和无形资产融合输出的方向转变。此时，也正是公司频频考察外地水库渔业意图扩大生产规模并实质性合作的时候，从公司氛围上来说，鱼味馆进入了超常规发展的最佳时机。

第二节　让鱼有滋有味

这些年来，在品牌运作和产品提升相互促进的过程中，以虚驭实、以实济虚一直是千发集团的拿手好戏，有机鱼如此，鱼头亦如此。在通过创办全国性大赛巧妙地营造品牌氛围之后，接下来千岛湖鱼味馆启动了全方位的产品和服务质量提升工程，试图将餐饮纳入工业化管理的流程中。2007年的一两年间，分管千岛湖鱼味馆的千发集团副总经理王武军兼任了一段时间酒店的总经理，正是在这个时期，酒店开始积极导入ISO 9001和ISO 14001两套体系，并在后厨采用了科学与灵活相结合的"五常法"管理模式。

鱼味馆砂锅鱼头专用厨房

众所周知,衡量一个餐饮品牌是否成功,尤其是中式餐饮,最根本的还是菜品的味道本身,如果没有可持续的创新,再好的品牌也会逐渐老化;另外,食材选得好,不等于味道就一定好。客观地说,围绕鱼头的菜品开发一开始并不是鱼味馆的强项。实际上,开发菜品并非像常人所想象的那样简单,而是经验和灵感、研发与实践的结晶,一般一道品牌菜要经过几个月的研发时间,必须同时兼顾市场性、大众性、营养性、味觉的新颖性,以及长久的生命力。

金牌菜肴,这是一个在鱼味馆的发展历史中经常出现的字眼。简言之,金牌就意味着品牌。当时的鱼味馆提出了"解放思想是根本,继承传统是基础,树立品牌是方向,开拓创新是发展"的理念,将相当一部分的精力投入到菜品研发上。首先,鱼味馆只选用公司出品的"淳"牌有机鲢、鳙鱼,市场上的其他鱼类价格再低,也坚决不用,并且建立了监督机制,宁可少赚点钱,也要保证质量;其次,对活鱼力求做到现杀现用,保证新鲜;再者,建立《鱼味馆金牌鱼头菜肴管理条例》,引入高等级的菜肴标准化机制,设立了专门的鱼头煲房,由专人制作鱼头菜肴,不断翻新标准化菜谱。

而要源源不断地推出金牌菜肴,离不开一支过硬的厨师队伍,于是鱼味馆很快想到了人才引进。为了快速提升菜品品味,2003年鱼味馆特地请来国家级烹饪大师杨定初先生为技术顾问。在当年的一次采访中,杨定初这样谈道:"我是奔着'淳'牌有机鱼这块品牌和鱼味馆这个烹饪舞台来的,在我的有生之年,为弘扬我国传统烹饪文化发挥一些余热。淳安山好、水好、人也好。所谓人好,就是开放大气,有超前性,这里能容人会用人,我心甘情愿地和大家一起研发独具地方风味的'淳'牌有机鱼菜品、菜谱,让世人都知道千岛湖鱼味馆,让千岛湖鱼味馆成为一大亮点,最终让八方游客认同'不到鱼味馆,枉来千岛湖'这一社会舆论的可信性。"

很快,各种特色鱼品菜肴就开始活跃于专业博览会上了。继2002年的"淳牌八宝鱼头"在首届烹饪大赛上获得金牌后,诸如"淳牌鱼中王""蟹黄炖鱼头"等菜肴先后被浙江省餐饮行业协会评为金牌菜肴。此后"千岛湖养生鱼宴""千岛湖淳鱼宴"又被评为"浙江名宴"和"中国名宴"。到

2008年，鱼味馆被全国酒家酒店等级评定委员会评定为"国家特级酒家"称号。

事实上，凭借这些金牌菜肴的推出，公司已逐渐掌握了淡水鱼烹饪领域的话语权，在2005年推出的第三届全国淡水鱼烹饪大赛上，公司已有足够的信心和底气直接以"千岛湖淳牌杯"冠名，并设立了"鱼菜创新、绿色健康"的主题，既是承办者，也是竞赛的参与者。最后，5名鱼味馆的厨师在个人项目中获得金牌，既演绎了淳安文化，同时又进一步强化了淳鱼餐饮的品牌含金量。而此时的鱼味馆，俨然已经成为担负弘扬淳安饮食文化、推广千岛湖的一支奇兵。

金牌菜肴也成了"淳"牌有机鱼和经销商之间的坚实纽带。在创业早期，公司不仅限于运送活鱼，第一次直销时一般还会带上鱼味馆的厨师同行，直到教会客户如何烧有机鱼头；有了餐饮品牌后，公司每年都会围绕"淳"牌有机鱼菜肴研发联合专家组评选出年度十大金牌菜肴，并通过相关媒体传播，凭借原料的独家性、菜品的创新性、烹饪标准的权威性共同构成了"淳"牌有机鱼餐饮的强势地位。

随后，挟初温的品牌效应，鱼味馆的内涵日益丰富起来。诸如举行鱼味馆历届总经理座谈会，赴杭州休闲博览会推广，定期或不定期带厨师到杭州、上海等大型餐饮店考察学习，深入淳安农村寻找新食材，在鱼味馆大堂设立多媒体，全天候播放淳安风土人情，在世界杯期间举办"看世界杯、喝啤酒、吃鱼头、拿大奖"，开展爱心助学活动等等，鱼味馆的影响力在当地已独占鳌头。

2006年，千发集团对餐饮品牌的推广达到一波高潮，具体表现在，只要是公司召开的大型发布会，"淳"牌有机鱼的餐饮品牌都紧跟其后，协同推广。当年9月，为了进一步扩大北方市场，正值第二届中国国际餐饮食品博览会期间，公司在北京展览馆隆重举行了"淳"牌有机鱼新闻发布会，再一次炒热了"淳牌有机鱼游进京城"的话题，向来宾详细介绍了千岛湖一流的生态、千岛湖有机鱼的生产销售体系，并现场颁发了年度北京地区特约经销商牌匾，吸引了数十家主流媒体的报道。同年，在12月的浙江省餐饮博览会上,几个月前刚刚荣获中国名牌农产品的千发集团又召开了关于这个荣誉的新闻发布会,"淳"牌有机鱼菜肴顺势成为活动的第二主题。2011年1月,首届中国农产品品牌大会在杭州举行,在当天的招待晚宴上,当一道道千岛湖鱼头菜肴端出来之时,整个浙江省人民大会堂宴会厅里100多桌的宾客们震动了。

首届全国农业品牌大会晚宴

事后,一位新疆客人不无抱怨地说,他们在餐桌上给每位宾客都送上了阿克苏的优质苹果,结果所有的风头都被千岛湖的鱼头给盖住了,人们只记得那一餐千岛湖鱼头的鲜香味道。

值得一提的是,为了固化淳鱼餐饮的战略优势,在2006年的一次经销商授牌签字仪式上,公司推出了一种"新式武器"——"淳"牌有机鱼专用砂锅,其造型美观大方,且有统一编号。公司同时规定,全国各指定经销商必须将该器皿作为推广"淳"牌有机鱼菜肴时唯一的盛放工具,不能盛放其他菜肴,也不能用于指定以外的酒店,并提醒消费者在用餐时认准专用砂锅。与其他手段相配套,这也是千岛湖有机鱼系统防伪的一次全面升级。

另外,还有一点与众不同的是,公司做淡水鱼餐饮有着长远眼光,始终致力于本土厨师队伍的培养。在邀请大师加盟迅速提高餐饮水平的同时,公司强调,"我们的目的不仅仅是让更多的消费者知道"淳"牌有机鱼好吃,更要向大家传授由我们研发的烹饪技艺,让淳安成为中国有机鱼厨师之乡。"基于此,2003年公司与职业学校合作办学,成立了千岛湖淡水鱼烹饪技术学校,招收淳安农民子弟,意图通过培训向淡水鱼餐饮业输送人才,可谓淡水鱼烹饪的"黄埔军校"。

《杭州日报》一位记者曾这样写道:"千岛湖的鱼出名了,烧鱼的酒店、厨师也出名了,各地的'火头军'先后赴淳安学艺,近来慕名到千岛湖鱼味馆学鱼头烹饪技法的厨师已有200多名。学成后回去的厨师,经融会贯通,加以创新,用全身是宝的鱼,创出了当地一道道招牌菜。如宁波盛业大酒店的八宝淳鱼头、深圳的鱼头煲、杭州海景大酒店的剁椒鱼头、知味观的糟香鱼头、广东的全汤鱼头、海参鱼头等等。千岛湖淡水鱼已成为一种地域、人文品牌。"

千岛湖的"鱼头"大戏正在不断升温,鱼味馆从一家延伸为两家,更重要的是,千岛湖鱼头的品牌效应愈加显著。2009年春节农历大年初五,央视《新闻联播》在一组介绍全国各地人们用各种旅游方式欢度佳节的新闻中,"游冬日的千岛湖、品鱼头宴"的热闹场景走入了镜头。与此同时,浙江卫视以及杭州电视台的新闻节目均报道了这一现象。而在当年的一部贺岁片《家有喜事》中,演员

淳牌砂锅鱼头亮相电影《百星酒店》

郭涛还有这样一段台词:"千岛湖是淡水鱼的天堂,如果你们爱吃鱼的话,到了那就太幸福了,特别是千岛湖的大鱼头,味道极其鲜美。"2012年岁末,"淳牌有机鱼"又进贺岁片,在这部香港影片《百星酒店》中,郑中基、毛舜筠等明星们成了千岛湖有机鱼和鱼味馆的宣传员。实际上,千发集团拉动淡水鱼餐饮的策略非常复合,既是做鱼头,同时又是"跳出鱼头做鱼头",真正的目的在于出品牌,出创新,出机制,出人才,出文化,甚至还包括了出标准、出网络。作为一家意在领军淡水鱼发展的企业,这种复合型的整体推进充分体现在公司的整体经营之中。

第三节　一道菜兴起一个餐馆

千岛湖鱼味馆成立于1980年,更为久远的历史可以上溯到贺城内的同兴面馆,从水下古城迁至新城排岭以后,在当时"一大二公"的大环境下成为一家公私合营的餐饮企业。鱼味馆的大楼是在1984年由当年开发总公司

的员工一块砖一块砖亲手建成，当时它成为千岛湖镇（排岭镇）第一个高档宾馆和饭店，特别是其古色古香的建筑风格成为千岛湖镇的标志性地标建筑。1986年，著名书画大师叶浅予先生来到鱼味馆，在品尝了千岛湖的特色佳肴以后，欣然为鱼味馆题写了馆名，一直使用至今。1987年，鱼味馆被评为"中国名餐馆"，载入《浙江名店》和《简明中国烹饪辞典》。2001年初，千发集团借着改革的东风理顺了管理体制，下派了千发集团副总经理吴建平兼任鱼味馆的总经

千岛湖鱼味馆夜景

理，长达3个月时间的整顿和国内调研，提出了鱼味馆必须"走品牌之路，用一道品牌菜兴一个餐馆"，这个品牌菜就史无前例的定位为"千岛湖鱼头"，长远规划了鱼味馆的发展方向。经过30多年的技术沉淀和攻关，千岛湖鱼味馆在采用爆、炒、溜、蒸、焖等传统烹饪技法的基础上，兼收并蓄南北各大菜系之精华，发掘和创制了"秀水鱼头皇""金牌鱼头王""淳牌砂锅鱼头""秀水鱼鳔""浪里白条""银耳绣球"等品牌菜肴，在千岛湖鱼味馆的数百道菜肴中，鱼头始终是最核心的部分。

在鱼味馆历史上，曾有许多为人津津乐道的故事。鱼味馆生意火爆，带来了全社会的关注，也带来了同行的好奇和觊觎。有时经常出现这样有趣的一幕，一个个酒店老总带着厨师，点好了菜以后，偷偷溜进鱼味馆的厨房转悠，甚至一不注意将大厨们调好的配料抓一把放进自己的口袋。那个时候，鱼味馆点菜的菜本经常会有遗失，如果丢了菜本服务员是要赔钱的，于是留了个心眼，发现还真的有人将菜本鼓鼓囊囊揣进上衣里带走，有时情况很尴尬，餐馆的老总会出面来协调，居然大家还都认识。

2013年1月，在经过一年多时间的封闭式整体改造装修以后，令人惊艳的千岛湖鱼味馆再次与游客和千岛湖市民见面，这次的鱼味馆从外部看除了增加许多文化装饰之外，风格依旧改旧、原始本真，更值得一提的是千岛湖

鱼味馆这次装修增加了一组电梯,观光电梯嵌在右侧的墙面上既显示出现代气息又与整个大楼风格相融合。而在大楼的正面,增加了两副对联:"神湖千岛甲天下,仙馆一鱼名九州""醉人仙味何须酒,登楼幻境不用船",表达了鱼味馆的特点,使整个鱼味馆的文化气息更加浓厚。现在的鱼味馆拥有包厢30个,三楼包厢以淳安的古山脉为主题叫作"层峦叠嶂";四楼以淳安的古水名为主题叫作"五水到堂""水于山上现群岛",这与千岛湖的形成与现状是完全相契合的。三个大型宴会厅,或名家字画或鱼拓作品,都传递着浓浓的传统氛围,整个餐馆可同时接待1400余人用餐,装修以后的鱼味馆无论从接待设施还是内部管理都进行了全面加强,再次成为千岛湖餐饮的领航企业。

作为一座新城,千岛湖镇是在一片芒荒山地上从零开始建立起来的,四五万从老城迁出的淳安县城人从第一栋平房开始,建了工厂、学校,建立了大街和寓所。作为骄傲,千岛湖镇上终于有了第一栋"很高级"的酒店,有住宿、有餐饮,是具有综合性接待能力的第一座高档建筑。几十年来,到淳安旅游的游客都喜欢在这座大楼前留影,在鱼味馆的餐厅里用上一餐鱼宴,那也是非常值得炫耀的一件事。一直以来,鱼味馆六层的棕色墙体仿古大楼,雕梁画栋、翘角飞檐,很有一种宫殿式的威仪,琉璃瓦映衬下的是千岛湖镇中心十

鱼味馆千亩田包厢

字街的历史变迁。可以说,十字街的变化,特别是改革开放几十年的突飞猛进,见证着淳安经济社会发展的每一次腾飞。而鱼味馆似乎也是这几十年中唯一屹立风霜雪雨默默注视这一变化的观察者和见证者。淳安县城比一般的县城都"洋气"——虽然政府大楼并不是金碧辉煌,前面也没有宽阔的广场,但有花团锦簇的"千岛湖大道",错落着希尔顿、喜来登等6家五星级酒店及无数别墅的湖岸,湖面上还有不时滑过的游艇,道边的广告说:你看得见世界,世界看不见你。在这里,你看得到湖水,闻得见财富的味道,却看不到一般县城的"乡土气"。离开县城不过十几分钟的车程,你就又走进

了山间,可以看看青山幽幽、绿水潺潺,纯朴的山民端出农家菜,这一恍惚,你又离那五星超五星、游艇、高尔夫十万八千里了。

从1982年开始,千岛湖逐渐走上了一条利用特色资源、创新发展优势产业的道路。近年来,淳安在推动旅游转型升级、发展休闲度假旅游等方面做了大量的、有益的尝试,并积累了一定的经验。随着县委县政府提出的"打造休闲度假胜地,建设旅游经济强县"的发展目标,千岛湖旅游又迎来了飞速发展的黄金期,这也给千岛湖鱼味馆带来了更好的发展商机。随着千岛湖知名度和美誉度的进一步提升,来千岛湖旅游的游客每年已达数百万人,而在千岛湖鱼味馆品尝鱼肴美食的游客也在不断地上升,千岛湖鱼味馆进入了一个发展的黄金期。

千岛湖鱼味馆自身一以贯之注重品牌建设,菜肴质量和内部管理不断提升,成为当地餐饮业的龙头企业并不断在行业内扩大其影响。越来越完善的餐饮服务设施和体系,越来越完美的菜肴营养搭配和创新,让越来越多的人在感受到了千岛湖山水的自然魅力外更感受到了来自千岛湖鱼味馆"金牌厨师"所带来的金牌菜肴的吸引力。给游客留

鱼味馆全鱼宴

下了"游在千岛湖,吃在鱼味馆"的美好印象,而千岛湖鱼味馆的发展又翻开了新的一个篇章。

从20世纪80年代以来,经过30多年的艰苦创业,千岛湖鱼味馆已成为千岛湖餐饮的一面旗帜,成为当地乃至全国独具特色的餐饮企业。作为杭州千岛湖发展有限公司的下属企业,千岛湖鱼味馆的另一个"任务"就是作为"淳"牌有机鱼的销售渠道和"淳"牌有机鱼的形象展示窗口。似乎对于鱼味馆来说这是"多余的工作",但是正是这些在每个产业链节点上多做的工作成就了"淳"牌有机鱼也同时成就了鱼味馆。经过近年来的文化打造,千发集团已经具备了相当丰富的文化内容,在如今千岛湖鱼味馆内,文化大融合成为鱼味馆文化内涵的一次必然的提升和充分展现,无论地方文化、中国鱼文化还是千发

集团的淳鱼文化,处处都有不经意的闪现。近年来,千发集团成功实现了从产品营销、品牌营销过渡到文化营销,从传统渔业、品牌渔业到文化渔业的升级转型,这一切都成为鱼味馆丰富的品牌和文化内在特质。

　　淳安的餐饮在全省乃至全国都是非常有特点的,那就是鱼肴餐饮,满大街的鱼宴餐馆形成了千岛湖镇一道靓丽的风景线,而这样的"吃鱼一条街"不是只有一条,而是达到三四处。千岛湖有山有水,风景秀丽,许多游客慕名而来,另一个目的就是特地来尝尝这里的大鱼头。游客品尝后,果然是汤浓味纯,大饱了口福。千岛湖鱼味馆包厢大厅内人群每日川流不息,节假日排位等号就餐的游客络绎不绝,就连一楼大厅和门口都人头攒动,处处呈现一派喜洋洋的繁忙气象,成为繁华十字街的一景。秀水砂锅、番茄鱼头这两道在鱼味馆经久不衰的品牌菜肴的价格并不便宜,分别是688元和588元,但吃的人特别多,基本上每桌都点上其中一份,有些游客一份不够还点了不同口味的两份。据业内人士分析,由于全球经济下行,人们纷纷捂紧口袋过日子,在中国,餐饮市场消费信心也不可避免地受到了影响,目前中国高端餐饮业绩下降了一到三成不等。但千岛湖餐饮尤其是鱼头的火爆消费,主要原因还在于有机鱼头独具"天下第一秀水孕育而长"的品质,以及千岛湖鱼味馆特色菜肴极大地带动了餐饮业的发展,从而形成了逆市上升的局面。

千岛湖镇上的鱼宴餐馆

有市场就有配合市场的人才和技术的发展和积累。借助与中国烹饪协会共同举办的全国淡水鱼烹饪大赛，千岛湖的厨师可以在家门口和全国各地的厨艺高手切磋技艺，取长补短，淳安的鱼宴厨师成为在全国叫得响的一个品牌。每年，千岛湖鱼味馆还为全国各地的"淳"牌有机鱼的客户进行鱼肴培训，各地的厨师在这里都要待上一两个月，把千岛湖的高超的鱼肴烹饪技术带到全国各大高档酒店的同时，也把他们的绝活留在千岛湖鱼味馆，成为千岛湖鱼味馆技术不断创新和发展的一个蓬勃的源泉。千岛湖鱼肴美食的发展充分发挥了有机鱼餐饮业的品牌优势，创新思路，深度挖掘、整合、包装地方特色文化资源，成为全国餐饮的一个范例。目前，小镇上的千岛湖有机鱼餐饮业已有良好的基础，发展势头很好，而几年来，鱼味馆通过招商引资，引进品牌企业加盟千岛湖淡水鱼餐饮业，创办千岛湖淡水鱼烹饪学校，使千岛湖成为全国淡水鱼厨师培训基地，吹响了"淳安厨师进军全国"的号角，使千岛湖鱼肴美食成为千岛湖休闲渔业成功的另一个佐证。

　　作为已经在鱼味馆总经理岗位上奋战10多年的老兵，余红盛在讲起鱼味馆近年来的奋斗历程时，用了"跨越式发展"来形容。如今的千岛湖鱼味馆，经济效益年年攀升。2019年3月，余红盛以混合所有制的形式调任杭州3家分店的总经理，开启了鱼味馆管理输出的新航程，千岛湖镇的鱼味馆则由拥有丰富接待经验的王君平接任。此时，千岛湖鱼味馆与千岛湖的上游由千发集团投资的歙县披云山庄隔江而望，千发集团也走出了"打造餐饮航母"的宏伟征程。

　　千岛湖鱼味馆总店有浓厚的文化底蕴且磅礴气势，作为地方老牌特色餐饮企业，建馆的近40年间，深入挖掘中国鱼文化和淳安地域文化的深厚底蕴，依托得天独厚的千岛湖秀美山水的独特魅力，形成了以"淳"文化为核心理念的餐饮文化特色品牌，这也造就了国际花园城市淳安千岛湖的一张靓丽的金名片，"玩在千岛湖，吃在鱼味馆"已成为每年来千岛湖游览的几百万游客最完美的选择。在经营管理中，酒店也处处体现生态健康的理念，选材最优、烹饪最细、服务最诚。在鱼味馆，光是鱼头的烧法就有几十种，千岛湖中的各种鱼类可任由游客逐个品尝。而在千岛湖鱼味馆吃鱼有一套烦琐的流程，如各种鱼的营养成分、鱼的每个部位怎么吃才最科学、服务员分鱼时采用什么样的标准步骤等。吃鱼还需要有个仪式，每个砂锅鱼头在出品时都被贴上红色封条，这些都是鱼味馆在不断经营中进行的创新，而后这样的仪式居然最终发展成为一种叫作"淳鱼文化秀"的节目形式。2016年9月，G20峰会在杭州举行，这是中国在不断增强国际话语权的时空下召开的一次主场外交盛会，而在这一次20位国家元首共同品尝的国宴中，就有一道千岛湖鱼味馆精心准备的千岛湖鱼头的大菜"千岛扒鱼脸"，考虑到外国人不习惯带骨头的鱼头，提前研发了几个月拆骨鱼头，这次盛会把千岛湖鱼味馆的厨艺推到了一个新的高度，也成为小镇街头巷尾热议的话题。

　　坐落在千岛湖镇而贴近千岛湖边的渔人码头上的千岛湖淳香苑店，是鱼味馆在千岛湖镇开出的第一家分店。淳安作为一个县，有着悠久的历史和深厚的文化，专注地方文化做千岛湖地地道道的乡土菜肴，千岛湖淳香苑的文化餐饮正是借着这厚重的地方历史和文化发展起来。坐在千岛湖淳香苑店的店堂里，每天听着千岛湖文化名岛龙山岛上的钟声从湖面上悠悠传来，更带有几分登黄鹤楼式的感慨。既然叫"淳香苑"就要有淳安地方菜肴的特点，千岛湖人爱吃辣，这种饮食习惯在以清淡为主流的江浙菜系中是比较少见的，而千岛湖淳香苑这家有500多个餐位的小餐馆，每年都有许多重要接

千岛湖鱼味馆渔人码头店

待,名流政要接踵而至,这为酒店增加了做大文化餐饮的底气,也为淳安文化菜以一种独立姿态屹立于烹饪同行之间创造了可能。在不断研发中,朱熹学府宴、商辂宰相宴、方氏状元宴——浮出水面,成为千岛湖特色餐饮的新贵。粉蒸肉圆、千岛一蕨、树叶豆腐、天坪石笋、汾口毛豆腐、淳安米羹和苞芦粿,这些淳安人看来习以为常的家乡菜和小吃越来越受到各地游客的喜爱。

千岛湖钓鱼岛位于千岛湖镇环湖北路,它是千岛湖第一个休闲渔业乐园、最大的自然水域国际钓场、千岛湖唯一的城市景点,作为集旅游、垂钓、餐饮等功能为一体的渔业综合服务体,它被誉为"休闲品鱼胜地,旅游钓鱼天堂"。虽然其业务涵盖已经超出了一个餐饮企业的范畴,但是作为山水资源经营者的千发集团永远不会缺少能经营好这些综合资源的人才。在钓鱼岛边的自然水域国际钓场上,千发集团投资建立全国第一个鱼文化休闲公园,上千个沿湖标准钓位,千岛湖内的鳜鱼、鲢鱼、白花鱼、鲫鱼等114种野生鱼欢快穿梭,人们尽情地享受挥竿和鱼获的休闲喜悦。从2008年开始,千岛湖钓鱼岛已成功承办了四届"钓鱼岛"杯千岛湖国际钓鱼比赛,使千岛湖钓鱼岛成为浙江省自然水域垂钓基地,也是韩国钓鱼协会指定钓鱼基地。几十艘仿古画舫式设计的休闲游钓船与湖光山色相得益彰,悠闲垂钓、品茶、畅谈、对弈、打牌、摄影、娱乐,凸显千岛湖水上休闲方式的独特魅力,是千岛湖最大的游钓游艇俱乐部。当游客钓到大鱼或具有纪念意义的鱼时,将其拓制成鱼拓收藏或装裱,挂在厅堂之内共同鉴赏,兴趣油然而生。鱼拓是千岛湖旅游的最佳纪念品,游客可亲手体验自主创作的鱼拓,当然也可委托鱼拓师现场制作。

千岛湖钓鱼岛

拥有各种休闲设施，身处精致的风景，千岛湖钓鱼岛作为千发集团的下属企业，其招牌当然是餐饮，然而千岛湖钓鱼岛的餐饮却有着更为浪漫的特色，叫作"169淳鱼宴"，宴席主要以千岛湖"原生有机"中国驰名商标的"淳"牌有机鱼为鼎肴，依托"好山好水好生态"独特资源，从原材料生长环境和品质考量，致力于宴席的"原汁原味"，质美；从工艺流程和烹饪厨艺考量，致力于宴席的"玉盘珍馐"，味美；从就餐环境和怡情悦性考量，致力于宴席的"秀色可餐"，景美。169淳鱼宴本身包含的字面含义——1道品牌菜肴、6碟淳味凉菜、9款山珍湖鲜。融入千岛湖山水之中，把宴席放在山水之间，如清风拂面。

每家店有每家店的特色和风格，功能和市场相互补充构成了千发集团淳鱼餐饮在千岛湖镇最大的核心竞争力。

第四节　徽府"太白鱼头"

"太白鱼头"在歙县一带有个耳熟能详的故事。相传唐代大诗人李白来歙县拜访隐士许宣平，却相遇不相识，被其"门前一竿竹，便是许翁家"所迷惑，十分懊丧，正在惆怅之际，听到西干山寺庙钟声隐隐传来，便寻声前去。在五明寺，方丈特用寺旁的泉水为其解渴，李白饮后顿觉精神倍增，一鼓作气游完了西干十寺。不觉已是傍晚，腹感饥饿，见河边有一酒肆，便步入其间。酒家见来客相貌不凡、气宇轩昂，但厨房中菜已用尽，只剩一个鱼头和两块豆腐，酒家感觉如以豆腐待客甚为不妥，便索性将鱼头一起放入锅中做了个"鱼头炖豆腐"，并摸黑到菜园里切了两颗青菜与干香菇一起做了道"香菇青菜"。菜上桌后，李白一见，两个菜色泽鲜艳，特别是鱼头炖豆腐，只见锅内汤汁浓白，香气四溢。李白尝了一口，鲜美异常，十分满意，连心中寻觅不遇之烦恼也随之而散，遂开怀畅饮。当他眺望窗外，看见月光下练水潺潺，银盘似的月亮被流水抖碎的景致时，不禁诗兴大发，即展笺挥毫，洒墨成诗："天台国清寺，天下称四绝。我来举唐游，于中更无别。桄木划断云，高峰顶参雪。槛外一条溪，几回流碎月"。一首传诵千年的佳篇就这样留下来了。后人为纪念大诗人李白的歙县之行，便将这酒肆取名为"太白楼"，一直保存至今。

五明寺为西干十寺之一，新安画派创始人之一渐江和尚曾居于此。此泉为古歙四大名泉之首，至今仍保留清末翰林许承饶题写的碑石，历经千余年仍清澈甘洌。相传，古时徽州府官钟爱此水，特命衙役每天前来挑取饮用，并规定前后水桶不得调换，挑到府衙时府官只用前桶水，因为路程较远怕衙役挑水时会有浊气弄脏了水。后来，历代府官在任时都会慕名前去品尝"五明寺泉"，并会从寺旁沿披云古道登上披云峰顶的披云亭，俯首眺望，古城美景尽收眼底，令人心旷神怡。

2005年4月，千发集团投资控股了这一家位于安徽省黄山市歙县的餐饮酒店——披云山庄，派驻到披云山庄的是千发集团领导特意从鱼味馆总经理位置上调来上任的方东进，一个思路敏捷做事特别专著果敢的年轻人。但是，一来到披云山庄，方东进有些心灰意冷了，这家企业面临的形势并不乐观，当时的歙县徽州文化旅游尚未升温，更没有像今天这样如此火爆，历年的亏损、大量的应收账款和银行资金压缩压得披云山庄有些喘不过气来。从区位上看，披云山庄依山而建，与徽州古城隔江相望，但又显得有些孤单和落寞。长期以来形成的工作习惯和与生俱来的牛劲儿让方东进一下子扎进了这个拥有几千年文化浸染的徽州古城，并且在此开辟出了一条广阔的文化餐饮之路。经过多年的苦心经营和发展，披云品牌下形成了以徽文化为主要特色的徽府菜品牌已经打响，2007年在位于安徽省黄山市繁华地段，披云山庄投资开设了第一家黄山披云徽府菜馆分店。之后，于2010年1月，由黄山天都国际饭店和黄山披云餐饮文化有限公司共同打造的文化餐饮品牌披云百变徽宴开张。2012年9月，在安徽省会合肥市披云徽府开张，披云成为旗下拥有6家酒店的大型产业联合体，在歙县、黄山、安徽乃至全国都享有很高的知名度和美誉度。2018年，因为披云山庄的业内号召力，方东进当选为安徽省饭店业协会的会长，已经能够站在更高的视角上指导企业和行业的创新发展。

回忆披云山庄不断壮大的过程，有一件事情不得不提，那就是那一道"太白鱼头"。关于这道菜肴，披云人和方东进自己却有着另一个鲜为人知的故事。

2005年，披云山庄的新管理层到位以后，立刻开始研究如何走出生存的困境。在一次聚会上，有人无意中谈起当地有一家宾馆的"鱼头炖豆腐"口碑很好，很多县城的人都特地去吃这道菜。受这个信息的启发，披云山庄决定利用"淳"牌有机鱼的品牌优势，结合当地的徽州文化，用一道全新的概念菜出击。这道菜的研发颇费功夫，鱼自然是

太白鱼头

"淳"牌有机鱼，豆腐最终确定采用徽州传统的六月黄豆腐，而炖制的水则取自酒店不远处的一座古寺——五明寺中的泉水，接下来就是如何讲故事了。这道鱼头炖豆腐到底该叫什么名字成为焦点，有人说叫"古城鱼头"，有人建议叫"乾隆鱼头"，但方东进始终认为感觉不对。同样是在一次会谈中，有人讲起了唐代大诗人李白徽州之游的故事，后人为了纪念他的这次徽州之旅，还特意在其原先饮酒的地方建造了一座"太白楼"，虽然规模不大，也因年久失修很少有游客光顾，但巧合的是，太白楼就在披云山庄旁边两三百米的地方。于是就有了前面我们讲到的那则故事。

这个故事当然是出自披云山庄的现代演绎，后来披云山庄还将这一故事做成了动画故事短片在酒店里播放，并特意请当地的文化名人撰写了一篇《千年古泉造就徽菜奇品"太白鱼头"》的文章在《黄山日报》上发表，结果表明，一道"太白鱼头"为酒店赢来了新的生机。在以歙县为代表的古徽州，山间的清风、天上的明月、人间的故事都蕴含着不可忽视的商业机会。

当时的披云已经意识到，在徽州这方历史文化底蕴异常富集的土壤上，菜品背后必须有故事，有故事才会流传，而"太白鱼头"则是一切品牌运作的核心和焦点，于是很快在歙县三条高速公路的汇集处，几块只写着"太白

鱼头"四个书法体大字的巨幅红色广告牌横空出世。在披云看来,这种传播一来便于聚焦,二来利于制造悬念,为以后的品牌运作预留出足够的空间。

果然,一石激起千层浪,"太白鱼头"的推出引起了当地的强烈反响,一时间宾客纷至沓来。初战告捷之后,披云愈发感到文化在餐饮经营中的神奇作用,于是又萌发了进一步挖掘徽州文化,做大规模、做响品牌的创想。适逢当时的徽州古城正欲重新改造整治,作为中国屈指可数的四大古城之一,位于古城正门入口处的徽州府衙吸引了披云的目光,一个更庞大的商业计划处于酝酿之中。

安徽省旅游五星级餐馆

植根徽文化,以名店、名品、名师为理念,以品质、品味、品德为文化,把传统做成特色,把特色做成品牌。从"太白鱼头"的单一产品走向"披云徽府菜系"品牌接力,继而跨入"披云百变徽宴"的名牌时代,进城入府,最后将披云徽府菜的大旗插到省会合肥,一站一个台阶,一店一个阶段,安徽黄山歙县披云山庄有限公司在名牌创建之路上成功实现了"四级跳"。"披云成名,靠的是文化底蕴。厚重的徽州文化与丰富的自然禀赋为披云提供了无限的创新空间,而这样的创新又渗透到了我们服务的每一个细节。"披云的总经理方东进对前来采访的记者这样说。将菜肴、文化相交融,结合徽州百变纷呈的乡风、乡俗和徽菜原汁原味、五味调和的特点,"披云徽府菜"由此形成了品牌效应。

事实上,由于历史的传承,源远流长,食材丰富,菜品繁多,徽菜早已位列中国八大菜系之一,但披云发现,高档次的徽菜并不多见,此外从商业层面考虑,徽菜概念范围过于宽泛,如果继续打徽菜牌难以脱颖而出,而歙县刚好是徽州府衙的所在地,那么为什么不在府衙菜上做文章呢?

有此创意之后,2007年,披云果断打出了徽府菜的概念,在黄山市投资启动了第二家餐饮店——披云徽府菜馆,围绕府衙菜开始大做文章,后来甚至将新菜系的历史渊源推算到了公元 1121 年,历史上的这一年是北宋徽宗宣和三年,震动江南的方腊起义平息后,诏改歙州为徽州。如果说"太白鱼头"是出奇制胜的话,那么徽府菜的概念就是一片广阔的处女地了。为做大品牌,披云不仅立即注册了徽宴的商标,同时还积极申报古城非物质文化遗产,推动徽州餐饮文化向高端发展。两年后,歙县政府重新修缮了徽州府衙,开始大力宣传府衙文化,而这时候的披云徽府菜已获成功,抓住机会直接在府衙里办起了名正言顺的披云徽府宴。

此时的徽府宴不再是当年的一个主打菜品,而已经是一个完整的系列。其后创新持续进行,披云又在黄山市推出了更大规模的百变徽宴,2012 年,徽府宴进军合肥,成为省会城市高端餐饮市场的一匹黑马。在此过程中,披云试图扛起以徽州文化为底蕴的民族餐饮品牌的大旗。

披云山庄全景

短短十几年的时间,今天的披云已成为徽州餐饮界的一支劲旅。走出了全国劳动模范、中共十九大代表晏文娟,披云山庄也被全国总工会授予"全国五一劳动奖状"。尤为令人印象深刻的是,旗下各家酒店虽档次不同,注册的名号商标各异,但从当年一炮打响的"太白鱼头"到推陈出新的"徽府宴"系列,从酒店的装置到每一桌宴席的菜品,从一杯一盏到各种宣传工具，从服务到讲解，随着经验的积累，披云对于徽州传统文化元素的运用已全方位倾注于每一个细小的环节和可能的空间，当那些星散于民间的各种有形和无形的文化遗产汇集于一家酒店的时候，客人来到披云在享受美味之余，同时也体验了一场别开生面、琳琅满目的徽州文化之旅。

在披云用餐，从徽商、徽娘迎宾，古典乐器伴奏，古徽州府菜肴折子（菜名和菜肴典故、菜肴原材料古典书折），以及各种菜肴的上菜过程、上菜仪式等，随处可见浓郁的古朴风韵。就是简约精致的装饰，也透着一股文化气息。将菜肴和各种艺术融合，也是披云徽宴的文化韵味之一。黄山毛峰、太平猴魁、祁门红茶，在这些茶文化主题的包厢里，除了地地道道的茶艺表演，客人们还可以品尝到以茶入菜的几十种菜肴，并可通过橱窗和视频资料了解黄山名茶的产地、制作工艺。现在的披云旗下6个店，跨越县、市和省会，充分体现了披云品牌发展的整个过程，并在这样的发展传承中得到一次又一次的更新和升级。

从一个"太白鱼头"出发，在不同城市开设分店，披云品牌、技术、人才、文化等方面的核心优势可以同时继承和强化，这是披云不断提升发展的一个重要原因。各个分店虽然各有特色，但其核心的品牌仍为徽府菜，虽然目前各店的菜肴体系庞杂，而最核心的菜肴仍是"太白鱼头"，"太白鱼头"是核心中的内核。披云的目标是扛起徽府菜的大旗，一步步走向更大的舞台。心有多大，舞台就有多大，虽然披云已经是一个传奇，但它仍然行进在通向更大成功的道路上。

第五节 "淳"鱼旗舰编队

愈来愈激烈的市场竞争中，企业怎样才能更有效地为客户提供服务，赢得和留住客户？以"客户为中心"的客户关系管理体系就成为必然之选，其重要的表现就是为企业核心竞争力的形成提供一种全新的、有力的途径。一直以来，千发集团与核心客户都保持着紧密的合作关系，在基础业务部分，比如产品的配送和技术支持、宣传配套等都比较详尽，有时甚至是深入店头的营销设计并协助制作实施，更进一步菜肴开发、顾客体验、文化规划等方面，千发集团也尽力利用自己的大产业链优势和自有技术力量，达到了全方位的合作服务。千发集团一直在做的烹饪交流、"寻根探源"之旅、千岛湖有机鱼客户大会等，使得客户与千发集团之间形成了一个巨大的共享平台。而客户之间也如同加入到一个VIP俱乐部，或者在共享平台上进行资源和信息的交换或者通过客户之间的直接联系形成技术和成果的分享，因为这些酒店客户在当地都有很高的市场地位，这个客户群体如今已经变成一支旗舰编队，这个编队将不同区域、不存在市场竞争关系的高端酒店有效的联合在了一起。

这里特别值得一提的就是由千发集团组织的烹饪技术交流和"寻根探源"活动。

2009年9月，第四届全国淡水鱼烹饪大赛在千岛湖镇举办。作为固定时间由中国烹饪协会举办的正式赛事，与千发集团所组织的其他客户之间的技术交流活动不同，比赛有来自北京、山东、江苏、湖北、甘肃、重庆、宁夏、河北等省市及台湾地区的200余位淡水鱼烹饪高手在千岛湖同台竞技。参赛的作品既有鲁菜、淮扬菜、川菜等国内著名的菜系，又有各地特色的风味菜肴。既有传统的烹饪技艺，也有新创的烹饪手法，充分展示了中国饮食文化的博大精深。而作为中国的一个地区，台湾的中华烹饪协会和中华国际美食艺术协会也组织了48位名厨的大阵容前来参赛，在这些厨界精英中也不乏"淳"牌有机鱼的核心客户派来的精兵强将。除了高手厨师外，很多喜爱吃鱼的游客也慕名前来千岛湖，争睹和品尝由全国名厨烹制的千岛湖淡水鱼菜肴。

在这次淡水鱼烹饪比赛中，最大的亮点是突出了"鱼宴创新，绿色健康"的主题，体现"产业性、文化性、全国性"的特点，显示了旅游与美食相结合所产生的巨大吸引力，在业内扩大了影响，提高了烹饪技艺水平，促进了烹饪理论创新。最后，绍兴咸亨酒店、湖州香溢大酒店、千岛湖鱼味馆等酒店的10位选手获得个人赛特金奖；常州千禧楼大酒店、披云山庄、北

全国烹饪大赛砂锅鱼头争奇斗艳

京国林饭店等酒店的 60 位选手获金奖。团体赛方面,湖州莫干山大酒店以一桌"渔乡风情·生态湖州"宴席获得第一名和特金奖;千岛湖鱼味馆和宁波盛业大酒店分列第二、第三名,获得特金奖;千岛湖开元度假村、宁波贝斯特大酒店、台湾桃园香江等 10 家单位获金奖;台湾香格里拉度假饭店、千岛湖林业大厦酒店等 4 家单位获得银奖。

类似这样的比赛,各地大厨们通过对千岛湖优良生态环境的切身体会、对"淳"牌有机鱼生产流程的全面了解,以鱼会友,展开高端对话,这对全国鱼肴烹饪技术的发展起到了很好的推动作用,同时也为全国各大酒店餐桌提供了更多、更美味的"淳"牌有机鱼精品菜肴。在"淳"牌有机鱼的酒店客户之间,技术交流的同时能够借助这个平台获得行业内的认可,使酒店客户在行业内获得更多的表现机会。

厨师们在进行鱼头烹饪技术研讨

"淳"牌千岛湖有机鱼经过多年的经营和发展,如今已形成关联性强、品牌影响力大的综合性产品体系,成为全国有机生态概念的领跑品牌。千岛湖鱼味馆作为专业经营"淳"牌千岛湖有机鱼的品牌餐馆,是千岛湖旅游餐饮行业的排头兵,作为大赛的举办地,鱼味馆为大赛做了许多的配套服务工作,也使它成为中国淡水鱼肴开发的聚集地。创立 30 多年来,千岛湖鱼味馆以中国鱼文化和淳安地方文化相结合,积极依靠扎实的人才、技术,以及有效的品牌推广,为全国鱼肴餐饮企业树立了一个很好的典范。

千发集团开启的"寻根探源"之旅最早始于 2003 年的那次"鱼之约"活动,那一次的活动主要参与者是杭州市民和部分客户管理人员。人们通过观看千岛湖巨网捕鱼,体验了千岛湖的一流的生态环境和千发集团在淳鱼经营上所投注的心血,观看了千岛湖鱼博馆关于"淳"牌有机鱼历年来的各种照片、视频和实物展示,最后在鱼味馆品尝正宗地道的千岛湖砂锅鱼头。每当一个"寻根探源"的活动做下来,所有参与的人员都会对千岛湖和"淳"牌有机鱼有了全新的认识。公司意识到这样的活动对于各个酒店客户在高端顾客中提供有深度的产品体验是非常有意义的,迄今为止,千发集团为客户举办不同形式的"淳"牌有机鱼"寻根探源"活动已经超过上百场次。

"客户体验"在客户关系管理的许多时候往往会被忽视,企业提供产品,客户使用产品,似乎就是这么简单。但是,毫不夸张地说,客户体验关系到一个产品和企业的命脉,注重与客户的每一次接触,通过协调整合售前、售中和售后等各个阶段、各种客户接触点,或接触渠道,有目的、无缝隙地为客户传递信息,创造与品牌承诺相匹配的正面感觉,以实现良性互动,进而实现客户的忠诚,强化感知,以达到增加企业产品的市场竞争力,为客户提供更大价值的目的。实际上,"淳"牌有机鱼的客户体验需要在两个层面上展开,即酒店经营者和终极消费者,如何让客户得到与产品相匹配的客户体验似乎也决定着"淳"牌有机鱼是否能够得到广大消费者的最终认可。产品、服务对消费者来说是外在的,体验是内在的,存于个人心中,是个人在形体、情绪、知识上参与的所得,它实际是客户根据自己与企业的互动产生的印象和感觉。千发集团通过对客户体验加以有效把握和管理,提高了客户对公司的满意度和忠诚度,并最终提升了公司价值。

2012年6月，一批来自嘉兴的当地媒体、VIP消费者及酒店骨干和东莞莞香楼的团队欢聚千岛湖，他们举行了为期两天的千岛湖淳鱼"寻根探源"活动。活动由千发集团、嘉兴隆聚餐饮集团和东莞莞香楼共同举行。嘉兴隆聚餐饮集团（金悦）是嘉兴市餐饮业的龙头企业，是千岛湖淳鱼在嘉兴地区的唯一指定经销商。10年以来，公司与嘉兴隆聚餐饮集团一直真诚合作、精心打造，千岛湖淳鱼成为嘉兴隆聚餐饮的主打菜肴，也是当地的一道品牌菜肴，在嘉兴引领品味鱼头风尚。东莞莞香楼同公司合作也已多年，莞香楼在当地也是颇有影响，通过多年的经营，千岛湖淳鱼在当地深受消费者的喜爱。

在这次千岛湖淳鱼"寻根探源"系列活动中，举行了品牌推介会，参观了淳鱼荟萃，客人们感受了中华一绝巨网捕鱼的壮观场景，品尝了原汁原味淳鱼宴，游览了风光秀丽的千岛湖美景。参加本次活动的消费者，有许多人是第一次到千岛湖，在亲临千岛湖淳鱼青山碧水的生长环境之后，都说终于理解了千岛湖淳鱼为什么会那么鲜美。通过千岛湖淳鱼"寻根探源"活动的开展，既增进了公司与客户之间的沟通与交流，又促进了消费者和媒体充分了解和认知千岛湖淳鱼，辨识真假。

另外一家酒店，北京旺顺阁，在北京拥有10家直营酒店，可谓家喻户晓，而旺顺阁的鱼头菜肴更是成为招牌，一道"鱼头泡饼"使许多来旺顺阁的客人难以忘怀。2012年5月，北京旺顺阁美食在参加完千岛湖淳鱼"寻根探源"之旅后，十分推崇公司的淳鱼经营理念，"寻根探源"活动让他们收获很大。回到北京后，旺顺阁就与千发集团在北京的子公司北京中林千岛湖商贸有限公司正式签约合作，成为"淳"牌千岛湖有机鱼北京市场的重要客户之一。在旺顺阁刊物上整版刊登介绍了千岛湖淳鱼"寻根探源"之旅的整个活动，并且还将公司赠予的《淳鱼故事》《淳鱼文化》以及形象宣传片、等也同时在其酒店内摆放和播出，在北京市场取得了良好的市场效果。

千岛湖淳鱼寻根探源之旅

正是依托这样紧密的合作和有效的互动,"淳"牌有机鱼的客户有什么样的需求就立刻能得到千发集团的响应,而千发集团通过专业营销团队进行技术、策划和服务的跟进,总是能够提供符合市场规律的解决方案,这也为酒店客户的自身品牌提升提供了非常有益的协助。

媒体链接：千岛湖卖鱼先卖头

CCTV7《致富经》 时间：2005 年 11 月 7 日

在浙江省淳安县这家鱼味馆里，每天能消费这种鱼六七十条。前几年，这家鱼味馆并没有多少名气，2004 年，鱼味馆推出了一道鱼头宴，结果完全出乎了大家的意料。

鱼味馆总经理："金牌鱼头，它的价位是 380 元，推出来以后，整个的点击率特别高，到 2005 年 1 至 8 月，我们已经推了 3286 个鱼头，光是这个鱼头，它给我们鱼味馆创造了 126 万元的收入。"

一个饭馆的一道鱼头菜为什么能创造这么大的效益呢，而仅仅在 5 年前的千岛湖，鱼头还是很少有人吃的东西。

鱼味馆厨师长："我做厨师十七八年了，在以前，这个鱼头都是没人吃的，人们都喜欢吃鱼身。"

捕捞队员："把鱼身吃了，鱼头扔到水里去，就是直接扔了，不吃。"

现在，人们为什么开始吃这以前扔掉的鱼头呢？这还要从做千岛湖的鱼说起。

千岛湖属国家一级地表水体。2000 年，千岛湖鱼获得了国家有机认证，因为有良好的品质，千岛湖有机鱼的销量逐年看好。2002 年，全国销售达到了 2000 万吨。但到了 2003 年上半年，这种良好的销售势头受到了"非典"的影响。

淳安县水产学会理事长："当时的话，从 2003 年 4 月到 6 月，销量只有原来的销量的 1/10，下降到这个地步，所以非常危险。"

销量骤减让淳安人不得不为销售有机鱼寻求新的突破口。这时候，他们又发现了新的问题。

淳安县水产学会理事长："人家给我们反映，我们到千岛湖，在水上餐厅吃那个鱼，并不怎么样。"

杭州千岛湖发展有限公司总经理："就是因为有些酒店它烹饪得不好，所以消费者也不认可。"

淳安县水产学会理事长："因为发现有很好的原材料，如果没有很好的烹饪技术，它最后烧出来的这个菜肴就不可能好吃，会影响原料的品牌。"

千岛湖有机鱼在终端消费上出了问题，使人们对这个本来就不太熟悉的初级产品更难有消费信心。正当淳安县人积极寻找解决办法的时候，2003年9月初，一个台湾旅游团的到来使事情有了转机。

鱼味馆总经理："有一个台湾旅游团，他们要求我们传一份菜单给他们，过来用餐以后，他们给我们提了一个小小的建议，能不能把整桌的单个的菜合起来推一个鱼宴，对外进行宣传。"

台湾客人的话，提醒了鱼味馆总经理，当年10月在淳安县举行的第二届淡水鱼烹饪大赛上，他特别注意了鱼头的做法。

鱼味馆总经理："第二次的烹饪大赛以后，出现了这个鱼头宴，鱼头菜肴成为最大的创新。"

鱼味馆厨师长："像红烧、清蒸、爆腌、八宝、鱼中王之类的鱼头系列。我们酒店现在推出的都是他们过来比赛以后，我们学了一部分，学了以后，经过自己改，调整一下。"

2004年初，鱼味馆正式对外打出了鱼头宴的招牌，同时对本店厨师提出了新规定。

鱼味馆总经理："我们有专门的鱼头房，鱼头房有6个厨师，一整年，就专门烧鱼头，那么他如果一个月推不出来一个创新菜的话，我们将会实行淘汰制，让新的厨师上来，再进行创新。"

鱼味馆厨师："我们每个月都推出一两道好菜，公司就给你一部分奖励的。"

激励机制促使厨师们不断创新鱼头宴的烧制方法。从2004年7月起，酒店就开始研究配制一道高营养的鱼头煲。

鱼味馆厨师："里面放了一些特殊辅料，然后增加它的鱼的鲜味和营养价值。这个里面加了天麻，还有一些松虫、枸杞子、鸡腿菇等一些东西，这些都对鱼头起到一种互相补充营养的效果。"

一个多月后，鱼味馆正式推出了精心研制的金牌鱼头王。

鱼味馆厨师："当时我这个菜得了一个一等奖，然后奖了我们300元。"

2004年9月，淳安县在千岛湖鱼味馆成立了鱼头宴研发中心，重点开发鱼头的烹饪技术，想依靠先进的烹饪技术，确保优质的初级产品到餐桌上能变成美味的佳肴。

全国烹饪协会副秘书长："一个是鱼头本身的营养成分被大家关注了，那么当地呢，也充分利用这一点，推广这个吃鱼头的办法，推广吃鱼头的好处，这样一下就把咱们千岛湖的鱼头推开了。"

鱼味馆总经理："都到我们鱼味馆来观摩，包括全国各地的厨师，都来观摩。"

鱼味馆厨师长："外面来学的人很多的，我们这个有机鱼的知名度也提高了。"

淳安县先依靠有机鱼原来的销售网络推销鱼头的做法，在原来定点配送有机鱼的酒店配送鱼头的烹饪技术，再由鱼头的烹饪技术带动有机鱼的销售。

经销商："经销这种大鱼头的，大规格鱼头的很少，我们是第一家来做这个工作的，北京供应了差不多每年有10万公斤。"

到2004年底，鱼头宴已成了千岛湖有机鱼的金字招牌，淳安县大大小小的餐馆纷纷推出了千岛湖鱼头宴。在千岛湖码头附近，还形成了专做鱼头宴的鱼味一条街，这条街上就有这样一家小餐馆。

餐馆老板："像一些散客过来都喜欢到我们这个小店来吃，小店特色就是农家特色，是土烧法。"

东北游客："今天游完千岛湖以后，特意来吃这个鱼头宴。"

记者："你们那儿的鱼头宴卖得怎么样？"

餐馆老板："卖得挺好的，很多外地游客来吃。"

记者："你吃过鱼头宴吗？"

游客:"没有,不过很想吃。"

记者:"听说过吗?"

游客:"听说过,比较有名的。"

尽管这些小店靠鱼头宴的名气招揽了不少外地游客,但他们的做法大都只是普通烧鱼的烧法。为了更好地推广鱼头宴,2005年4月,淳安县专门由鱼头宴研发中心组织了培训班,要求当地餐馆都要参加。

餐馆老板:"我们这里都去观摩,都去学习的,就是提高手艺啊,现在呢,我们就是按照正规的烧法,就是向鱼味馆学习统一的烧法,烧得很好的。"

和这家餐馆一样,淳安县的餐馆里鱼头宴的烹饪技术都有了提高。为了进一步在全国推广鱼头宴,2005年9月,淳安县和全国烹饪协会联合举办了第三届全国淡水鱼烹饪大赛,200多位选手参加了比赛。

全国烹饪协会副秘书长:"这200多个人全做鱼,你想这个鱼头的品种会多少,实际上整个全国吃鱼头历史,也就不过四五年的时间,千岛湖的鱼头应该说带领我们全国吃鱼头的一个风尚。所以我们到各地去吃鱼头,很多地方都是打的千岛湖鱼头的牌子。"

挂千岛湖鱼头宴牌子的地方越来越多,千岛湖有机鱼的销量也随着大幅度提高。已经由2002年的200万公斤增加到2004年的400多万公斤,价格也由原来的每公斤五六元上升到每公斤22元,为淳安县每年创造几亿元的餐饮大市场。

来源:CCTV央视国际

07 CHAPTER
第七章
享受的不仅是美味

从国家领导人到各级政府官员，从行业领袖到社会精英，
从国际友人到驻华使节，从文体明星到选美小姐，
共同担当起了"淳"牌有机鱼的义务宣传员，
尤其是以名人背书为载体的传播效应使一般的企业难以望其项背。

2010年9月22日，秋高气爽，整个淳安沉浸在一派新鲜而喜悦的气氛之中。随着"首届中国杭州千岛湖有机鱼文化节"的开幕，来自四面八方的宾客和淳安人一起会聚千岛湖广场，共同感受千岛湖和淳安渔业所特有的魅力。这次盛况空前的节日以"水秀天下，鱼跃神州"为主题，包括千岛湖巨网捕鱼观光采风、养鱼护水大型环保放生、千岛湖鱼类标本现场展示、《千岛湖锦鳞图》揭牌仪式、鱼文化产品展示等多项活动，吸引了全国40多家主流媒体的目光。有机鱼文化节的成功举办，标志着千岛湖渔业已悄然完成了一次华丽转身。

千岛湖有机鱼文化节

让所有人大开眼界的是，在有机鱼文化节开幕式上，一幅宽1.04米、长34米的画卷——《千岛湖锦鳞图》首次揭开了神秘的面纱，这幅长卷分

"鲲鹏览胜""九鲤朝阳""中华同春"等9个主题,以"百条鱼、百首诗、百方印"为创作主旨,汇集了千岛湖目前所拥有的114种淡水鱼类,大小共188尾,另有诗词百首,印章110方,由于这些鱼是按照实体鱼在宣纸上拓印而成,故有一个特殊的称呼——鱼拓。从"有形的鱼"到"创意的鱼",从"吃的鱼"到"文化的鱼",此时的千岛湖渔业已植入了文化的"芯片"。

不仅限于文化产业,千发集团通过产业和技术强强联合,也开启了一个全新的千岛湖渔业产业化新时代。通过资金和技术的合作,淳鱼加工的异军突起,淳鱼产品在旅游休闲食品行业掀起了生态有机的热潮,鲟鱼鱼子酱更是在欧洲开辟了高端市场,成为炙手可热的"黑色黄金",至此,千发集团的淳鱼产业已推进到了一个更加广阔的新天地。

第一节　做一天渔民

千岛湖的渔业一直受到摄影爱好者的关注,许多贴近生活、画面震撼的反映渔业工人生产生活的摄影作品往往在一些国内国际大赛上屡有斩获,而这也使许多从千岛湖走出来的摄影者获得了国内外的肯定,成为具有影响力的大师级人物。这其中最值得一提的就是吴宗其,出生于摄影世家,现为中国摄影家协会会员、浙江省摄影家协会主席、杭州市摄影家协会主席兼秘书长。吴宗其1980年开始摄影创作,30多年来共创作了200余幅摄影作品先后获得国内外大奖。1986年,他凭借一幅以千岛湖上捕鱼为创作背景的摄影作品《狂舞》,在第十四届全国摄影艺术作品展览中获得金牌奖,为浙江省实现了零的突破。这是吴宗其在摄影界崭露头角的开

浙江省摄影家协会主席吴宗其

始,也是他和千岛湖鱼结下不解之缘的开端,通过这些镜头,千岛湖上如世外桃源般的水上部落吸引着全世界的目光,使人们产生强烈的冲动,深入到这片山水之间来亲身感受一次充满乐趣的渔民生活。

2004年6月,千岛湖来了一批特殊的游客,清一色体健貌美的年轻女孩。她们是参加第55届世界小姐总决赛的选手们,而这次到千岛湖来,不为别的,正是冲着千岛湖的鱼来的。你也许不会相信,她们不是来吃鱼的,而是看鱼来了,是来参观一种叫"巨网捕鱼"的活动。而这种捕鱼场面别说那些世界小姐没看过,就是国内很多人也不一定能赶得上这样的机会,因为这种捕鱼可不是随时能看到的。千岛湖的捕鱼和别的地方捕鱼有所不同,因为有一定的周期,而且还要看鱼群集结的情况,所以一年就那么几十次。而且巨网捕鱼场面宏大,几十名捕鱼工人拉着100多米长的渔网,一网下来就是几十万公斤的鱼,更是吸引许多人的眼球。

在讲述千发集团究竟是如何推动鱼文化做大休闲渔业这个文章之前,让我们先通过文字来感受一下被称之为"中华一绝"的巨网捕鱼,事实上,如果不是身临其境,再生动的文字也难以替代人在现场的感受。

一个晴朗的下午,当我们乘坐快艇来到捕捞队作业现场的时候,只见一群分工有序的捕鱼工人正在湖面上紧张地忙碌着,他们穿着统一的服装,头戴安全帽,在捕捞队长的指挥下,有的人站在活水捕捞船上,它的船舱是鱼儿们最终的归宿,有人则划着小木船忙着在湖面上解网,而更多的人则驾船排列在包围圈的周围,准备工作就绪后,一场惊心动魄的好戏即将上演。

不知什么时候,捕捞队长发出了指令,几十个渔业工人开始弯下腰,将全身的力量贯注于上半身,双手抓紧渔网的边沿,随后,大家的喉咙里一起迸发出"一二,嘿咗!一二,嘿咗!"的渔工号子,号子声响彻湖面,同时配合着整齐划一、越来越快的动作,网一寸寸上提,包围圈一步步缩小,当号子声越来越嘹亮以至于达到一个平稳的高潮时,聚集在水下的鱼儿们显然是受到了莫名的惊吓和压迫。

突然,伴随着一声脆响,一条健硕的白鲢率先弹出水面,它使出浑身的力气,扭动翻飞着灵活的身躯,闪电般在半空中划过一道美丽的弧线,还没

全国摄影艺术大赛金奖作品《狂舞》

等到它落回水面,第二条、第三条相继接踵而出,紧接着,越来越多的鲢鱼如"大珠小珠落玉盘"一般蜂拥而出,仿佛是要争相占有天空的领地,湖面加速沸腾起来,成百上千条白鲢义无反顾地一次次弹向空中,又一次次因为身体的重量落回水面,它们不知疲倦地飞舞着、跳跃着,前赴后继地发起一次次新一轮的冲击。此时此刻,鱼与湖水的撞击摩擦声,躯体的扭动声,一浪高过一浪的渔工号子声,在同一个时段混合、交汇,强力演奏出一部雄壮有力的交响乐,而鱼儿们,则疯狂地上演着一出凌空踢踏舞,等到它们聚拥在一起没有足够的发力空间跳跃时,就纷纷地不得不按照人类的意志游进船舱了。

这幕人鱼共同上演的湖上舞台剧大约持续了 20 分钟,随后风平浪静,好像什么也没有发生过,对于渔业工人来说,这种景象早已司空见惯,但我们真正感兴趣的,是巨网捕鱼背后的故事。

实际上,把"拦、赶、刺、张"联合渔具渔法的捕捞作业过程称之为中华一绝是毫不夸张的,不仅仅是作业所使用的网具规模大(作业网具数万米),种类多(拦网、刺网、张网等),而且工作流程复杂。

还是让我们从整个工作流程的第一步侦察鱼群开始说起吧。根据对鱼类活动规律的分析,选择进行侦察的渔场。在侦察中为捕捞提供渔场底貌、鱼群种类、鱼体规格(4公斤以下规格的鲢、鳙鱼是不允许捕捞的)和鱼群的可能去向等第一手资料,从而做到正确选择作业渔场,正确制定生产计划,为捕捞成功打下基础。鲢、鳙鱼属中、上层鱼类,一般栖息在15米水层以上,且群体不如海洋鱼类密集,加上底貌复杂,捕捞技术要求很高。捕捞工人利用多年积累的丰富经验,通过眼观、耳听,判断鱼类起跳击水的状态和发出的声响,分析鱼群种类、数量、规格等。

机械化收网设备

渔场确定后便开始放网。在队长的指挥下,把长3800米左右,高60多米的巨大拦网用拖轮放下水,将渔场中的鱼群团团围困。这时的拦网便成了阻止鱼群逃逸的一道"封锁线"。然后选择适当的位置,将张网网口(俗称畚斗网)连在拦网上,将网口用石块沉下,形成一个缺口,这便是引诱鱼群"逃"进张网的"鱼道"。张网设有"八"字形的入网口,鱼群只进得去而出不来,这是特意设下的一个把守森严的"埋伏圈"。由于拦网包围圈面积较大,鱼群未能察觉到身边的险境,这便需要驱赶鱼群。赶鱼是一个至关重要的环节,利用鱼群触网受惊时,快速游动逃窜的特性,通过在包围圈内层层切割式地放三层刺网、单层刺网,配合拦网完成定向赶鱼程序,把鱼赶进张网,这个动态过程一般需要几个小时甚至一两天。

当鱼群被赶进张网后,便是要完成捕捞的最后工序——起鱼。起鱼虽只是体力活,但其中也大有学问可究,稍有疏忽就有可能做成鱼死网破、前功尽弃的严重后果。起鱼前必须由经验丰富的捕捞工人去看网里的鱼,较准确地判断出网中的产量,根据估计的数量安排足够、适当的劳动力参与起网工作。人员到位后,随着指挥人的一声令下,全体捕捞工人集中"火力"奋力拉网,其动作娴熟,步调一致,喊着嘹亮、有节奏的拉网号子。网中鱼的活动范围逐渐地缩小,鱼群游动相互碰撞,创造了激动人心的一刻:群鱼狂舞，有的摇头，有的摆尾，有的高跃，有的远眺，如冰雹下地，玉珠落盘，银光闪烁，浪花四溅，密密麻麻的鱼儿被困在网中上蹿下跳，场面之壮观，煞是好看，人们所看到的正是这最具观赏性的最后一个环节。

按理说千发集团好好地养鱼、卖鱼就行了，为什么还别出心裁要去搞什么休闲渔业巨网捕鱼呢？实际上，千发集团主要经营的鱼以鲢鱼、鳙鱼等四大家鱼为主，凡是那些跳得最高、跳得最欢的就是鲢鱼。"爱跳"正是公司颇为头疼的一个问题，在千岛湖养的鱼，偏偏就是这个鲢鱼最不好卖，相对于用来做鱼头餐饮的鳙鱼，作为"保水鱼"另一品种的鲢鱼，其经济价值一直不如前者。为了更好地利用鲢鱼，公司曾经有针对性地开展了"有机鲢鱼增值工程"，大力开发有机鲢鱼销售市场，解决鲢鱼在静养、运输等方面存在的技术难题，并始终在寻找鲢鱼亮点，主攻鲢鱼菜肴，后来还成立了专门的有机鲢鱼经营小组，开展有机鲢鱼专营，以提高渔业的综合效益，然而这样的工作长期没有突破性发展。

因为鲢鱼的本性就是爱跳，脾气暴躁，所以跳了以后就比较容易死亡，哪怕你能活着送到酒店，到了酒店它就翻过来，肚子朝上，在鱼缸里也养不长，很快就死亡。而现在的消费者都喜欢吃活鱼，于是鲢鱼就滞销，一条也运不出去。最后活鱼也只能当死鱼卖，全部运到农贸市场当统货销售，一斤只卖两块钱，如果在一定时间内没办法卖掉，只能冰冻起来，这样鱼就更不值钱了。可是要想让鲢鱼不乱跳，活蹦乱跳的卖出去，一大批技术人员伤透了脑筋也没有想到好的办法。早在杭州千岛湖发展有限公司成立之初，为提升渔业品牌的影响力，公司提出了一个新概念——休闲渔业。实际上，这个概念与旅游经济已结下了缘分，而且适度超前，顺应了旅游业的发展趋势。像千发集团这样的捕鱼场面国内外都很少见，如何能让鲢鱼多卖几个钱？于是大家都打起了鲢鱼能"跳高"的主意，也就是把思路往旅游项目的方向集中，请人来看鲢鱼狂跳的捕鱼场面。

保险起见，刚开始公司试探性地搞了几次免费活动，大家都说这个主意好，于是公司也有了一定的信心。后来看的人多了，特别是很多单位，用这个项目来接待一些非常重要的领导，于是这个捕鱼场面逐渐形成了一种简单的接待流程，大家一商量，就有了"巨网捕鱼"这个非常有张力的好名字。不过，捕捞操作是一个劳动过程，非常单一，缺乏趣味性，可怎么把这简单的活动变得声情动茂，大家没有多少好的想法，最后公司不得不求助于一位文化馆的舞蹈老师，终于，最后这五大三粗捕捞工人转变成了展示高招技巧的"表演者"。接着，一支由捕捞队员工组成的巨网捕鱼表演队成立了，并且还谱写了自己专门的音乐和捕鱼号子。2003年，

捕获鱼王

这支巨网捕鱼表演队正式亮相千岛湖旅游区，"一二，嘿咗，一二，嘿咗"，当现场捕鱼工人同时喊起起网号子，观众席上的人也会一起喊"嘿咗"，声音随着节奏的加快也更加响亮，等鱼儿跳起来的时候，大家和捕鱼工人这种互动达到高潮，观众异常兴奋，效果非常好。再后来，在活动中同时加入了主持人的现场解说，介绍千岛湖有机鱼的历史和民间典故，穿插一些趣味问答，效果也很好。2008年9月19日，新加坡卸任总理吴作栋来到千岛湖旅游，当听到新加坡的伍星旅行社和千岛湖巨网捕鱼旅游公司已建立合作并接待了1万多人次后，吴作栋临时决定也观看一下这个项目，经由外交部的临时协调，启动了三级保卫，一场私人旅行最后演变成包括千岛湖湖面上巨网捕鱼观赏、在千发集团下属的鱼味馆和安徽歙县披云山庄了解淳鱼文化、品尝砂锅鱼头的淳鱼之旅。

2002年以后，公司围绕旅游开展了诸如"绿色环保夏令营""百名的姐畅游千岛湖""老年养生之旅""千岛湖森林氧吧"等活动，还曾策划和申请过"杭州千岛湖休闲体育公园"等休闲旅游产品。除了作为吸引经销商"寻根探源"的保留节目外，从2004年开始，巨网捕鱼迅速成为公司品牌运作中的一道"主菜"，如与杭州电视台的生活频道共同策划为期一周的巨网捕鱼系列报道，并在中央电视台、东方卫视、浙江卫视等电视媒体重点播出，借助一场媒体风暴聚焦了眼球。

于是在公司的品牌传播中我们看到了这样一个有趣的现象：从国家领导人到各级政府官员，从行业领袖到社会精英，从国际友人到驻华使节，从文体明星到选美小姐，共同担当起了"淳"牌有机鱼的义务宣传员，尤其是以名人背书为载体的传播效应使一般的企业难以望其项背。千发集团用不着费心地去吸引人们关注，只要抓住那些来千岛湖体验渔业风情的人就足够了。

一时间，在千岛湖，巨网捕鱼轰动一时，而公司也开始在鲢鱼身上有所收获。随着看的人不断增多，公司对项目进行了收费，起先一场5000元，因为场次有限，而且安排也受到很多限制，比如天气问题，比如捕捞地点的不固定性。那时，许多团队会主动提出来，只要能够组织，费用不成问题。这样随着市场的追捧，2005年以后，巨网捕鱼最终成为

世界旅游小姐在巨网捕鱼现场

一个正式的旅游项目，68元一位，100人次以上才能安排一场，可就是这样看巨网捕鱼的游客还是络绎不绝。

看的人多，接待量有限，捕捞队不是有需要的团队都通知，只是一些特定的群体，比如说坐摩托艇的客人，捕捞队会把有捕鱼的短信发给他们，如果是大团队的话，就不敢发短信了，就是发了，人太多，安全上就会没有保障，但即使这样，全年能接待的游客也有数万人，游客看完了千岛湖美丽的山水，再看看捕捞队的巨网捕鱼，形成了很好的特色互补，游客在千岛湖也增加了停留时间，旅游管理部门也对"巨网捕鱼"项目表示欢迎。2008年以后一网鱼可以收88元一票，一般一场能收1万元以上。按照同比例计算，千发集团的鲢鱼在原来的基础上价值凭空提升了三倍，廉价的鲢鱼也成为一个收益颇丰的好产品。

当然这只是一个开始，出于人类的天性，没有人不愿意最近距离地亲近鱼，尤其是亲眼看见渔业丰收、白鲢欢跳的场景，摄影爱好者在这里遇到了最佳的题材，游客在这里为之兴奋的尖叫，无论如何尊贵的宾客看到这一幕

也瞬间放下了身段，回归到天真无邪、充满童趣的本真状态，以至于很多年后，那些曾经来到过千岛湖的人在怀念湖光山色之余，依然会情不自禁地回想起巨网捕鱼，以及所品味过的有机鱼宴，可以说，巨网捕鱼几乎将所有来客一网打尽。

今天我们可以将旅游产业发展划分为三个阶段：第一阶段是观光旅游，这种方式的经济效益有限，游客在目的地停留时间短，大多是走马观花，到此一游；第二阶段是休闲旅游，休闲旅游对旅游产品的要求更高，不仅仅要满足游客的感官享受，更重要的是能够放松身心；第三阶段则是更高层次的体验旅游，使游客通过亲身参与旅游项目，从而获得极强的个人感受。

客观地说，在中国旅游业兴起的早期，千岛湖绝不缺少观光旅游的先天资源，但随着时代的发展和旅游市场的兴起，各个旅游板块的竞争也日益激烈，谁能抢先一步推出向休闲旅游时代迈进的新产品，谁才会有可持续的竞争力，而千发集团所探索的休闲渔业，则弥补了一个空白。以公司所拥有的独家渔业资源为千岛湖旅游业注入活力，也是责任和义务。在公司组织人员编著的《千岛湖鱼类资源》一书中，有专门一个章节阐述了休闲渔业，书中这样描述："鱼类不仅是营养丰富的食品，而且是调剂人们精神生活和休养生息的欣赏品。利用地球上的山水资源和人文资源，重新设计与规划，改变利用方式，用新视角从深层次的深度和广度去感受历史、生活、民俗、商业等文化底蕴，开发出特具魅力的多种景观休闲胜地，是新世纪旅游潮流和发展的方向。以巨网捕鱼为核心的休闲渔业的蓬勃发展，可催化千岛湖旅游从观光型向休闲度假型转变，有效促进第一、第三产业的融合，延长产业链，丰富旅游内涵。"

为保证项目的持久性，公司2005年开始筹建鱼之约旅游有限公司，设计更专业的休闲观光船，有意识地将巨网捕鱼作为一个独立的旅游项目去运作。2006年，一艘投资100多万元的观光平台船下水，同时对两只队部用船投入1000多万元进行了改造，这不仅提高了观看者的安全系数，而且整个节目越来越接近一场完整的演出。全年共组织巨网捕鱼125场次，接待游客数万人，对于一些特殊的客人，看完巨网捕鱼后还可在捕捞队上品尝刚刚表演完的活鱼，以至于连国家旅游局局长都如此赞叹："我走遍了中国的各个旅游胜地，渔业与旅游结合最好的当数千岛湖。"其后，接待高规格的团队考察已成为经常的事。公司还专门制定了巨网捕鱼标准化操作流程，不断提高客户满意度。

千岛湖捕捞队员庆祝丰收

千岛湖是个旅游胜地，经过几十年成功的市场运作，各地的游客迷恋这里的一汪秀水，每年千岛湖游客超过1000多万人次，"赏千岛秀水、观巨网捕鱼、品有机鱼宴、做一天渔民"是休闲渔业的主要内容描述，对于许多有愿望了解渔家生活的游客，千岛湖休闲渔业项目很好地满足了他们的这种需求。随着千岛湖被越来越多的游客所了解，休闲渔业项目的接待也为企业提高了效益。多角度地解决问题，独辟蹊径地寻找问题的答案，这也许是千发集团从中体会到经营的无限乐趣和奥妙所在。

有了资源要用足，用好，用够，而且手段要不断完善；没有资源也要创造条件和舞台，一旦发现亮点随即展开整合，这是千发集团多年来一贯的做法，而前面提到的鱼拓则是另一个画龙点睛之笔。

第二节　中国鱼拓

目前，千岛湖渔业年经济产值现已接近10亿元，同时，还带动了当地以鱼为主题的特色餐饮、加工、旅游和文化等产业的发展，社会综合效益高达20亿元。仅靠"一条鱼"何以能造就如此之大的一个产业？不难看出，千发集团在渔业产业链上的成功，首先是依托了千岛湖一流的生态，其次是赋予了这条"鱼"以品牌和文化的概念，并以此作为企业发展和形象塑造的灵魂。

近年来，千发集团在成功跨过品牌渔业发展阶段之后，把目光聚焦到了文化创意产业上，提出了"渔产业文化化，鱼文化产业化"的发展思路，以文化改造现有渔业产业体系，大力发展淳鱼艺术品业、淳鱼文化休闲旅游业。2009年，在公司的积极倡导下，淳安千岛湖鱼文化协会成立，同年，公司又创办了国内首个鱼拓社，借助鱼拓艺术展和国际鱼拓精品展，提升千岛湖有机鱼的知名度和影响力。其中，历时3年，创意制作了《千岛湖锦鳞图》，是目前全球鱼拓作品中单幅面积最大、图卷最长、鱼类最多的鸿篇巨作，体现了当今鱼拓艺术的最高水平。2011年6月，千岛湖举行了"首届国际鱼拓大赛"，进一步确立了千岛湖作为全国鱼拓艺术品展示交易中心和中日韩鱼拓艺术创作基地的地位。同时，通过对鱼文化的深度研究与开发，以及持续的主题活动宣传与媒体推介，千岛湖鱼文化工艺品的种类也日渐丰富，其淳淳系列、桃鱼系列、鱼拓系列工艺品，连续两年被评为杭州市文化旅游工艺品金奖。2007年10月，国内首个鱼文化品牌展览展示馆"淳鱼荟萃"对外开放，2015年，升格为浙江自然博物的分馆——千岛湖鱼博馆，作为既有千岛湖渔业文化展示功能又有淳鱼文化艺术品和旅游商品交易功能的综合性窗口单位，当年就接待游客30万人次。千发集团连续举办了四届国际钓鱼比赛，不仅提升了千岛湖国内首个休闲渔业公园的知名度，也进一步拉长了千岛湖淳鱼的产业链，增加了产业附加值。

作为高端艺术品的"鱼拓"，古已有之。现存古时鱼拓有清初曹溶所藏无名氏鱼拓及清代皇室宗亲溥儒朱砂鱼拓，据此，鱼拓起源于中国。早期的鱼拓是以墨作为颜料，作品缺乏层次感和明暗变化，谈不上艺术作品，只能说是记录了所获鱼的大小，后来鱼拓爱好者将墨进行了调配，使鱼拓作品中的鱼鳍拓出了透视感，这种拓技与早期传拓技法中的蝉翼拓极其相似，鱼拓

第七章　享受的不仅是美味　　225

首届国际鱼拓大赛

作品显得生动了许多，同时这时的鱼拓作品吸收了中国全形拓的一些技法，更注重作品的整体形态，对于形体变化较大的鱼，出现了分次补拓的全形拓技法，由于墨拓具有独特的韵味，现在仍有许多鱼拓爱好者热衷于墨拓。然而，使鱼拓发生了根本的变化是 20 世经五六十年代，随着社会的进步，科技的发展，特别是颜料的创新，使彩色鱼拓的产生成为可能。彩色鱼拓的出现使鱼拓作品发生了本质的变化，在技法上从最初的拓出鱼形到拓出色彩层次的变化，进而拓出不同鱼的本身特点。在继承中国传统拓技法的同时，吸收了西方绘画技法，表现光线的明暗变化是鱼拓技术的又一大进步，赋予鱼更真实的拓彩，完美地体现了鱼的质感，使鱼拓作品更加新颖、生动，鱼拓的技法和表现形式更趋成熟，更具鲜明的特性。鱼拓不再仅仅是为了记录鱼获，而主要是为了欣赏和收藏，这样就产生了真正意义上的艺术鱼拓。

时至今日，鱼拓艺术正处于快速发展阶段，已初步确定了其固有的艺术表现形式。首先，鱼拓艺术与传统的绘画、书法同属于造型艺术，有相同点，例如：存在着构图、印章、题款等。其次，鱼拓也有其自身的艺术特点，在制作过程中，整个鱼形除了眼睛允许绘画以外，其他部分必须是拓印而成，不允许用笔再加工。对于丰富画面的水草、树叶、贝壳等景物，也应

中央宣传部长黄坤明观看鱼拓制作

是拓印而成。

某种意义上，千发集团不仅是一家渔业企业，还积极扮演了"文化创意内容提供商"的角色。在发展的不同阶段，为了持续吸引社会各界的关注度，公司非常善于捕捉稍纵即逝的机会。2006年，公司管理层与日本、韩国等渔业同行业务交流时，无意中听到了"鱼拓"这一新鲜事物。原来，鱼拓作为一门独特的艺术品类，在日本和韩国的钓鱼迷中有着深厚的群众基础。这种将鱼的形象用墨汁或颜料拓印在纸张上的技法和艺术，有人说发源于日本，也有人说中国自古有之，但对公司来说，重要的不是考证它的源流，而是如何将这一令人眼前一亮的艺术火种添加于"淳"牌有机鱼的品牌内涵之中。

或许在公司看来，一切与鱼有关的文化活动都有为我所用的可能，而鱼拓显然是一次新的开始。

最初千发集团发展鱼拓并不被人们看好，而且知道的人也非常少。任何一种艺术形式背后的核心要素是人，没有人就没有一切，因此公司首先想到了"外引"。2007年1月，公司首次请来了韩国鱼拓协会会长、鱼拓大师李庠根，并在鱼味馆举办了首届千岛湖国际鱼拓培训班，韩国卫星电视FSTV

全程进行了跟踪报道,这次培训的规模虽然不大,但毕竟淳安人第一次见识到了鱼拓的制作工艺,亲眼看到了一条鱼究竟是怎样在纸上复活。但令李庠根也没有想到的是,这次淳安之行只是开始,以后他多次踏上千岛湖的大地。2008年8月30日,千发集团再次邀请韩国鱼拓大师李庠根在"淳鱼荟萃"现场表演鱼拓制作艺术,时任淳安县委常委、宣传部长的钱美仙到场观看。淳安电视台按照一般新闻进行播报,并没有放在非常重要的位置,而在如今的县委宣传部副部长当时还是淳安电视台副台长的张志鹏眼里,却有着不一样的解读。2008年8月底,当时国家领导人正对韩国进行国事访问,迅速地,张志鹏将自己亲自编辑的新闻带发到了央视,当晚的《新闻联播》以中韩友好文化交流为主题对鱼拓艺术进行了展示和介绍,在不断跟踪报道以后,借央视等媒体的推波助澜,鱼拓一跃成为一种非常时尚的国际艺术形态。

韩国鱼拓协会会长李庠根鱼拓作品

与此同时,公司开始把目光投向国内,四处搜寻那些技艺精湛但却鲜为人知的鱼拓高手。实际上,中国的鱼拓界同样卧虎藏龙,只是由于知道的人少,数十年来一直囿于极小众的范围,而这些鱼拓高手一般也只是将其作为一种纯粹的个人雅好,如果遇到特殊的好鱼,则偶尔为之。但在公司眼里,星星之火可以燎原,如果要真正发扬鱼拓艺术,必须从延请大师下手。于是,公司向一位西安的年轻艺术家杨阿永伸出了橄榄枝。杨阿永出生于艺术世家，不仅善于拓鱼，而且精通古典文化，书画俱佳，经过题跋之后，其创作的鱼拓作品每每散发着浓郁的人文气息。杨阿永来到淳安后，很快被千岛湖的魅力所打动，并成为新成立的千岛湖鱼拓社社长。此时的公司也开始格外留意适合创作的实体鱼，一有稀罕货就立即邀请杨阿永创作。

2008年5月的一天，捕捞队在千岛湖捕获了一条上百斤重的青鱼，杨阿永随即赶来制作了多幅精美的鱼拓作品，前后共花费了8个多小时，整个制作过程由公证部门进行了全程公证。随着对千岛湖感受的日益加深，杨阿永的创作欲望渐渐被激发起来，终于与千发集团不谋而合地萌生了制作《千岛湖锦鳞图》的想法。在公司的全力配合下，这幅巨制历时3年得以完成，一举占领了鱼拓艺术的制高点，成为千发集团推广鱼拓文化的镇山之宝。此外，为了将《千岛湖锦鳞图》的传播效应发挥到极致，公司还专门为这一作品申报了吉尼斯世界纪录。其后，杨阿永的鱼拓作品一发而不可收，2010年受广州亚运会组委会的委托，为亚运会制作元首级鱼拓礼品，引发媒体关注，此时的杨阿永已被媒体誉为"中国鱼拓第一人"。

鸿篇巨制《千岛湖锦鳞图》首展

如同最初的巨网捕鱼一样，从此千岛湖的鱼拓艺术如同水面上的涟漪渐渐发散开来，更多的鱼拓高手闻香而来。另一位大师李世新曾在一篇名为《千岛湖鱼拓行》的文章里这样记录自己当时的心情："千岛湖之美开始让我不能自已，更让我着迷的是那里有很多我未曾拓印过的鱼儿。千岛湖之行的主要任务是为千发集团拓制一条大鳙鱼鱼拓。出行前，我在网上搜索有关鳙鱼的资料，从生活习性、形体特征、不同水域、不同种群的色彩变化，心中反复策划着如何才能真实、到位地拓制出千岛湖之鳙鱼的形体和内在的神情。当我踏上南下的汽车时，心中并没有一个完整的方案。"这条鱼就是新加坡原总理吴作栋在捕捞队时合影留念的那条鱼,更戏剧性的是由于千岛湖鳙鱼头部硕大,以至于第二次才拓制成功。

其实不能自已的不仅仅是制作者本人,作为一种极具观赏性、趣味性的手工艺术,能够亲眼见证一条实体鱼在宣纸上的复活,或者能自己动手参与,无疑是一件令人感到兴奋的精神体验之旅。在公司的推动下,如今的淳安已成长起一批属于自己的鱼拓高手,他们大多有一定的美术功底,同时还激发起了孩子们的兴趣,总之无论男女老幼,无不为见识鱼拓而瞪大了眼睛。

而在另一个战场上,由公司委托制作的鱼拓艺术品在各个博览会和大型节日活动上频频亮相,所到之处无不聚焦世人的目光,它一举打破了单个鱼从来只是食物的传统观念,摇身一变成了艺术品,单幅价格低则几千,高则数万,极少数顶级的作品还被不少独具眼光的藏家所收藏。此外,公司还特意制作了鱼拓文化衫,将之前尝试的鱼工艺品领域提升到了更高的档次。

时机逐渐成熟以后,如同当年的烹饪大赛一样,千发集团决定再次用大赛的方式推广鱼拓艺术。2011年6月,中日韩首届国际鱼拓大赛在千岛湖举行,大赛邀请了日本色彩美术鱼拓会会长大野龙太郎、韩国的李庠根、中国的杨阿永担任评委,汇聚了国内外100多名一流鱼拓高手和爱好者,最小的年龄只有十几岁。这一赛事成为中国鱼拓界最高级别的一次盛会,会上宣布了中国渔业协会鱼拓专业委员会正式成立,千发集团汪建敏为主任委员,何光喜、吴建平和杨阿永为副主任委员,从此中国鱼拓成为一个有专业组织的全国性正式艺术品类。

如今的千发集团对鱼拓艺术已能如数家珍,他们曾用这样一段文字来描述:"每一种艺术都有其自身的语言,鱼拓也是如此,画中的鱼虽然精美,但始终不是真实的可钓之物,人们开始尝试用鱼拓的方式来记录鱼儿们鱼翔浅底的姿态。经过思想与艺术的一次次碰撞,鱼拓艺术开始融合鱼画的优势,从模糊的身形到层次分明的棱角,鱼拓作者用水墨使鱼的每一寸肌理都在宣纸上重新游走,还原其在水中的动态,栩栩如生的鱼鳞在宣纸上幻化出生命的音符,随风而动,落回恬静的千岛湖水,在翠色蓊郁的风景里徜徉,穿过缤纷世界重新游回纸上。"

正如一位淳安的鱼拓爱好者刘毅所说："我从小就在千岛湖边长大，知道千岛湖的鱼很多，于是就想学习鱼拓。在杨阿永老师的指导下，我逐渐爱上了这种古老而具有细腻之美的艺术，深深地融入其中，如今在淳安，千岛湖人放鱼、养鱼、吃鱼、看鱼、拓鱼已成为一个不可分割的整体。"

实际上，鱼拓的好戏才刚刚开始，如今的鱼拓还成了政府间友谊交流的桥梁。在2010年广州亚运会上，千岛湖鱼拓作品在众多的艺术品中脱颖而出，被组委会选为广州亚运会开幕式元首级礼品；2011年，千岛湖鱼拓被杭州市政府选为与中国台湾交流的文化礼品、中国农产品品牌大会指定礼品；2012年，千岛湖鱼拓被省政府确定为省部级文化交流的重要载体；千岛湖鱼拓还多次被淳安县政府作为国际文化交流远送加拿大、澳大利亚等国的友好省、市。在成功地把"有形的鱼"变为"创意的鱼"，把"吃的鱼"转成"文化的鱼"之后，千发集团成功实现了从产品营销、品牌营销过渡到文化营销，从传统渔业、品牌渔业到文化渔业的升级转型，逐步建立起了以生态为依托，以文化为灵魂，再一次强化了集"养殖、管护、捕捞、销售、加工、烹饪、旅游、科研、文创"为一体的完整渔业产业链，企业参与市场竞争的能力不断增强。

日本鱼拓协会会长大野龙太郎鱼拓作品

第三节　一条鱼跳出财富来

中国鱼文化从远古狩猎、采集时代开始，鱼一直与人类生活密切相关。在长期的历史发展中，人类赋予鱼丰厚的文化内涵，形成了一个独特的文化门类——鱼文化。中国是渔业大国，更有着悠久的捕鱼史，中华民族在长期的渔业劳动中所形成的鱼文化，伴随着灿烂的传统文化一起发展，成为中国传统文化宝库中的一颗明珠，也为中国文化史挥就了浓墨重彩的一笔。淳安渔业人在成功跨过品牌渔业发展阶段之后，创造性地提出"打造千岛湖鱼文化产业"的发展方向，大力发展鱼文化艺术品和鱼文化休闲产业，大大延伸了淳鱼产业链条，使淳安千岛湖成为全国鱼文化集中展示和发扬光大的重要基地。20年来，"以鱼护水、以鱼名湖"一直是千发集团持之以恒的发展战略。或许从一开始，千岛湖的一汪秀水，冥冥之中就注定了这家公司与千岛湖旅游，以及文化发展的不解之缘，公司副总经理吴建平就成了鱼文化旅游的先锋战将。

在中国文化史上，有一个极为有趣的文化现象，士大夫阶层与鱼有着某种潜在的默契。西周时，姜太公以钓鱼而遇周文王；战国时，伍子胥渡江因渔者而获救；屈原投江前找渔夫而述志；庄子则濠上观鱼，写下"子非鱼安知鱼之乐"的哲学名篇；秦汉之际，陈胜吴广起义用鱼腹之书作鼓动；至于汉代，韩信垂钓于淮阴，严子陵投饵富春江；三国时，孙权饮酒观鱼；晋代，陶渊明借渔人而发现世外桃源；唐宋时期，鱼诗鱼词不绝于耳。

千岛湖国际钓鱼比赛

可以说，自从人类存在之时起，鱼就带有了人类文化的特质，钓鱼原本是人类历史上最古老的一项猎取活动，但随着时代的发展，钓鱼渐渐脱离了为生存而进行的本来意义,而发展成为一项养性怡情、妙趣横生的休闲娱乐活动。千岛湖上同样有一项活动颇为吸引媒体的眼球,那就是汇聚了来自五湖四海高手的国际钓鱼比赛。从国际上看,钓鱼活动已壮大为一个产业,围绕钓鱼的生产和商务活动层出不穷。尤其是在欧美一些发达国家,高规格的钓鱼比赛通常通过电视卫星现场直播,观众如云。

2006年10月,由韩国庆山市和淳安县共同举办的首届国际钓鱼比赛在千岛湖拉开了帷幕。这次比赛向世界各国和国内的钓鱼好手发出了邀请,尤其是得到了韩国方面的大力支持,按照钓鱼重量设置了12个奖项,有来自国内湖北省和浙江省杭州、金华、温州、宁波、丽水、余杭等地以及韩国首尔、釜山、仁川、大邱、江原道等地区300余名钓鱼爱好者在千岛湖畔同台竞技。

而比赛的主战场就设在千发集团启动的一个叫作"钓鱼岛"的休闲渔业公园项目上。其实早在2002年,为了开拓市场、做响品牌,千发集团就已经意识到了旅游营销之于品牌建设的重要性。公司提出,要抢占"休闲、运动、旅游"的新概念,推动千岛湖旅游由观光型向休闲运动型旅游的转轨,并精心策划组织了千岛湖全国水上休闲运动大赛,启动了千岛湖水上运动中心。随后,以巨网捕鱼为代表的经典旅游项目一直是千发集团广泛推广和传播的一张王牌。以定时、定点、定壮观度为专利特色的体验式巨网捕鱼成为千岛湖钓

体验式巨网捕鱼

鱼岛鱼文化休闲公园的核心项目,最终促成了千岛湖鱼文化旅游线路的正式成型。

千岛湖的鱼文化产业一直以来得到了社会各界的重视和关心。2008年,千岛湖鱼文化创意项目被杭州市列为文创产业专项资金扶持项目,千岛湖鱼文化产业随之得到了蓬勃发展。2009年底,千岛湖的渔业魅力再一次吸引了国外媒体的注意,在中央电视台的陪同下,英国国家电视5台《极限钓鱼》

节目组来到淳安,继瑞士国家电视台之后,对公司的渔业产业进行了全方位的报道。《极限钓鱼》在欧洲是一档收视率颇高的电视节目,主要通过对世界各地任何与鱼相关的话题进行纪录片式的实拍,让欧洲地区关注中国、了解和享受鱼文化的乐趣。节目制片人后来深有感触地说:"千岛湖的渔业已非常成熟,渔业产业必将有走向世界的一天。" 2011 年 6 月,中国渔业协会鱼拓专业委员会在千岛湖成立,并举办各类鱼拓艺术展和国际鱼拓精品展,多次邀请韩国、日本鱼拓社社长和中国鱼拓大师进行现场鱼拓制作和艺术交流。从 2011 年开始,千岛湖举行了四届"全国鱼拓大赛",成为鱼拓艺术的盛会。

2014 年,引进创意资源、市场资源,推行混合所有制,千发集团在钓鱼岛组建了鱼文化旅游公司,整合千岛湖渔业生产资源,以鱼文化为主题的特色旅游产品,在垂钓运动的基础上进行项目延伸,整合了古城鱼影的 3D 鱼文化展示馆、体验式巨网捕鱼、休闲皮划艇、亲水体验、环保放生等内容,成为一个集知识性、趣味性、参与性的鱼文化汇集景点。形成了休闲渔业和水上景观融合的旅游线路产品,博得游客的喜爱以及央视等主流媒体的聚焦,顺利通过了杭州市旅游景区质量 3A 级评定。

2015 年 10 月,浙江自然博物馆分馆——千岛湖鱼博馆在千岛湖秀水街正式开馆,国内第一家专业鱼文化博物馆正式落户千岛湖。千岛湖鱼博馆的开馆是千岛湖鱼文化发展史上的一件大事,是浙江自然博物馆与地方联合办馆的一次尝试,也是千发集团践行"大众创业、万众创新",打造千岛湖"中国鱼文化之都"的一次实践。为促进国际交流和引入全球鱼文化和艺术成果,2014 年底,千发集团邀请了法国鱼头艺术家针对千岛湖进行鱼头艺术定向创作,

法国鱼头人艺术作品

以国际视角重新诠释千岛湖鱼文化。千岛湖渔业和中国美院团队进行深入合作,组建了鱼头人艺术公司以千岛湖鱼文化为创作对象,充分利用美院的平

台和人力资源优势，进行包括陶艺、动漫等内容的创作。以中国鱼文化为创意背景，立足千岛湖文化、水下古城文化、民俗文化和千岛湖渔业历史，千岛湖鱼博馆建筑面积810平方米，全方位展示了最古老的鱼、最大的鱼、最全的鱼、最文化的鱼、最萌的鱼和最视角的鱼，融知识性、体验性、观赏性、品牌性为一体，使千岛湖走出一条"鱼文化观光体验"的新路子，顺利将千岛湖鱼博馆打造成为拥有全国影响力的鱼文化城市景点。

此外，公司的科研人员展开了千岛湖鱼类资源调查和鱼类标本的采集与制作工作，联合上海海洋大学共同出版了《千岛湖鱼类志》《千岛湖主要支流生态与渔业功能》等书籍。系统介绍了千岛湖的区域水域环境、饵料生物资源、鱼类资源现状，以及渔业可持续发展等方面的内容，同时图文并茂地囊括了千岛湖114种鱼的形态特征、生物学特点，着重叙述了鱼类群落的形成、组合、演替、种群变动等。

正如公司所认识到的那样，"千岛湖面积有限，饵料有限，因此鱼的产量也有限，因此我们要从有限的鱼资源里面挖掘出文化产业的无限市场。"事实上，凭借多年的积累以及近几年的探索，鱼文化正加速成为淳鱼的无形竞争力。进入21世纪，文化产业这一新概念开始在中国落地，尤其是近年来日益升温。人们逐渐意识到，随着中国经济的崛起、居民生活水平的提高，文化产业的发展是大势所趋，文化消费前景广阔。中国虽然是文化资源大国，但文化产业的发展却长期滞后。其中最突出的矛盾，是经营文化资源的单位分散，造成产业组织集约化的程度不高。简单地说，传统的资源配置机制已无法适应市场化的需求，文化产业的整合亟须平台和载体。

中国的鱼文化源远流长，早在远古时期，鱼作为一种精神图腾就进入了人们的生活。在中华民族的历史长河中，各种与鱼有关的图像、饰品、器物、传说、民俗和文艺作品不胜枚举，此外，功能层面的捕鱼之术、鱼食烹饪也异常丰富，但如果从文化旅游产业的角度讲，鱼文化仍只是刚刚兴起，60多年前，千岛湖的形成为淳安鱼文化的衍生提供了一个潜在的空间。不久的将来，人们来到千岛湖在欣赏湖光山色之余，或许可以看到，一个极具特色的"渔文化之都"已悄然崛起。

第四节 "淳"鱼休闲食品

走在千岛湖的大街上,你会被整洁的市容所倾倒,郁郁葱葱的植被林立街道两旁,宽敞的沥青马路上车水马龙,淳朴厚道的千岛湖人让你倍感亲切,当然,最让人印象深刻的则是一家家装修精致的千岛湖特产商店,琳琅满目的精致商品会勾起游客旺盛的购物欲望,而可选择的余地也很大,许多千岛湖的土特产本土品牌已经在当地开出四到五家连锁店,甚至有些已经在杭州、上海等大城市有专卖店。千岛湖的特产是千岛湖旅游的附生产业,随着千岛湖旅游市场的不断壮大而蓬勃发展,近年来已经发展到数亿元的产业规模,而其中最大的亮点,千岛湖的休闲鱼类加工产品最受游客的喜欢,也是千岛湖休闲食品发展的主要方向。

近几年,随着中国国民经济发展和居民消费水平的提高,人们消费方式日益多元化、休闲化,休闲食品俨然已经成为国人日常食品消费中的新宠。相关资料显示,美味零食能减轻人的心理压力,并能帮助食用者缓解自身情绪,保持心情舒畅。正因为如此,在人们的日常开支中,美味休闲类零食的开支也是必不可少的一部分。随着中国经济水平的提高及旅游业的兴盛,中国休闲食

淳牌有机鱼直营店

品市场需求量呈持续增长势头,而且食品品种逐渐多样化。从千岛湖旅游经济特点出发,发展渔业产品休闲食品加工,实现产业化经营,是促进千发集团经济结构战略性调整的重要途径,具有十分重要的意义。资源型企业通过发展产品加工业可以起到带动区域经济发展的龙头作用,可以促进优化产品区域布局和优势农产品生产基地的建设,延长产业链条,提高产品的综合利用、转化增值水平,有利于提高综合效益和增加企业收入;通过扩大产品深

加工，提高产品档次和质量，有利于提高产品市场竞争力；通过发展产品加工业和休闲食品业，提高技术装备能力和水平，有利于推进企业现代化水平。近几年，我国休闲食品市场每年需求额超过千亿元，市场规模正在以几何级的速度增长，消费市场也在快速增长。

据统计，中国休闲食品市场规模从2012年的3625亿元已增长至2017年4849亿元，年均复合增长率达6%。2011年~2017年，中国休闲食品销售量不断增长，年均复合增长率达3.58%，销售量从2012年的1420万吨增长至2017年的1693万吨；2018年中国休闲食品销售量达1749万吨。国内休闲零食品牌也风生水起，街头巷尾的零食专卖店越来越多，来伊份、良品铺子、盐津铺子、三只松鼠、百草味、好想你等国内知名零售品牌在2016年的销售共计达到了200亿元左右。这个庞大的数字背后是无数"吃货"源源不断的购买欲望和消费需求，这无疑也昭示着中国休闲食品企业在未来具有巨大的发展潜力和生存空间。

由于淳安县特别是千岛湖镇的人口有限，商业的主要销售对象就是游客，形成了面向游客发展商业的独特格局。目前，千岛湖最大的超市是旅游商品超市，经营旅游商品（含土特产商品）的店铺有近200家。秀水街、城中湖明珠路休闲街等都是因旅游而生的商业文化街。旅游商品销售从2001年的0.8亿元上升到2018年的10.6亿元，增长了10多倍。随着旅游业的快速发展，淳安县绿色农渔产品的品牌逐渐打响。据相关数据显示，购买千岛湖农副土特

顾客购买千岛湖淳鱼产品

等旅游商品的消费者90%以上都是外地游客。通过旅游商品的开发，实现了第一产业的调整，使千岛湖农渔产品就地加工和就地销售，增加了农产品的附加值，提高了本地农民的收入。

旅游休闲食品是一项贯穿第一、二、三产业，紧密连接农业农产品加工的新型产业业态。近年来，休闲食品市场一直是发展最快的市场之一，但竞

争非常激烈。千发集团正是在这一背景下，开始了自己进军旅游休闲食品市场的突破之旅。2008年，千发集团下属的食品加工企业千岛湖渔歌公司进行改制，成立千发旺顺阁公司，专业从事千岛湖休闲食品的加工和销售，主营淡水鱼罐头、鱼干、休闲鱼产品、鱼头煲、有机鱼等系列产品，产值5000余万元。特别是鱼头系列产品的正式投产，该产品是用经有机认证的中国名牌农产品"淳"牌千岛湖鲢、鳙鱼为原料，加入各种天然辅料，用独特的工艺加工而成。生产工艺引入食品安全管理体系进行工艺控制，不含任何防腐剂和人工色素，具有原汁原味、味道鲜美、营养丰富和食用方便等优点，一投放市场，就深受广大消费者和游客的青睐，产品产销两旺。为了做好休闲食品加工，以千岛湖国家级有机鱼基地为原料依托，公司专门建立标准化生产线，全过程通过HACCP认证，从而保证了休闲食品的研制和生产。通过努力，已形成了较为完善的基地+农户+企业的农产品产业化经营模式，确保采用放心、无公害、符合标准的原料进行加工生产。

千岛湖的特产以湖鲜和山珍两大类的粗加工和深加工为主，而鱼类加工产品的市场前景最好，最受游客欢迎，这也是千发集团抓住"淳"牌有机鱼品牌优势大力开发休闲类鱼类食品的一个很重要的市场保证。除了类似鱼干等比较粗放的几种旅游商品外，千岛湖的旅游商品市场整体呈现休闲小包装即食化精深加工的趋势。千岛湖属首批国家级风景名胜区，被誉为"杭州—千岛湖—黄山"黄金旅游热线上的一颗璀璨明珠。2018年，全县接待国内外游客1705.32万人次，实现旅游经济总收入191.58亿元，在各地旅游市场普遍疲软的情况下仍保持同比分别10.69%和21.46%的增幅。另外，由于淳安县旅游商品开发起步较晚，特别是以当地土特产资源为原料进行深加工的旅游休闲食品近年来才稍有起色，影响了千岛湖旅游经济整体效益的发挥。休闲食品行业规模企业很少、总销售量和外销能力有限。为此，县政府出台了一系列扶持旅游商品生产和经营的优惠政策，开发千岛湖旅游休闲食品具有了良好的时机和背景。

千岛湖的有机鱼在全国名气不小，千发集团一直以来是以活鱼销售著称，主要是在餐饮市场出售。长期以来，下属的休闲食品加工公司的精力也主要集中在传统产品线中，主要生产传统形态的鱼片、鱼干。从全国市场来看，"鱼"的文章其实一直没能做大，在南方的几个省份，吃鱼一直都有悠久的历史，但产品走的都是地方特产路线。在市场调查中发现，消费者对"鱼"的品牌相对陌生，纵观"鱼"类产品市场，并无竞争强手，这也给淳鱼休闲食品的发展提供了契机。

千发集团的老员工应该记得，公司开发淳鱼加工产品是有一定的历史的，公司下属的杭州千岛湖水产冷冻有限公司（杭州千岛湖渔歌食品有限公司的前身）成立于1966年，是当时浙江省较大的淡水鱼产品开发与加工企业，产品主要是本地市场熏鱼罐头销售和以对外贸易代加工的形式进行鱼片加工。经过近40年的艰苦创业，开展多样经营，形成了"淳"牌各类鱼片系列产品。在休闲食品方面，千发集团抓住了千岛湖旅游发展的大好机遇，随着"淳"牌的影响力日益提高，淳鱼休闲食品的市场份额越来越大。目前的千发旺顺阁公司采取了工贸结合的方式，进行生产和销售加工的产品，而淳鱼加工也不仅限于休闲食品，从发展轨迹和经验来看，主要有大宗鱼类的"公司+农户"式的加工内销；立基于千岛湖旅游市场和外部销售的休闲食品开发和营销。由于激烈的市场竞争，淳鱼休闲食品尚未能实现确立千岛湖休闲食品加工企业领军地位的目标。

2016年10月，千发集团与江苏任天农业科技公司共同组建杭州千岛湖千发任天农业科技有限公司，引进国际先进的微晶冷冻技术，专门从事以千岛湖淳鱼为核心的各类优质农产品冷冻加工业务，提供安全、方便、优质的

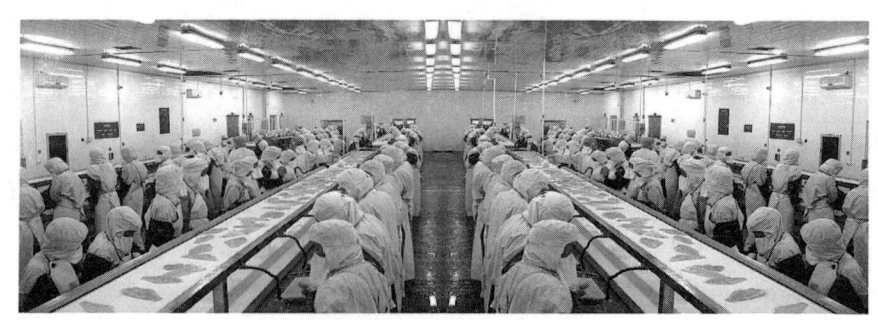

淳鱼鲜冻产品生产线

千岛湖淳鱼分割产品，目标是成为全国一流的农产品鲜冻加工企业。虽然已具备一定基础和规模，从目前的市场地位来看，淳鱼加工作为休闲食品的方向在千发集团整个产业链条上似乎是比较弱的一个环节，而分割淳鱼加工可以被视为淳鱼产业升级的另一个方向。长期以来，千发集团一直把目光聚焦在作为餐饮原材料的"淳"牌有机活鱼身上，主要的人才、资金、技术都在向千岛湖的"养、管、捕"上面倾斜。而随着淳鱼市场的一路走红，作为加工原料的"淳"牌有机鱼实际已经价格不菲，而具有很高品牌价值的"淳"牌休闲食品加工产业面临着没有原料进行加工的窘境，一面是市场对"淳"牌作为高品质休闲食品的旺盛需求和追捧，一面是产品层次和规模无法满足市场需求，市场开发能力有限，而本地的同行又采用外购原料对正宗千岛湖鱼的假冒行为，要做大千岛湖淳鱼加工产业，无论是下属的直营还是参股企业，千发集团还需要投入更多的商业智慧。

第五节　黑色黄金

在千发集团的字典里有五条鱼：一条美味的鱼、一条保水的鱼、一条致富的鱼、一条文化的鱼、一条科技的鱼，而这一条科技鱼就是指公司2000年从中国水产研究院引进的——鲟鱼。鲟鱼是世界名贵鱼类，鲟鱼籽更受世人瞩目，具有"黑金"之称。作为淡水鱼中最大、最长寿的鱼种之一，野生鲟鱼因为资源衰退严重，在全世界都属于濒危保护动物。随着近年来作为食用鱼肉的鲟鱼养殖业蓬勃发展，市场需求在逐年增加，自然繁殖群体的生产量远远不能满足养殖户对鱼苗的需求，需要人工培育的生殖群体来补充增加每年的鱼苗生产量。

1998年，中国水产研究院设立了鲟鱼工程研究中心，正是这一年，他们从

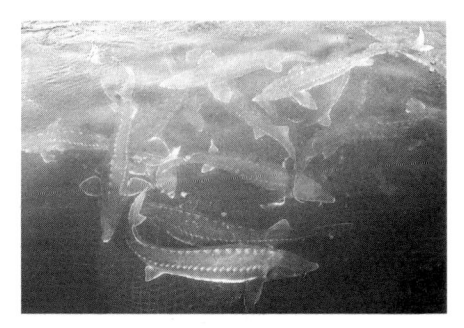

千岛湖里的鲟鱼

西伯利亚引进了鲟鱼，这种看起来生长快、品种新、抗病强的新品种，实在是太适合人口众多的中国了。小小一条鲟鱼，承担了两个国家级项目——农业部引进先进农业科学技术项目"引进杂交鲟、小体鲟"和国家"九五"科技攻关项目"施氏鲟人工繁育及养殖技术的研究"。

2000年，千发集团与中国水产科学研究院等单位合作，在千岛湖水域建立了杭州千岛湖鲟龙科技开发有限公司，开始对鲟鱼人工养殖、加工等方面的实验，并取得了预期的效果，经济效益也随着上升。2007年初，经国家外事局批准，"鲟鱼全人工规模化繁殖技术"引进项目被列为2007年度国家级引智项目，从而大大推进了鲟鱼全人工规模化繁殖技术的全面实施。2007年以来，作为鲟鱼人工养殖的主要国家俄罗斯、德国的专家先后三次来到千岛湖鲟鱼实验基地开展鲟鱼人工养殖、加工等方面的研究与指导，随着该项目的实验成功，极大地促进了淳安县鲟鱼技术水平的提高，彻底扭转鲟鱼良种依靠进口的局面，更是成为淳安县出口创汇的拳头产品。

如今，对用千岛湖水滋养长大的"淳"牌有机鱼，很多人都不陌生，山环水、水环山的独特风光让这里的鱼格外鲜嫩。而7年前的一次偶然机会，中国水产科学研究院专家也正是看中了这片湖水，不远千里将一群鲟鱼的家搬到了千岛湖，至今，这些鱼儿已经从"小蝌蚪"长成了近200公斤的大模子。近几年里，通过人工养殖技术，人们对中华鲟等鲟鱼已不再陌生。鲟龙公司目前养殖的鲟鱼包括了西伯利亚鲟鱼、俄罗斯鲟鱼、达氏鳇、杂交鳇等多个品种，而在20年前，这些鲟鱼在中国基本无法人工养殖，是中国水产科学研究院的科技人员进行了科技攻关才使之成为可能。

鲟鱼在中国养殖的初期，主要是获得美味的鲟鱼肉，由于鲟鱼是软骨动物，鲟鱼肉被认为是最好的补钙食物，并因为其稀缺性和营养价值被许多高端食客们所推崇。而后，被鲟龙公司员工称为"公主"的雌鲟鱼，不再是和普通鲟鱼一样靠卖鱼肉赚钱，它们被用来制作美

千岛湖鲟鱼鱼子酱

称为"黑色黄金"的鱼子酱。这是因为，由鲟鱼鱼子制成的鱼子酱，是全世界最贵的三种食品之一，和法国鹅肝、松露齐名。在法国的高档餐厅里，吃鱼子酱必须用黄金、象牙、贝壳特制的小匙。拥有一家历史悠久的鱼子酱俱乐部的席位，常常是欧洲上层社会里值得夸耀的资本。用仅占鱼儿体积十分之一重量的鱼卵创造出整条鱼十分之九的价值，并非人们想象中那么容易，这个过程中更像是"科学育儿"，不仅花心思，还得有很高的技术含量。

1997年，身为中国水产科学研究所开发处副处长的王斌在一次偶然的机会，接触到了中国水科院的首席科学家孙大江先生试养的鲟鱼，了解了这些对环境要求苛刻的鱼种，并对它们有了浓厚兴趣。于是，两个最佳搭档形成了，一个是搞研究的，一个是搞开发的，一起开始研究如何攻克鲟鱼人工养殖的难关。"当时我们把进口鲟鱼卵成功孵出来，还没兴奋多久就发现，小鱼不肯吃东西。"从生手一点点地摸索着鱼儿成长的规律，终于，到2000年，他们掌握了鲟鱼人工养殖技术，并代表水科院向北方养鱼户进行推广。"鲟鱼养上一年，鱼肉就能卖出1公斤100元的价格，养鱼户都很投入。"如果将这些鲟鱼，按传统鱼类的养殖销售方式走下去，肯定避免不了价格越走越低的命运。于是，从2002年开始，就有了与千发集团合作在千岛湖成立了杭州千岛湖鲟龙科技开发有限公司的成果，公司的目标是不走寻常路，开发每千克售价高达2000美元左右的鲟鱼鱼子酱。

一开始，第一次南迁到千岛湖的鲟鱼在公司成立第二年遇到了它们最害怕的高温天气。"千岛湖那么大的湖面，这么好的天然空调，在2004年夏天，水面温度还是达到了35℃，那是鲟鱼很难受的温度，鱼开始成批成批地死掉。"王斌说，那年从7月开始到9月，连续两个多月，公司员工早上起来第一件事就是到湖边捞死鱼，然后把它们埋了。"那真是又脏又臭，不过更难受的是心，大家越埋越灰心。"这种低迷的状况一直持续到2004年中秋节前，老天终于开始降温，死鱼率出现下降。之后，公司研发团队首先着手解决，属于冷水性鱼类的鲟鱼，如何在南方避暑的问题。

一条雌鱼一般得长到7岁左右才能开始产卵，也就是说饲养鲟鱼的周期要比普通鱼养殖长很多。在公司成立前一两年，鲟龙科技只能靠卖雄鱼的鱼肉来支持雌鱼养殖的成本，但那些每公斤 50~60 元的收入，在昂贵的饲料和照顾日益长大的雌鱼成本面前，只能视为杯水车薪。"公司大部分资产全在鱼身上，而鱼又不能在银行获得抵押贷款。"看着投入越来越大，却看不到什么回报，大家都有点困惑，钱成了问题，这个困难直到一名美国股东加大投资，这才解了公司资金上的燃眉之急。

"从雌雄还不能分辨的育苗开始，我们就分批跟踪，等分出雌鱼后，更是每条鱼进行跟踪，从饲养、加工、运输等过程进行全程记录。"从公司成立起，质控部的员工就按国际标准建立了一套可追溯体系。要做鲟鱼界的西湖龙井更是需要耐心和技术，作为人工养殖中最耗时的鲟鱼，等到其能产卵则要 7 年，这过程中鱼病防范的工作很重要。而长大过程中，如何能尽早识别雌雄鱼，又成为节约公司成本的一大关键。对鲟鱼鱼子酱这种奢侈品来说，鱼卵的成熟度一定要恰到好处，太嫩了，味道不好；老了，又失去弹性，容易散。目前公司已经从繁殖到养殖、加工每个环节都掌握了自己的核心技术。

下一个目标就是把这些外国人的奢侈品带进国际市场。按照国际惯例，全世界有 20 多种鲟鱼，其中，只有以俄罗斯以及南伊朗以北的海域中分别名为 Beluga、Ossietra 和 Sevruga 的三种鲟鱼产下的卵为原料，才被传统市场认可为真正的"鱼子酱"，这也是鱼子酱价格奇高的一个重要原因。中国的食品安全体系不完善，国际市场对中国的出口食品比较排斥，尤其是连自主品牌都缺少的鱼子酱。正是在这样的市场压力下，公司先后克服了一道道技术难关，通过了 HACCP 认证，并通过世界鱼子酱协会不断得到产品的改进建议。德国汉莎航空其德文原意是指"空中的汉莎"，今天汉莎已发展成为全球航空业领导者和成功的航空集团，飞行网络遍布全球 450 多个航空目的港。"实际上，外国人很务实。"王斌说。"汉莎的一位采购经理偶尔尝到了我们的鱼子酱，就悄悄采购了一点，跟踪我们的口味，访问了一些我们的客户。"直到最后他们决定找上门，并邀请鲟龙公司参加一个品鉴会，此时大家才知道，自己的鱼子酱已经被默默观察了很久。当汉莎的采购经理把采购方案上报到董事会，遭到了激烈的反对，有人质问，全世界那么多种鱼子酱，为什么非要用中国的。要知道，坐头等舱的客人，很多都是汉莎航空董事长的朋友，既挑剔又得罪不起。那次和鲟龙公司的中国鱼子酱摆在一起被盲评、盲测的，还有其他25种鱼子酱。中国鱼子酱得到了第一名和第二名，但这次依旧没有顺利过关。后来，汉莎董事局又组织了一次品鉴会，中国鱼子酱这才算打开了通往汉莎航空的大门。2007年，鲟龙公司的鱼子酱也最终得到了世界鱼子酱协会主席的认可，顺利进入到了他开在法国老佛爷百货公司和香榭丽舍大街的专卖店。

  2016年9月，在杭州召开的G20峰会上，和千岛湖鱼头一起，鲟龙公司的鱼子酱也上了晚宴的菜谱。这几年，随着鲟龙公司经营管理的日益完善，公司鲟鱼鱼子酱的产业规模已经占领全球1/3的市场，成为全球最大的鱼子酱供应商，国内市场也慢慢有了起步。20年来，把喜欢冷水的鲟鱼带到南方浙江来，鲟龙公司成功地将中国水产科学院二三十年的研究成果转化成了生产力，并在公司发展过程中不断创新。目前，从鲟鱼的孵化育苗、养殖、养成到加工、产品出口，公司都体现出国际先进水平、国内领先水平。在发展鲟鱼全人工养殖生产的同时，也带动了浙江西南山区的致富。

媒体链接：复活的鱼

浙江卫视《人文深呼吸》 时间：2012年2月19日

2012年开年，浙江的媒体连续报道了一则捕获鱼王的新闻，浙江渔民在水库当中捕获了一条重208斤，长1.92米的大青鱼，大青鱼在捕捞时受伤严重，人们回天乏术，大青鱼气绝而亡。然而，有两位有着特殊技艺的手工艺高手，他们的到来让鱼王"死而复生"，这二位究竟有着一种怎样神奇的技艺呢？

原来这是一种叫作"鱼拓"的古老技艺，它使鱼在纸上复活了。

一度消失的古老技艺，在千岛湖的自然山水间重获新生，一幅锦鳞长卷连接过往，探寻神秘的水上部落和沉默的水底故乡，一湖碧水，一段往事，《人文深呼吸》之"复活的鱼"带您体味千岛湖人的快乐沧桑，追寻曾经的人文繁华。

这每一片鳞如锦缎般熠熠生辉、华美夺目，鱼在纸上却似游在水中，鱼已往生却依然栩栩如生，然而这纤毫毕现的每道笔触却并非用笔画就。鱼拓这门技艺古已有之，据说在我国清代就出现了用墨汁做的鱼拓，可惜失传已久，从19世纪初叶开始，鱼拓在日本却颇为风行。最初鱼拓只是钓鱼人把自己捕获的鱼种、大小、形状等正式记录下来并留作纪念的一种方法，又因为拓印最能够反映鱼的实际尺寸，所以作为钓绩证明的鱼拓在当时又被称为"胜负图"，后来鱼拓就渐渐发展成为一种颇具情趣的手工艺术形式了，然而追本溯源鱼拓其实是传承了中国1000多年历史的碑拓技艺。

大野龙太郎："日本鱼拓是百分之百受中国拓本的影响，在中国拓本技术的基础上加入一些颜色色彩，做成现在这样，从此以后有了日本鱼拓。"

鱼拓以制作方法分类，可以分为直接鱼拓和间接鱼拓，直接法是在鱼身上涂墨或颜料，然后把纸覆盖其上，使鱼的体形印到纸上，和印制木刻画相似。间接法是把纸盖在鱼身上，再用墨或颜料涂抹，有如传统的碑帖拓法。真正艺术修养高的拓者，是运用个人天赋对鱼形状的感觉，利用浓淡的墨色颜彩效果，以匠心、指力把鱼的形态和神韵强烈地表现出来，灵气盎然。鱼拓艺术圈有一条不成文的规定，不能为了拓印而杀死生物，鱼拓的意义在于它既是一种审美的愉悦，也是对生灵的纪念。

杨阿永："有一个朋友养了8年的一条'战船'（鱼），她的那条鱼可以一顿吃4个饺子，这是它的女主人在它死后，她把这条鱼带给我，让我给它做鱼拓的时候流着眼泪给我讲述的这条鱼的故事。我当时也被打动了，我就说，我一定要把你的这条鱼给你复活了。"

当宣纸在鱼身上拓好一幅鱼拓时，纵然每一丝细节都是那么栩栩如生，但空洞的眼神却让它黯然失色，一纸鱼拓最关键的成败就是在于这最后的点睛了，只是那么轻轻一笔，手腕一颤，笔尖那一停顿。那一刻，纸上的鱼儿便灵动了起来，活蹦乱跳、跃然纸上。

杨阿永："她觉得太不可思议了，她那条鱼真的就活过来了，她说她从来没看到过它的那种眼神是看着自己的。"

鱼拓作为鱼文化的又一种表达，同样是源自中国人对"鱼"这一形象的偏爱，中国人为鱼类所创造的神话最为优美的莫过于"鲤鱼跳龙门"了，说黄河鲤鱼习性逆流而上，一旦越过龙门，就摇身变成了龙，父母们望子成龙，就连圣人孔子都特意给自己的儿子起名为"鲤"，鲤鱼跳龙门，我们凡人恐怕是无缘一睹了，但在千岛湖，人鱼大战，巨网捕鱼的场面还真有点鲤鱼跃龙门之势。

到千岛湖旅游的人也许会听说过"九姓渔民"的故事。相传，元末农民起义陈友谅与朱元璋争夺天下，大败九江，包括陈氏在内的九员将领所俘部属被流放到了新安江中，贬为"贱民"，他们世代以捕鱼为业，不准在岸上建房居住，不准读书应试，上岸的时候不准穿鞋，更不得与岸上人通婚，社会地位极其低下，数百年来他们逐水而居，以船为家，衣食住行婚丧嫁娶都在船上完成，其生活习俗与岸上人截然不同。50年前，千岛湖形成以后，新安江上游这个特殊的水上部落也顺流而下，千岛湖成立捕捞大队之后，这些渔民自然也成了捕捞队的队员，如今这里仍有百分之三十的队员是"九姓渔民"的后裔。捕捞队队长陈纪连据说是陈友谅的第32代，对于这一点，憨厚的渔老大自己却并不是很在意，他说虽然姓陈却没有家谱可以证明和祖上的渊源，倒是这个在船上出生的汉子，少年时代起便开始撒网捕鱼的生活，练就了一身的绝活，陈纪连侦查鱼群也像老中医一样讲究"望、闻、问、切"，他说不同品种的鱼落水的声音是不一样的，他甚至还能听见500米以外鱼嘴吐气的声音，鱼多的地方水的颜色也会起变化，个中奥妙不是外行人搞得明白的。

时光荏苒，今天的九姓渔民早已登陆上岸，他们中的一部分人仍然下江捕鱼，但捕鱼已经不再是生活的全部。这几年，老陈也喜欢上了这种在千岛湖渐渐流行起来的鱼拓。

陈纪连："这是一条'花鲴竹'，这个鱼在我们千岛湖还是比较稀少的，捕捞队多年来抓到这个鱼是很罕见的一条，所以我们给它作了这么一条鱼拓，有一种纪念意义，也是一种装饰。"

一个渔民或许做不出"独钓寒江雪"那样雅致的诗文，却一点也不妨碍他们把普通人的生活过得诗情画意。陈纪连是1952年出生的，那时候还没有千岛湖，1959年9月21日，我国第一座自行设计建造的大型水利发电站新安江水库开始截流蓄水，不到半年的时间库区内海拔108米以下的山岭土地，包括浙江、安徽在内的2个古城、3个古镇、1377个古村落先后沉入烟波浩瀚的新安江水库之中，曾经的山峰突出水面变成了岛屿，千岛湖由此而得名。平静的水面之下，两座千年古城已经静默了半个世纪，老淳安的县城因东吴大将贺齐在此驻军，又名贺城，邻近的老遂安县城当地人习惯称之为狮城，他们的历史都在1800年以上，早在湖水充盈之前，作为舟船上至徽州下至杭州的水路主道，自古便是浙西重镇，成片的徽式大宅象征着这个新安江畔徽商商路枢纽的繁华富庶，而这曾经的"文献名邦"自唐至清还出过300多个进士，拥有15座书院，无数老淳安人是亲眼看着故土家园一天天往下沉直到消失的。

1949年1月，台湾女作家龙应台的母亲，其时24岁的应美君怀抱幼子离开了自己在淳安古城的家,她没有亲眼看着淳安的消失,她也没有想到要回头多看两眼。因为她不知道,从杭州上火车的那一刻起,她将一路南下,过江过河过大山,停下来时,脚下已是台湾,她与故乡渐行渐远,此生再无缘得见一面。

龙应台的母亲从此不能见河,一见河她就要说:"这哪里能和我们老家的河比。"她总是絮絮叨叨地对着自己出生在台湾的小女儿龙应台说:"新安江的水是透明的,第一层细细的白沙,第二层是鹅卵石,然后是碧绿碧绿的江水。在抓鱼的时候,长裤脱下来,站进水里,把两个裤腿扎紧,这么往水里一捞,裤腿里满满是鱼。"龙应台的母亲暮年失忆,就连自己的女儿都不认得了,却依然记得自己是淳安人。如果记忆也算是一种拓印的方式,那么水底的故乡早已深深地烙在了这一代淳安人的生命里,至死不渝。

一代人的绵绵乡愁,成就了三千西子的秀美景色,而今天的千岛湖人又将如何续写曾经拥有的千年繁华,《人文深呼吸》将继续为您讲述这一湖碧水的前世今生。

淳安新县城也就是现在的千岛湖镇,这里年代最远的建筑也只有50余年,历史的痕迹还未被那么深地刻入城市中,然而淳朴厚道的当地人对这湖秀水都有着一种与生俱来的喜爱,一说到千岛湖的水质他们的回答出奇的一致,"如果这里的水都不好,就没有地方好了。"回望千年,我们也许还能听见诗人李白驻足同一条江边发出的感叹:"清溪清我心,水色异诸水,借问新安江,见底何如此。"今天,在这片依然呈现的锦山秀水间,这里的人们正在重新创造和延续水面下曾经流淌千年的人文繁华。

2011年6月,首届国际鱼拓大赛在千岛湖举行。来自中、日、韩三国的百名选手演绎"拓鱼成画"。

鱼拓在这片山水间也曾一度失传,它的重获新生还是近些年的事情。

杨阿永:"淳安这个地方山水美丽,而且鱼种特别丰富,当地古老的一些文化遗迹它都在水库建成之后沉入水底了,在那片蓝色的水面之下,你可以想象,沉寂在湖底的古的淳安和遂安的街道,会让你产生很多的联想,然后那些鱼可能会在街道上来回地游动。"

随着对千岛湖和千岛湖人更深的认识和理解，拓一条罕见的大鱼来满足自己的收藏心已不再是杨阿永的志趣所在，制作《千岛湖锦鳞图》长卷的构想在他的脑海中逐渐成形，要集齐所有鱼种绝非易事，鱼拓对鱼的形态、体重和完整的外表都有严格要求，《千岛湖锦鳞图》将史无前例地汇集千岛湖已普查到的114种鱼，构成一幅鱼文化长卷。杨阿永和千岛湖人一起整整耗费了3年的时间，终于制作完成了这一幅全长34.8米、高1.04米的"锦鳞"长卷。

《千岛湖锦鳞图》为目前全球单幅面积最大、图卷最长、鱼类最多的鱼拓作品。

鳞波清韵中，千岛湖188条、114种淡水鱼在自由翱翔，它们从湖里游到了纸上，又从纸上游回湖底，不知鱼儿是否曾经叩响那水底古城的门环，替人们去看一眼沉睡的淳安和遂安。

在几大古老文明当中，似乎只有中华文明如鱼得水，年复一年延续到今天，并且每一道年轮都清晰的仿佛刻出来一般，其实每一个人都能亲自动手制作鱼拓，如果你在享用美味之前能够补上这么一个被疏忽的环节，也许它能够让我们追忆快乐，能够用一种写诗的心情来过寻常的生活。

08 CHAPTER

第八章

生态文明时代的产业标杆

20年来,千发公司保持持续稳步发展,
是国有资产保值增值的典范,
同时实现了良好的社会效益、生态效益和经济效益,
是"两山"理论很好的践行者,
也为"绿水青山就是金山银山"提供了高水平转化的时代样板。

2019年，一个普通的日子，千发集团的一小队捕捞队员带着各种网具，开进了江西崇义县的一个叫作阳明湖的地方，开始了千岛湖淳鱼产业布局全国的新征程。

千发集团"一湖推十湖，十湖带百湖"是一个令人振奋的新计划，全国的数万个湖泊正在经历生态发展的全面转型升级，众多湖泊面前是一个时代变迁下的抉择，千岛湖的"保水渔业"给了他们一个清晰的范本，兼顾生态和经济效益，实现可持续的中国渔业"新长征"也成为国家渔业管理部门的最重要的课题。随着消费升级和互联网科技的进步，产品模式和商业流程都在经历迭代，淳鱼的"鲜冻产品"成为一种高品质、低成本的新的渔业工业化过程，活鱼可能在特定市场成长期存在，走向高端，走向金子塔尖，这是千岛湖淳鱼一直的行业荣耀。而搭载"一鱼一码"、大数据、小程序、新零售、人工智能、品牌 IP 化……"三步成菜"的微晶鲜冻淳鱼产品成为新的"网红"，正在线下、线上持续延烧，水产向左，生鲜向右，淳鱼在用一种从前从未采取过的姿势，探索另一种市场可能性，在商业上续写着传奇。

20 年来，淳鱼从来没有完全把旺盛的市场需求满足过，产能是一方面，运营能力是一方面。千发集团最能把握社会趋势，产业形态和产品模式与趋势合拍，一路走得平顺、高端，从尺度上说，千发集团从来都没有狂追热点，不纠结于窗口期是不是会关闭，永远都是量力而行，顺势而为，经营问题也永远很具体，踏石留印，抓铁有痕，外部环境风起云涌，建设如今的千岛湖淳鱼高品质、高品牌、高品位，极不容易。千发集团在 2013 年提出"低成本创意营销"，在信息日益碎片化和粉尘化的当下，引入产业链场景，自主媒体、网络优势、粉丝群体、渠道联动等，淳鱼的"低成本创意营销"正在经历媒体价值的深耕，让淳鱼被趋势需要，被热点需要，被社会需要，被时代需要，融合各种媒体形态的内容深耕让淳鱼在移动互联网时代更受关注。

第一节 "两山"实践

习近平同志在担任中共浙江省委书记期间，旗帜鲜明地提出的"绿水青山就是金山银山"（简称"两山"）的重要思想，对以"美丽中国"为目标的生态文明建设、对中华民族伟大复兴的"中国梦"的实现、对人类的传承和延续，都有着重大的指导意义。淳安的生态发展，特别是千岛湖"保水渔业"产

中央党校"两山"理论案例调研

业的实践，也一直受到来自中央、省、市的全面支持和推进，更在各类国家级的党政和前沿的商业研究中作为重要案例进行解析和推广。

诚然，千岛湖的历史上也因为忽略自然法则而受到警示。新安江水电站的建设，淳安累计迁移29万人，给当地带来了很大的经济负担。千岛湖水位108米以下，淹没了所有企业，工业基础归零，30万亩良田淹没水底，基础设施损失殆尽，淳安由建库前的甲等富裕县变成建库后的贫困县，经济发展由此经历了"十年倒退、十年徘徊、十年恢复、十年起步、十年爬坡、十年跨越"的艰苦历程。"文革"十年，大炼钢铁，千岛湖森林和生态遭到破坏，周

浙江省省长袁家军视察鳌山渔村民宿

围山峰光秃秃一片，森林覆盖率最低时只有23.6%。靠山吃山，靠水吃水，从库区搬迁上来的后靠移民或砍伐树木，或下湖捕鱼，以湖、以山为生。20

世纪 80 年代，大规模的网箱养殖开始遍布千岛湖面，每年几万吨的饲料撒进湖里使湖水透明度大大下降。数量庞大的采砂船搅得湖水一片混浊，沿湖村庄的生活垃圾倾入湖中，乡镇企业崛起后，造纸、钢铁、化工、纺织等污染企业围湖而建，排污口附近大片水面变黑。随着城市规模的不断扩大，人们在向山要地的同时，也在向湖要地，许多山被推平填入湖中，这不仅破坏自然生态，更使湖区的绝对面积减少。农药、化肥的使用被农作物部分吸收后，余下的集中流向千岛湖。千岛湖的自净能力是有限的，越来越多的工业废水和生活污水的排入，超越自净范围。一直以来，淳安县力图大做山水文章，2000 年前，全县长期处在单纯卖原料，有时甚至连原料都运不出去、卖不掉的状态，那时的千岛湖代表着贫穷，加快发展的目的只想改变现状，但所有努力都没有让淳安富起来。

20 世纪 90 年代，千岛湖局部水域发生的两次季节性"水华现象"是一个警讯，蓝藻的爆发提醒人们，生态环境的恶性已经是不争的事实。县委、县政府做出决定：关停沿湖 30 多家造纸、化工、电镀等高污染企业，200 多家白炭窑、木材加工厂等破坏森林资源的企业也一并关停。一下子，全县再无一家印染、农药、化肥、制革等重污染企业。此举在经济发达的浙江，成了轰动一时的新闻，而对于淳安来说，则是一次刻骨铭心、壮士断腕的悲壮。对于水体本身，人们通过对比发现水质变坏与千岛湖鲢、鳙鱼数量减少有关，以滤食水中的浮游生物为饵料的千岛湖鲢、鳙鱼，每生长 1 公斤，就可以消耗近 40 公斤湿重的藻类。通过大量的种苗增殖投放，千岛湖的鱼儿将水体中的氮、磷等营养物质转化为鱼体蛋白质，同时通过科学合理的鱼货捕捞将其带出水体，达到净化水体的作用，实现生态系统的自然恢复。这样，从生物控制为核心的原理出发，千发集团通过生态经济化实现了三大产业协同融合，建立了"养殖、管护、捕捞、加工、销售、研发、烹饪、旅游、文创"为一体的全产业链体系。今天，保护渔业资源就是保护水资源，保护水资源就必须保护渔业资源，这个理念已深深地在淳安人民心中落地生根，千岛湖"保水渔业"实现了经济生态化和生态经济化的辩证统一。

千岛湖是淳安的根与魂，2013 年 10 月，国务院《千岛湖及新安江上游流域水资源与生态环境保护综合规划（2013—2020）》赋予了淳安新的使命。这份国家级规划由国家发展改革委牵头、国务院七部委参与调研、安徽浙江两省分头编写、中国国际咨询公司最终统稿。其中，千岛湖及新安江上游流域首次被正式定位为"长三角地区重要战略水源地和生态屏障"。保护好千岛湖是政治责任，也是淳安最大的资源宝库，在生态财富不断升值的今天，千岛湖的

浙江海洋大学就业创业实习基地挂牌

价值已经难以用金钱衡量，淳安人有着历史的耐心和强烈定力，努力管住自己的每一滴污水。近5年来，因环保门槛主动放弃了300多亿元的产业项目，淘汰落后产能企业20余家，出台了经营性建设项目，严禁填湖、沿湖项目退湖20米、沿湖不建吊脚楼等规定。在地方财政年收入有限的情况下，2010年至2017年，累计投入环保资金86.5亿元，实现污水处理设施全覆盖。完成以湖区采砂、网箱养殖、湖区垂钓、船舶生活污水上岸等为重点的"五大整治"，24小时全天候打击违法垂钓行为，118.8万平方的网箱退出千岛湖水域，每年近15万吨的船舶生活污水全部统一收集上岸处理。千岛湖建成了以国家级水质自动监测站、全国首家自动在线通量实时监测系统、千岛湖生态系统监测站等为主的智慧环保体系，对千岛湖水质以及重点污染源实行24小时实时监测。建立了公安环境犯罪侦查机构，实行环保联合执法、责任终身追究等机制，严厉打击环境违法行为。推动国家从2011年起建立实施新安江流域水环境补偿试点，这是国家层面首次真正意义上的跨流域生态补偿试点。正是通过这样的全力以赴，千岛湖在近60%二、三类水入境的情况下，始终保持了一类水出境，千岛湖用高标准，倒逼环保水平的提高。

依托"绿水青山就是金山银山"的理念指引，千岛湖提出了"秀水富民"战略，后来又增加了"康美千岛湖"的方针，既充分保护生态环境，也充分转化生态资源，大力发展以"保水渔业"为龙头的生态农业和以旅游业为龙头的新型服务业，山、水、林、田、湖成为一个生命共同体，发展深绿

产业，强调可持续的发展模式，为百姓带来真实惠的政绩观，以点带面全面启动一二三产融合发展。实践证明，这条路是环境保护与产业富民的最佳平衡点。山水资源、景观生态向富民惠民的"金山银山"转化，成为一项立体工程。全县正确把握保护与发展的关系，坚持走新型"生态工业"之路，一批先进制造业、高新技术产业成为产业主力。发展生态循环农业和生态工业、淳鱼产业、高新技术产业、科研院所、粮经结合型种植、生态果园一体化经营等等。将第一、二产业与旅游业有机整合，大力发展鱼文化为标杆的生态农业特色旅游，大力发展乡村民宿产业。淳安因湖而兴的步伐日益加快，因湖而强的趋势越来越明显，迎来了科学发展、特色发展、快速发展的黄金时期。

2015年，淳安部分乡镇在此基础上提出了富丽乡村的概念。接着，在县域层面，淳安创新实施富丽乡村建设工程。淳安的山水资源被作为一个共同体进行联治。建设美丽环湖绿道，打造升级版乡村旅游线，重现"看得见山、望得见水、记得住乡愁"。作为创新运营模式的典范，千岛湖鳌山渔村民宿群由千发集团投资建设，通过"村企合作、共谋共建"，践行"秀水富民"。如今的鳌山渔村，村庄风景如画，经济融合发展。以自然资源为依托，建设骑行步道，修建村野村貌观光路，辅以亭台楼阁相连接。以鱼文化为依托，建设一线鱼廊、主题民宿，实现鱼文化和渔民生活场景一体化。以民俗民风为依托，建设采风楼、农家风味馆，使全村处处是景，处处有内涵。以农耕文化为依托，开发农事体验活动，将渔业和农业的生产环节转化成趣味性强的各种参与性项目。企业化运营、市场化运作的结果，不仅形成了以鱼文化为内容的文化产业新的休闲度假区块，也使当地百姓从美丽乡村过渡到富丽乡村的新阶段。民宿的小超市扫码购买农产品、民宿游客用餐搬进了农家，这些创新经营方式得到了各级领导和社会的普遍倡导和表扬。2016年11月，鳌山渔村民宿顺利承接了"浙江省乡村旅游提升发展工作现场推进会"。2016年12月，省委副书记、省长袁家军在县委书记黄海峰的陪同下，到鳌山渔村调研，对鳌山渔村的建设模式和发展思路表示肯定。如今，在生态经济的平台上，淳安的第一、二、三产正呈现加速融合之势。"绿水青山就是金山银山"在淳安,就是一幅"生态富民"的蓝图。凭借一流的生态环境、独特的山水资源、优惠的服务政策、和谐的人文环境,以及国家主体功能区建设试点示范、省重点生态功能区示范区、"美丽杭州"实验区等"政策红利",也为企业创新创业提供了适宜的土壤和丰富的想象空间。

村企共建:鳌山鱼村巨鱼呈祥

以千发集团的实践为样板,淳安县在发展过程中不断思考和取舍,构成了一部山水资源升级、生态效益转化的活教材。近年来,淳安县有意无意形成的生态经济发展模式越来越被人们所推崇和借鉴,"两山"理论的种子在美丽的千岛湖生根发芽、开花结果。2018年初,中央党校哲学教研部教授孙要良主持的"以千岛湖为案例"的"两山"理论课程开始筹备。6月14日,中央党校厅局级生态文明建设班正式开课,系统阐述了《一条鱼的供给侧改革》,其经济、生态、社会效益协调发展的模式,得到社会各界的热议和肯定,这个课程也成为中央党校的常设课程。为深入践行"两山"理论,在全国复制和推广千岛湖"保水渔业"模式,千岛湖制定了"一湖推十湖,十湖带百湖"的生态文明产业发展战略,让经济、生态、社会协调发展,惠及全国水库和湖泊。在千岛湖鳌山渔村建立了"中林两山学院",推行"两山"理论思想的培训和普及,导入"千岛湖模式"。2018年11月,中林两山学院首期培训班在鳌山渔村顺利开班,首期学员主要来湖南省通道县的领导干部，围绕现场教学、案例教学、理论教学、视频教学和学习交流相结合的培训方式，授课内容涵盖中央党校孙要良主讲《一条鱼的供给侧改革》、浙江省旅游局汪成设主讲《农旅融合助推三农》、千发集团何光喜主讲《千岛湖有机渔业发展之路》等，现场教学则是"山水资源和乡村资源的全域旅游开发""千岛湖保水渔业产业链实地考察""文化餐饮品牌塑造"等内容。2019年5月22日，千岛湖保水渔业案例进入清华大学经济管理学院课堂，与来自各行各业100名学员生动分享了"一条鱼"如何践行"两山"理论。20年来，千发集团保持持续稳步发展，是国有资产保值增值的典范，同时实现了良好的社会效益、生态效益和经济效益，是"两山"理论很好的践行者，也为"绿水青山就是金山银山"提供了高水平转化的时代样板。2019年6月23日，国务院国资委党委书记、主任郝鹏专程来到千发集团，调研企业党建、"不忘初心，牢记使命"主题教育、践行"两山"理论情况，对千发集团经营管理工作给予高度评价。

国务院国资委党委书记郝鹏视察千发集团

第二节 感动淳鱼奖

千发集团成立之后的 20 年是千岛湖渔业品牌化运营继而走向全国的 20 年，许多发展过程中发生的故事都被媒体和企业内部不断传播和沉淀，成为千发集团印进模子里的胎记，是最代表千发人价值取向的企业文化，成为一种公众企业通过自己独特方式践行社会责任的一种实践过程，这其中就包括阿里巴巴员工救人事件引发的千发集团对"感动淳鱼"这个概念的推崇和延伸，形成千发集团评定"感动淳鱼奖"的企业仪式。

故事发生在 2018 年 11 月 19 日，那是冬季降温的第一天。阿里巴巴工程师刘新停带着几位同事到衢州看望做手术的同事返程的途中。几位同事一商议，不如就顺道到千岛湖去吃一回鱼头，就是这个决定让刘新停和千岛湖淳鱼有了一次奇妙的缘分，也谱写了"英雄救人，千岛湖鱼头送英雄"的好故事。中午时分，刘新停的车正行驶在千岛湖美丽的环湖公路上。此时，突然对面车道窜出

"感动淳鱼奖"获得者刘新停

一辆皮卡，其实这辆皮卡是想超过同向而行的红色小轿车。由于皮卡车转弯力道没有掌握好，在回到自己车道时，车头猛地撞到红色轿车的车尾，于是意外发生了。红色轿车失去控制，越过隔离带，直接滑下岸坡开进了湖里。红色轿车很快就没入湖水中，大家傻眼了，此时还是刘新停机警，在要求同事赶紧报警的同时，也没顾得上脱掉身上的衣服，一头扎进了冰冷的湖水中。幸好，当时红色轿车有一扇车窗开着，跳下水的刘新停很快从车中先拽出女驾驶员。当时，女驾驶员也傻了，不知所措地被拉到安全的岸边时，还不知道发生了什么。之后车上其他 3 个人也陆续得救了，其中一位还是孕妇。这险象环生的过程，事后刘新停也觉得害怕，毕竟千岛湖的水很深，如

果时间不抓紧的话就很危险,而且已经是冬天,湖水冰冷,大家都坚持不了多长时间就可能动不了了。交警也及时赶到了现场,伤者被送往医院。所有人安全上岸之后,整辆轿车也慢慢沉入了湖底。事后了解,红色小车上有4个人,都是从上海来千岛湖旅游的,刘新停的及时施救,换来了5条生命的平安。一切搞定后,刘新停这才发现,匆忙中自己的腿也被湖岸灌木倒刺划伤了好几道口子,脚也被道路上滑下的大石头砸了一下。当回到千岛湖镇,刘新停裹着毛毯、喝着热腾腾的千岛湖鱼头汤时,身体还在忍不住瑟瑟发抖,浑身肌肉酸痛。短短几小时,新闻很快在网上引爆,阿里巴巴公司的马云也特地打电话询问当时的情况,对刘新停进行了表扬。在接受媒体记者的连线采访时,刘新停也反复强调,救人是本能,是举手之劳,其他人看到了也会这么做。

这个过程中,大家都觉得刘新停的见义勇为与千发集团倡导的淳朴、纯真、醇厚的经营理念契合,作为国有企业,千发集团为承担起社会责任,也在第一时间,经公司党政联席会议研究,发出了表彰信,一致通过,授予刘新停"感动淳鱼奖",提供终身免费在千岛湖鱼味馆吃鱼头的特殊贵宾待遇,以此弘扬社会正能量。11月29日,在杭州市公安局召开表彰大会上,杭州市见义勇为

"感动淳鱼奖"证书

基金会和淳安县人民政府共同隆重表彰了刘新停见义勇为。千发集团总经理何光喜为刘新停颁发"感动淳鱼奖",这是公司成立以来首次颁发此奖项。表彰刘新停终身免费在千岛湖鱼味馆吃鱼头,是以一种特殊的方式代表千岛湖人民对他见义勇为的行为表达感激之情和崇高敬意。此外公司还分别奖励阿里巴巴其他7名参与救援的同志每人一张千岛湖鱼味馆贵宾卡。千发集团作为渔业行业企业,有许多的水上作业员工,公司上下深知湖中救援的危险性,所以在刘新停救人的新闻在网络刷屏之后,公司上下也深受感动,用纯正、鲜美、浓情的千岛湖有机鱼头来慰问见义勇为的英雄更显淳安人的真诚与热情。通过表彰活动,也让更多人向刘新停这样的"救人英雄"学习。

类似见义勇为的行为也发生在千发集团的职工之中。2016年8月16日，界首乡里童村，70多岁的婆婆不慎滑落里童库湾里，情况十分危急。正骑着摩托车路过库湾的余宗泽，听到民众呼救后，没来得及放好摩托车，迅速跳入水中，将已快被水淹没的婆婆救起。由于施救及时，落水者并无大碍，看到婆婆没事后，余宗泽便默默地离开了现场。在后来两年时间里，老姚一家多次携带了烟酒、自家的火腿肉、土猪肉等礼品上门感谢余宗泽，余宗泽都婉言谢绝了。而这期间，余宗泽也没和任何人提起救人事件，他的领导和同事，都不知他做了这件了不起的事。也是因为内心过意不去，老姚特地来到余宗泽所在的单位送了锦旗，这下大家才了解到了事情的原委，50岁的余宗泽此刻也成了同事们心中的英雄。回忆起救人时的场景，余宗泽直爽地回答："当时路过就看到有个人在水里，听见他们喊'救命'，也没人去救她，就跳下去了。救人是义务，见不得不去救她……"。

自参加工作以来，余宗泽一直在鱼种生产第一线工作，工作认真负责、踏实肯干。在鱼种生产培育过程中，虚心向前辈学习养殖经验，刻苦钻研养鱼知识，敢于试验养殖新技术、新模式，为公司科技人员积累了丰富的实验数据。特别在大塘鱼种场工作期间，连续多年高产量培育出优质鲢、鳙鱼冬花鱼种，创出了库湾鱼种养殖历史最高产量，很好地解决了网箱老口养殖配套鱼种任务。余宗泽在鱼种场工作的30多年来，默默工作在渔业产业第一环，为千发集团经济效益提升、为千岛湖保水渔业做出了贡献。经千发集团党政联席会议研究，一致通过授予余宗泽"感动淳鱼奖"并以资奖励，号召全体员工向余宗泽学习。千发集团也专门为优秀员工余宗泽召开了表彰大会，

"感动淳鱼奖"获得者余宗泽

千发集团总经理何光喜提出，所有员工学习弘扬余宗泽正能量精神的同时，要牢记千发集团也是一个传递社会正能量、担当社会责任的企业。

时代的发展，人们的生活水平有了很大的提高，也更加珍惜自己的美好生活，这并不代表着我们走向自我为中心，成为自私自利冷漠的人，为社会、为他人更多付出，融入一种"人人为我，我为人人"的和谐健康的社会氛围中，一个企业特别是像千发集团这样的国有企业，需要做出更多的表率，形成企业独特的企业文化，并上升到与企业生死存亡相同高度的价值观层面。以这样的初衷出发，千发集团也不断将"感动淳鱼奖"的名单越列越长，这个列表中不仅有千发集团自己的员工，也更多加入渔业科技、渔业装备等高端科研学者，研究生态发展模式的社会学家，耕耘淳安大地的新闻工作者，保护渔业资源的渔政管理干部，北京、温州等特定区域鱼头餐饮市场创新创意开发者，以鱼头人造型出现的国际人文艺术家，以中国鱼拓这一特殊艺术形态的艺术家，他们在各自的领域取得了杰出成就，也与千发集团的理念心心相印，相互成就。

上海海洋大学水产与生命学院教授、博士生导师刘其根主要从事天然内陆水域鱼类增养殖及其生态学、渔业水域环境的生物修复等，研究各种鱼类种群的数量变动规律、水体食物网结构（特别是鱼类群落结构）、相互作用及其对水域生态系统的影响，水域环境的生物调控/操纵等。承担国家级科研项目10余项，发表论文70余篇，主编或参编"千岛湖鱼类资源"等多部著作。从2002年开始至今，始终带领学校硕士、博士研究生团队，坚持不懈在千岛湖开展"养鱼治水"研究，提出"保水渔业"理论，为千岛湖渔业可持续发展和水环境保护做出了重要贡献。硕士生导师、中国水产科学研究院渔业机械仪器研究所首席专家谌志新长期从事渔船与捕捞装备、海洋与养殖工程装备，是神州五号、神州六号飞船打捞回收技术主要研发人。长期参与千岛湖大水面渔业装备现代化转型发展的科研工作，先后研发巨网捕鱼液压起网机、起锚机、刺网起网机、活鱼转运系统、大水面生态养殖设施系统等助渔设备，推动千岛湖渔业生产向机械化、自动化、智能化转变，为千岛湖渔业产业发展做出了巨大贡献。中共中央党校哲学部副教授孙要良一直致力于绿色发展与生态文明建设研究。历时两年先后6次深入千岛湖实地调研保水渔业及生态文明发展情况，翻阅了大量淳安县历史人文地理及千岛湖渔业科技材料，形成了以浙江省淳安县千岛湖为案例的绿水青山就是金山银山的案例教学成果，并成功在中共中央党校厅局级生态文明班上开讲，得到了业界高度评价，为宣传千岛湖保水渔业、推广千岛湖模式做出了突出贡献。淳安县委宣传部部务会议成员、文明办主任张志鹏从事新闻宣传工作30年，以新闻人特有的敏锐、智慧和视角，倾力讲好淳鱼故事，精心烹制出一道道淳鱼新闻大餐。在他的策划帮助下，淳鱼多次亮相"新闻联播"等国家主流媒体栏目。仅2018年五一国际劳动节和十一黄金周期间，千岛湖有机鱼和鳌山渔村农事体验活动先后在央视新闻联播、新闻直播间等栏目播出，一次又一次将淳鱼推至大众关注的热点。淳鱼成为网红只因你一路成就。淳安县渔政渔港监督管理局东南渔政分站党支部书记、站长王应平在人生最美好的20年青春年华里，他始终以湖为伴、以船为家，日夜守护着一湖秀水，保护着千岛湖的渔业资源和水域生态环境。在践行"两山"理论的实践中，他为我们渔政人做出了榜样。旺顺阁（北京）投资管理有限公司总裁、鱼头泡饼创始人张雅青，凭一道鱼头泡饼火爆京城，旺顺阁18年坚守一道菜，抓住自己的特色，把它做到极致，创造出年销售额8亿元的餐饮传奇。她倡导"鱼头越大越好吃"的消费理念，让千岛湖淳鱼享誉京城，香飘四海。温州市得尔乐餐饮有限公司总经理陈本保首先在温州引进"千岛湖淳牌有机鱼"，千岛湖有机鱼头在温州一炮走红，创造出一个又一个全国酒店淡水鱼销量第一的纪录，并且10余年来长盛不衰，让吃鱼头到得尔乐成为温州人的消费习惯！他是"千岛湖淳牌有机鱼"最忠诚的合作伙伴，是千岛湖有机鱼走向市场的最大推手。香港家家宝（国际）有限公司董事长王星洲先生经过不懈努力在2015年成功将千岛湖淳牌有机鱼引进香港，得到广大香港市民及餐饮业的热烈欢迎与追捧，让淳鱼在香江彼岸大放光彩。多次为旅港浙江乡亲及香港各届爱国同胞提供淳鱼宴。淳鱼为媒，营造浙港一家亲的良好氛围。法国鱼头人艺术家安娜（Anne-Catherine Becker-Echivard）2015年应千发集团的邀请创作以淳鱼文化为特色鱼头人作品。2017年，安娜带着78幅作品以《千岛湖的守护者》为主题，进行北京、上海、西安、大连、杭州的全国巡展活动，取得热烈的反响。作为一名来自西方的鱼头人艺术家，凭着对自然的热爱，以艺术的形式，向大众展示千岛湖的渔业生态保护成绩，为宣传千岛湖生态保护做出了很大贡献。中国渔业协会鱼拓专业委员会副主任委员杨阿永为千岛湖166斤重的青鱼王制拓,历时3年,在千岛湖鱼拓社为千岛湖114种鱼制作34.8米《千岛湖锦鳞图》长卷,为世界鱼拓之最。2010年,接受广州亚运会组委会001号授权书,为亚运会制作元首级鱼拓礼品,引发轰动。他的代表作品《鳜鱼王》《青鱼王》《千岛湖锦鳞图》等均以千岛湖的鱼为拓本,他以鱼拓艺术的形式推介千岛湖。

  这些不同领域的优秀者,以他们的不同方式与淳鱼结缘,共同怀着在千岛湖这片热土上实践中国渔业梦想,并肩同行,也共同成就了淳鱼的优秀,而这种优秀,从另一个角度来说,就是一种千发集团对自身更高的要求和对于社会更大的责任。砥砺20载,奋进新时代,千发集团将用一种什么面貌来迎接千岛湖淳鱼的下一个20年?唯有融入血脉的企业精神可以支撑更加复杂变化而又深度关联的时代挑战,为社会不断提供价值,成为企业存在的根本原因。如今,千岛湖有机鱼已远销全国,为社会提供更安全美味的食材,实施有机渔业保水渔业的基础上,在全国淡水鱼产业上创立了独特的"千岛湖模式",并顺利实现模式输出。千岛湖渔业经济带动了以鱼为主题的特色餐饮、加工、旅游和文化等产业的发展,社会综合效益达20亿多元。以鱼护水,以鱼名湖,秀水富民,千岛湖淳鱼产业发展将充分体现参与性、生态性、文化性和共享性,成为千发集团在新时代奋勇前行、谋求更大发展的新起点。

"砥砺二十载奋进新时代:淳鱼之恋"晚会

第三节 庖丁解鱼

人们也许无法想象,千岛湖的鱼儿可以和高科技搭上关系,但随着千岛湖产业布局的深入,特别是移动互联网时代生鲜零售行业格局的变化,全球买、全球卖,全国供应链体系正在经历深度重构。作为千发集团分管淳鱼加工板块的副总经理,徐明江越来越意识到,以工业理念再造农业的重要性,或者从风生水起的电商、新零售的社会动态中,整个千发集团都已经明显嗅到了时代机遇的到来。千岛湖淳鱼原有的产业体

黑龙江杜尔伯特自治县有关领导考察千发集团

系完全基于一个市场认知,就是人们在大酒店点菜下单时,渴望能看到一条活蹦乱跳的千岛湖淳鱼,他们会通过鱼的体态和活性,"眼见为实"地直观判断来确定这是一条来自良好生态的千岛湖里的大鱼。因此,千发集团建立了以淳鱼活鱼配送为核心的直营直销全国网络。依托这个网络,千岛湖淳鱼开疆拓土,20年间,已经与20多个省市上千家酒店形成了战略合作关系。当前,全国餐饮市场"中央厨房"到"中央厂房"的供应链再造,许多大型的连锁餐饮企业的菜肴预处理能力不断加强,形成了"前台是店,后台是厂"的高效的食材处理专业化流程,不仅对淳鱼这样的原材料供应商产生很大触动,也给那些农产品深加工企业带来了深刻的压力。这样的模式转变有一个很大的好处,就以淳鱼为例,如果实现工厂化的淳鱼预处理,虽然价位上可能比活鱼稍微高出一些,但从整个流程的成本来看绝对是更合算的。首先,酒店不需要配备一个大水池,不需要再全天候监控这些活的"宝贝",每天提心吊胆。因为这样的操作需要一个节奏紧凑的销售时间周期,否则淳鱼暂养的时间过长,其实也影响鱼的口味和活性,最重要的斤两上损耗也很

大。其次,酒店不需要配备专门的杀鱼工,这是一个既专业又辛苦的工作,技术要求很高,酒店对杀鱼工需要长期培养才能胜任这份工作,所以相对的工资待遇不低。当然最核心的还是,在全世界范围内,冷冻技术上有了跨越式突破,而千发集团迅速抓住了这次技术升级带来的产业转型的红利。

冻鱼和活鱼在消费者眼里是完全不一样的,人们更相信现杀现烹的淳鱼,因为自然状态的冻鱼,体内成分随着时间的推移,会发生各种各样不好的变化,这仍是一种常识。目前,基于针对这些变化而创新的保鲜技术正在颠覆习惯性认识,而这样一种技术突破,已不能仅仅视为一种冷冻技术的提升,而是一种从活鱼筛选、放血、分割、预结冻、冷藏、冷链运输等一系列系统性工程。水产品保鲜技术,除了传统晒干或工业脱水成为干制品,这种对结构状态产生很大影响的方式之外,则多数主要是低温保鲜。而其作用是通过细胞物质的冰晶化,减少体内化学酶的氧化过程,从而达到长时间保鲜的目的,其中最关键的一环则是如何让结冻过程得到更小的冰晶,从而减少对细胞结构体的破坏,保持更好活性,这个过程就是放入冷库冷藏之前的预结冻处理。全世界最重要的保鲜技术突破就在这个环节,关键要达到的目的,就是更快速、更均匀和更小的冰晶。要达到这样的预结冻效果,细胞内外就会保持更好的浓度一致性,食物拿出来进行化冻时,也相对更加稳定。在传统预结冻方式上,平板冻结、鼓风冻结、液氮冻结等由来已久,这些预结冻技术不是结冻不均匀造成食物内外温度快速反差而结构崩裂,就是温度传导过于漫长,资源利用效率低,相对能耗又高,造成空气、水体等大量污染的问题。人们需要一种新的预冻结方式,实现更好的结冻效果。淳鱼小冰晶鲜冻技术就是在这个时刻被投入科研力量,进行了技术攻关并研发成功。

在国外,已有专业研究团队通过研究不同材料配比的不冻液,探索它们在不同温度、浓度和搅拌速度下对食物温度传递的规律,从而形成一种新的结冻方式,目前已经有了一定的实验室模型,这是一个激励人心的学术方向。浙江工业大学研究团队正在对这个学术方向进行攻关,千发集团通过运行多年的产学研合作机制,正式引进这方面的专业技术人才,他们正是"水产品不冻液冻结技术及其冻品品质分析研究"的拓荒者,由于他们在这个方向上的不懈努

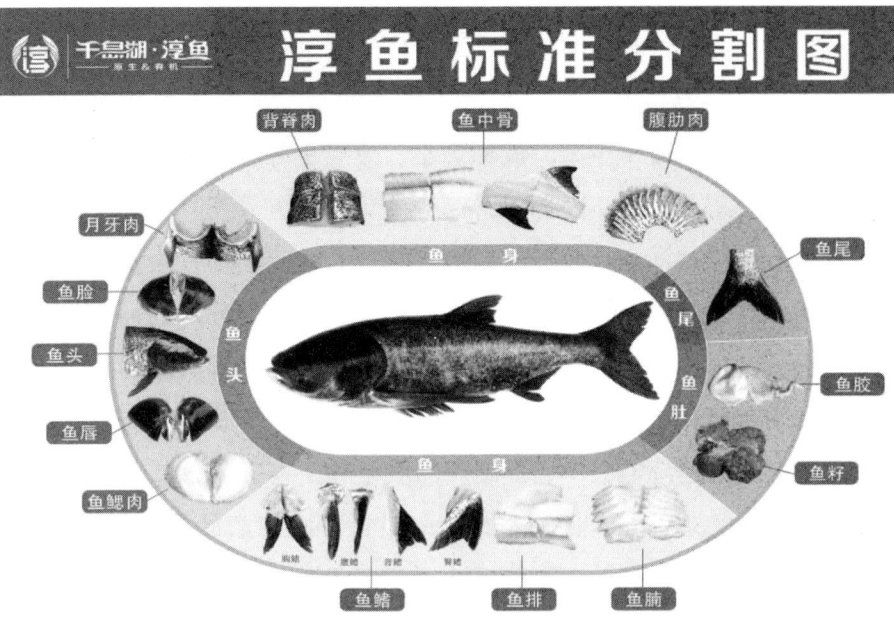

力，已形成了一套完整独创的技术流程、材料配比和冷冻传导的学术成果和过程数据，也在千岛湖淳鱼鲜冻产品加工中不断进行升级和创新。千发集团需要这样一整套完整的鲜冻技术作为支点，达到千岛湖淳鱼从活鱼市场延伸到鲜冻市场的重要战略落地，而在世界范围之内，这个研究方向上仍然是一个全新的课题，千发集团的技术团队就肩负着打造这个淳鱼科技新支点的重任。到目前为止，这个方向上已经积累了两项国外专利、两项国内专利。

千发集团食品分公司淳鱼加工厂

随着人们生活水平的提高,大家对食物保鲜的要求越来越高,而一个食品企业在鲜冻技术上的科研水平,则足以代表这个企业在未来产业竞争的实力。因此,千岛湖淳鱼的分割产品加工本身就是一个有很高技术门槛的行业,看哪家技术保鲜效率更高、成本更小、效果更好、更卫生环保,这是一条停不下来的赛道,只有不断创新,保持优势。淳鱼分割产品基于淳鱼的全国市场开拓,会让这样的技术提升和追赶有更大的应用和发展空间,鲜冻技术会随着淳鱼产业的发展一起跨越式进步。从一天几千公斤的加工能力,到一天几万公斤的加工能力,千发集团鲜冻产业板块工作者们深切感受到每一进步带来热血沸腾,由于千岛湖淳鱼的旺盛需求,他们并不太需要担心淳鱼的销售问题。但如何降低成本、提高产品质量和工作效率,总结形成鲜冻操作的工艺规范和管理体系,改进机械设备,提升鲜冻产品的质量和稳定性,历练一大批技术过硬的产业工人队伍,还有许多课题等着去思考和解决,这也激发着他们更多的聪明才智。科技的应用仍然是一套系统性的体系,淳鱼鲜冻也远没有形成完美无缺的科学管理、技术和设备相辅相成的产业模式,淳鱼在农业标准化方面浸润20年,有着深厚的经验积累,对建立一整套行之有效的标准化体系的现代化工厂是有期待的。如今,千发集团正在寻找合适的新场地,规划更大的生产规模,更先进科学的生产技术和流程,建立起千岛湖淳鱼鲜冻工厂的更好解决方案体系,这对于今后淳鱼在全国设立生产基地提供了可能性,更进一步,将来即便不纳入淳鱼销售体系,单纯的加工解决方案的输出也是一种对行业的实力延伸,对企业业务拓展具有重大意义。五到十年,千发鲜冻产业都会不断有新课题值得去研究。

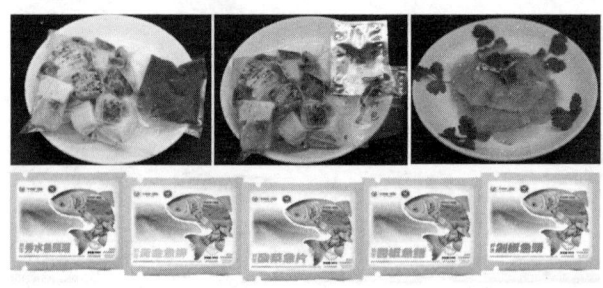

淳鱼鲜冻系列产品

从千发集团建立那天起，人们无时无刻不思考一个问题，如何让品质优良的千岛湖淳鱼进入寻常百姓家？虽然酒店的销售渠道给千发集团带来了巨大的成功，而进入家庭作为一种创业者的情节，始终记挂在人们的心中。千发集团也一直尝试着做，在浙江大学最有学术气息的杭州东三弄农贸市场开设活鱼专卖店，以及在千岛湖镇的农贸市场也开设活鱼专卖店，效果都不是特别理想。不要说老百姓把鱼拿回家破鱼去鳞，那是一个很不容易处理的活，硕大的鱼即便是处理好了家里的锅子也很难放得下。现在千岛湖农贸市场仍然保留着淳鱼专卖店，但基本都以分割销售为主。随着自主研发的鲜冻技术日益成熟，千发集团已经能对一条整鱼专业分割出20多个部位，被称为新时代的"庖丁解鱼"。这种方便快捷、便于储存运输的新产品形态，不仅会对酒店市场产生巨大的改变，这一改变的后坐力对千发集团活鱼销售需要做更多后续评估的同时，其更重要的意义是，淳鱼进入家庭变得越来越具备条件，天猫、京东、盒马等电商新零售平台也相继不断向淳鱼递出橄榄枝。千发集团顺势推出了精致包装的鲜冻产品，加上各种配料形成家庭装，创新分割产品的菜品研发，无须动刀、不必调味、手不沾腥，最终实现三步成菜，成就大厨的味道，淳鱼很快在这些电商新零售平台上线了，顺其自然，淳鱼鲜冻的酒店和家庭两条渠道似乎已经到了水到渠成的爆发期。结合公司提出水库扩张战略，千岛湖模式在全国复制，突破千岛湖淳鱼的地域性，形成淳鱼基地的全国性布局有了很大的想象空间。如果这个战略成功，淳鱼将完全突破千岛湖的产能限制，真正实现从全国性影响力到全国性货源组织力的匹配，从一个地方性农产品品牌，一跃成为在全国有举足轻重地位的行业翘楚。

当然，如何保证品质和市场地位，考验着企业自身的管理能力和企业素养，更重要的是竞争对手不会无视这个产业转型带来时间窗口，无论如何千发集团都不能说，如今的淳鱼已经站在不败之地上傲视整个行业，这个方向上还有很漫长的路要走。千发集团尚需要更多的创新和迭代，积淀自己的产业实力和市场影响力，用一个又一个新的技术和市场奇迹，捍卫自己的行业龙头地位，是否能不断地自我跨越，是千发集团未来最大的挑战。

第四节 从品牌到 IP

淳鱼的 IP 特质是很值得讨论的课题，用新的语言、思维和理论逻辑来诠释淳鱼一直正在发生的现象，从概念营销、新闻营销、文化营销、事件营销、节庆营销，到案例营销、渠道联动营销、全产业链场景营销，是新阶段"低成本创意营销"的认知升级。与新世界建立语言通道，从品牌到 IP 不仅是换个概念，IP 是自带流量的品牌，淳鱼的 IP 化就是要让每个细节都自带流量，成为拍照晒图的标配，这是全媒体时代成功的关键。建立企业 IP 矩阵，打通线下、社群、线上三度空间，让营销资源随时调度形成粉丝集结，完成营销闭环。淳鱼的所有社会接触点都是传播点，所有推广都有传播价值，营销则是 IP 价值的

客户联动鱼头烹饪大赛

最终变现。好的产品需要具备好的品质，如果产品撑不起营销，宣传就是一把自杀的刀。淳鱼的 IP 化在好品质之上建立超强的社交属性，好产品自己会说话，IP 就是创造好产品的说话机会。品牌文化、产业文化和文化产业构成淳鱼丰富饱满的内容体系，以文化驱动品牌，挖掘文化做内容，传播文化做交互，链接时代事件，引发时代话题，成为时代标签，依托 IP、场景、社群、传播架构无时差、零距离、全链路、一体化的活营销。淳鱼也在逐渐引用数据能力，用户画像、精确管理、人工智能，这些都是传统企业不熟悉的，但迟早有一天会熟悉。吴晓波老师曾说过"骑到新时代的背上""用互联网的方式对抗互联网"，传统企业的互联网转型其实都是背着包袱上路的，打造平台、培养团队、建立生态、创新模式、自我迭代，这些都不是农业企业的强项，也更让淳鱼的探索显得卓尔不群。从大规模制造到大规模定制，

从为库存生产到为用户量身定做,个性化、大数据和云技术、价值链重构,相对滞后的农业行业,是会被移动互联网逐渐渗透的,这也是一个时代机遇,农业互联网化是既定的未来,自媒体传播、社群经济、电商渠道,这些已经不新鲜的概念,就是传统企业一座座需要攀登的大山。产业好企业就会好,产业不好企业就不好,线上线下融合,互联网技术最终会被千发集团这些新传统企业共同消化。

千岛湖淳牌有机鱼供港首发

构建内外联动的淳鱼品牌传播矩阵,实现媒体联动,结成自媒体联盟、社群互动,立足场景进行内容生产,立足传播进行内容扩散,立足动销进行内容转化,在人群集中的地方吆喝,也在人群集中的地方实现销售,消费者用购买行为参与一场有趣的融入过程,形成完整有效的商业闭环,实现淳鱼全渠道粉丝链营销。线下体验成口碑,线上占领话语权,整合资源做链接,跨界现象成标杆,千岛湖淳鱼依托优质产品,挖掘社会价值,构筑品牌势能,不仅赋能产销运营体系,也对淳鱼关联生态中的合作者起到背书作用,带动淳鱼产业生态活在新时代。当下,许多非常著名的品牌面临前所未有的困难,有些趋势总在不经意之间一点点积累,形成质变。像淳鱼这样的资源型企业从来不缺乏"狼来了"的声音,好日子、坏日子,都没有过不下去的日子。确定的时代实力就是自信,不确定的时代自信就是实力,时代战法在前,豺狼虎豹在后,资源型企业也终究逃不过时代的牵扯推拉,也终将成为时代的参与者。生鲜新零售的异军突起,产品形态向消费者端迁移,产品通路和供应链面临重构,产业流程结构性松动已经形成,不对称的战斗,你战你的,我战我的。生鲜,是以高品质、高标准、便捷化的面貌出现的,以可持续、可追溯、更安全、更便捷的方式压制普通水产品。在国际市场,金枪鱼、三文鱼、鳕鱼、鱿鱼、巴沙鱼、对虾、贝类等生鲜产品是主流。十多年前,电商碾压之下许多传统产业不战而溃,现在传统企业有机会运用互联网的工具,通过更为广泛的资源整合积极参与这场产业升级,那些传统中走来但懂互联网的企业,不迷信颠覆者的模式,跨界时代的竞争力就是持续创新、融入时代。相信与时俱进和艰苦奋斗同等重要,适应互联网,找到新抓手。一直以来淳鱼都有一鱼几吃、扒几层皮的通俗说法。多年来,淳鱼跨产业多元经营,从火车跑得快全靠车头带,到动车组不仅有车头牵引,一节节车厢也是动力之源。之前整合是为了握紧拳头,如今每个指头都要有真功夫,淳鱼将三产融合变成聚变反应,"1+4"多板块战略联动,推进生态经济、乡村振兴、两山转化等多领域的新探索。淳鱼的成功是社会价值运营整合营销的成功,时代需要淳鱼这样IP体系,创造前瞻性的高势能,成为行业的头部企业。淳鱼以流量思维嵌入新语境,树立新标杆,以生态思维链接调性一致品牌"朋友圈",实现共同发展,以迭代思维掌握节奏感和适应力,动态应对不确定。

从知道"为什么"去设计"怎么办",到现在我们不知道"为什么",有些现象就很突兀地出现了,硬着头皮想,尝试性地做,这几乎不花什么成本,但需要有开放的思维和心态。蒙头干事,许多时候对眼下发生的现象看不惯也看不懂,边抬杠边较劲,这是非常愚蠢和危险的。品牌力、品质力、渠道力综合形成企业的时代能力,即便专攻一项有些优秀的企业有时也能积蓄各种力量颠覆原有产业结构。有人说品牌已死,因为品牌所依附的品质根基可以被轻易剥离,比如天猫店下单时多数消费者几乎不看品牌,人家认的是天猫的专业精选能力,从这个角度上来说,渠道力对品牌力就构成了围剿。一门心思盯着竞争对手已经很难获得成功,因为等我们虔诚地看出些门道来,机会窗口就过去了,方法已经不适用。我们正在经历的模式变革,所有底层要素正在变化,我们可能永远看不见模式的定型,在大潮起伏中眼花缭乱,只有试着用自己的方式走一条陌生的路才是最符合趋势的活法。前几年,低价比较容易赚钱,现在毛利仅是管理内功,所有企业都正迎来最敏感善变的消费者,他们根本不贪便宜。

一切皆变,传统与时代之间有了"代际差异",不是忍耐和对抗可以解决,而新传统企业都有一套时代战法。只有头部企业才有好日子,IP、场景、传播、社群为框架的新营销是利器。在这个个性市场区隔日益明显的时代，一个品牌如何有更大的市场跨度，如何立体开发？则必须有文化和创意的支撑。IP 要拥有高势能，没有高势能的品牌已无法形成传播，过于官样刻板的样式又使人觉得面目可憎。因此，既要有高度又要接地气，精英化输入，大众化输出，消费成为人们彰显存在感的方式，有感链接达到同频共振。这样的能力故宫有，农夫山泉也有。故宫担着 600 年皇城故事，5000 年华夏繁华，14 亿悠悠中华子民的荣耀，也是全球文化的标杆，一直被形容成又老又丑的故宫，这几年华丽转身，各种迎合主流群体的动作让人眼花缭乱，15 亿元文创营收让故宫不仅有了很好的商业回报，也激活了整个社会对故宫的喜爱。和千岛湖同城相望的农夫山泉一直也在不断创新，也一直是淳鱼学习的榜样。和许多昙花一现的高端水相比，瓶装水的本质仍是快速消费品，但这并不妨碍农夫山泉做成国际高度。故宫是时代标签，具备文化势能，农夫山泉牵手故宫，"朕打下了一瓶江山"的 IP 跨界营销圈粉无数，千岛湖的水，摆在哪里都是故事。

未来所有传统企业都将是 IT 企业，我们都需要像海尔一样建立动态交互的内容社交和个性化定制服务平台，建立起搭建在互联网上的竞争优势。内容制造让淳鱼成为媒体公司，IT 和渠道让淳鱼实现线下线上的融合，体现为淳鱼的市场号召力和市场主导力。如果把产业体系比作飞机，线下线上融合就是飞行技术，内容就是燃料，品牌有吸引力，需要持续的内容创造，它是流动的思维逻辑呈现，是行进中企业经营轨迹的精彩纷呈。我们已无可避免要基于移动互联网建立互动参与的运行模式，需要探索自己的路，实现媒体化、在线化、数据化和精细化。我们时常提一句话，就是"专业的人做专业的事"，行业边界日益模糊的今天，新技术其实每天都在变化，传统企业不是找个软件公司处理一下那么简单，就像内容营销不是找个广告公司处理一下一样。之前企业宣传就是买广告、买策划，现在以微信、微博、抖音形成的企业内容能力是企业经营的核心能力。今后的企业一定是小程序、App 以及引入 BAT 平台运算等与日常经营结合的技术能力，内容能力和数字化能力几乎成为企业决定性的动态能力。原来的产业视角还在，但一个新的运行方法正在由弱转强,任何风吹草动都视为暗示,但又只能茫然面对未知,只能在趋势的发展中不断认知迭代,同步升级。商业的本质是服务好顾客进而顺理成章地成为被时代需要的企业,文化与科技的超级链接创造新的体验,有些事,只有年轻人能做,也只有年轻人能做好。"专注极致口碑"是时代企业的时代精神,传统企业中,很多时候需要面对的竞争其实没那么紧迫,有从容利用时势和创造时势的空间,"专注极致口碑"再加上创意创新,战略前瞻性和有效的产业布局精耕细作创造了这种迭代空间。商业以销售实现闭环,未来一对一触达消费者,决胜终端,产品和消费者的情感距离和物理距离都在缩小,"淳鱼到家"是品牌端产业互联网的新零售形态。我们已经进入过剩时代,甚至是超级过剩,只有极大拓宽有限的消费资源,淳鱼才能走向行业群体的头部。短缺时代有产品就有市场,得渠道者得天下的时期,产品只要能摆上货架,就能有销售,如今物流无处不在,消费者选择权更大,产品过剩是社会常态,同时也会产生更多创新。超级产品,超级场景,超级用户,就是产品做网红,场景搞气氛,大咖来捧场。如同小米基于运营模式,华为基于产品价值,淳鱼也基于产业链和生态体系,但最核心的还是好产品和好服务。那些熠熠闪光的名字,褚橙、江小白、故宫、小米,那些不同领域现象级的品牌之所以成为这个时代的标签,它们正是分别代表橙过剩、酒过剩、文化过剩、手机过剩的突围成功。

淳鱼鲜冻产品进入普通家庭

未来的企业都是共生型组织,互相赋能、智能高效,企业文化在升级迭代,有内生机制的企业,成为新传统企业。滴滴的司机不再是正式员工,这样的组织很可能成为常态,连接组织和员工的唯一原因是建立了赋能关系,是共同创造价值的合作者。新组织的核心是赋能,这种思维完全突破组织形态，动态中平衡，个体自驱动，可以跨科层，甚至可以跨企业板块，跨产业生态圈。传统企业正以开放的姿态，完成"自重构"，以自我变革，打开互联网时代的企业边界，形成与行业、区域、圈层的新链接，用互联网的新打法做产业的智慧支撑。所有问题归根到底是管理的问题，甚至不完全是战略问题，只有充满活力的组织，才能推得动创新的大船。仅仅用好工具是不够的，选择和什么人在一起决定我们的未来，融入不同圈层，预测未来的最好方法是创造未来，成功的淳鱼必定也是时代的淳鱼。之前所有战略制定的重点都在"选择"，什么条件都摆在桌上，路径的好坏自然就出来了。如今，战略以未来决定现在，取舍不基于趋势，不基于资源，甚至不完全基于能力，而是基于团队对未来的发心动愿。因为不确定，这个时代的企业有机会用最好的愿望描绘未来，然后去实现它。发展理念变成了品牌打造的工具，想得越深越能与时代同步，越对外传播越有生存空间。一个好产品，能自己讲故事，能不断自我进化，能提供与场景契合的愉悦感，在成本之外思考产品价值，在不断消费交互中获取新的认知。淳鱼的诞生，某种角度说有不可复制性，这是因为整个过程是发展路径的抉择、创业团队的特性和时代节奏互相作用的结果，但每一步又都有启发意义。当下的千发集团不排斥经验的分享，极速变化的时代机遇面前，需要企业站在趋势的最前沿，形成群狼效应，共同形成整体的产业生态。产品的功能性是企业竞争力的内核，人们首先买的是功能，淳鱼20多年精心打造的全产业链能力，保证了每一道淳鱼菜肴的高品质，尽管仍需要不断改变提升，但毫无疑问，这样的产品品质是有未来的。长期主义思维是不短视，通过冷静面对市场不断创造生存空间来实现的。日本企业家稻盛和夫有许多观念正在影响中国，越来越多人开始关注积累、价值、文化这些长远的东西，它们不仅能帮助企业在周期中活下去，点滴努力连成片，最后形成的则是企业系统性底层能力。成本之后有成本，利润之后有利润，做有品格的事，生产有品格的产品，可能有短暂的回报不高，但从来不会吃亏。大手笔地投入不一定能赌出美好的明天，在战略机会点上"饱和攻击"，一刀捅进去要见血，在一个城门口持续地攻，小资源打的是点，大资源打的是核，都是战略聚焦，低成本创意营销就是这样的战略聚焦。把事情做小、做深,努力让自己的一亩二分地能水草丰美养活更多牛羊,而其他企业想进入这个区域,则必须打破已经建立起来的消费者固有的心智认识,付出更多教化的成本,而那个狭小的生存区间又很难在短期内满足掠夺者膨胀的野心。外部从竞争到共生,内部从管控到赋能,是一整套思想和体系的改变,组织从分工到协同,围绕战略变、围绕客户变、围绕人才变、围绕科技变、围绕时代变。消费升级、人才换代,员工体验和客户体验融为一体,数字化、平台化、生态化,构建"大平台+小前端+需求"的现代商业闭环。

所有营销活动基于内容、社群、场景、链接,就是传统产业的在线化、软件化和数据化。新模式不是新技术,新技术却是无数新模式,把新技术装进企业运营,然后重塑,让所有阅历和积累重新有价值,而不是试图用"锄头"这种旧的劳动技术实现新的模式创新,管理者换圈子,组织重构新生,重视年轻人的主动性,做时代的产品、做时代的产业、做时代的典范,是每个传统企业的必修课。品牌时代的标签是商标,新消费时代的标签是头部典范型的企业,淳鱼有"保水渔业"生态共赢的产业模式,有淳鱼、餐饮、加工、旅游、文创等三产融合联动的"动车组",有"低成本创意营销"形成的"场景+平台+媒体+自媒体+全渠道粉丝互动"的运营体系,这些都在迭代升级中形成淳鱼的时代新标签。产品锻造场景化,以市场决定产品形态;营销锻造IP化,强化全渠道粉丝链互动效果;团队锻造平台化,赋能终端和每个个体,

央视主持人朱迅观看巨网捕鱼

实现细胞级激活。信息过载的时代,信息如海,如何在消费者的心智中获得一席之地,公众姿态和适合的传播路径显得尤为重要,不亚于产品本身。好品质以好渠道确立市场地位,好内容以好平台奠定行业影响,淳鱼具备立基于传播的良性循环,并没有试图依靠一句响当当的广告词打遍天下。不能形成传播的活动都是无效活动,自带流量的淳鱼每个环节都是社会交互窗口,

许多细节都有故事，暗合新媒体传播属性，不断提供高品质的内容，而媒体则是好内容的搬运工。所有的品牌交互都在用一个声音说话，却不是所有声音都在重复一句话，每种表达形态在不同场景中有同样的价值传递，也形成企业的媒体风格和表达个性。生产有时代感的话题和故事，用时代语言描述淳鱼的时代逻辑，每次创新都需要自证未来，淳鱼的内容创作也是在为淳鱼不断寻找长期的存在价值。以社会化手段融汇各种外部资源、技术手段，其背后是一种广泛的资源整合思想和组织形态实践，让淳鱼从品牌驱动、渠道驱动，过渡到 IP 驱动，社会化、年轻化、便捷化、沉浸化，让人们对淳鱼的认知欲望高涨。

如果传播是营销的空军，销售则是营销的陆军，空陆一体作战淳鱼正在形成自己的互联网营销体系，4P 皆为传播，一切营销变成了争夺制空权，最终目标是空海陆一体实现消费者心智占领和需求触达。制陆权用的是金戈铁马，靠人手；制海权用的是战舰轮船，靠渠道；制空权用的是智能一体，靠超级用户、超级团队和超级装备。消费升级不是让产品占领哪个客群，更重要的是占领时代的核心心智和时代画等号。低成本创意营销的 IP 化升级，千岛湖淳鱼内部是全产业链结构，外部是超级单品形成的自运营的全国市场，高端的合作酒店，活跃的高频次消费者，精确匹配了全渠道粉丝链的打造。双向互动的价值传递，让消费者能够深入了解产品背后的全部有趣的过程，最终成为忠诚粉丝。淳鱼的粉丝交互基于淳鱼产业体系和强关联生态链中无数细节的呼应，这些细节本身自带传播性。传统的营销是媒体拉、渠道推，如今 CCTV 等高端媒体的价值不再是把产品告诉更多的人，而是给渠道拉动创造一个高端的由头，因为营销场景媒体属性的出现，此时渠道本身具备了更多传播功能，IP 的引入也将淳鱼产业链场景、酒店和消费者变成媒体本身，从而出现了全渠道粉丝热点引爆。中国作为全球最大的胖头鱼市场和产业生态，20 年来，淳鱼不遗余力地创新打开了潘多拉魔盒，这种行业贡献对于千发集团本身实际上也有危机和压力，需要依靠效率更高、更深入的创新来不断突破。圈层日益网格化，社群有身份标签，不同的群体以前线下动员和激活是有难度的，互联网条件下，平台能够持续赋能给有话语权的超级终端、超级用户、超级粉丝，营销节点上的意见领袖变成品牌 IP 链路上的能量传递者，形成品牌的明星朋友圈，既解决传播又解决销售，这是一种全新的商业实践。

商业的本质仍是流量逻辑，消费者链接到品牌商形成流量，品牌商链接到消费者则是商业社交，当链路接通过一次，就需要被沉淀下来形成流量池。通过加好友、加公众号关注，才能不让消费者断链失联，这样就是实现了移动互联网时代消费者的精准链接。在淳鱼的流量体系中有三个层次，从社会流量、粉丝流量到交易流量，是淳鱼流量的漏斗式转化途经。淳鱼超强的影响力，创造数以亿计社会流量；自媒体将链接沉淀为粉丝，实现用户私有化，也就是流量池；通过线上线下自有流量的导流，到购买下单，淳鱼低成本创意营销最终把流量转化为终身消费者。通过建立算法模型社会流量实现数据化，让庞大的社会流量有一个动态的数据呈现，使淳鱼每时每刻的社会交互关系一目了然。粉丝流量私有化的过程，就是人们不断被淳鱼优秀的内容所吸引，沉淀为粉丝，形成可以被有效调度的粉丝根据地。交易流量的价值化，就是通过新零售团队形成战必胜攻必克的营销战斗力，从淳鱼社会流量转化而来的粉丝流量就是淳鱼品牌直通消费者的利器，也是淳鱼互联网营销的基本盘。淳鱼直营小程序的上线，消费者轻松一点，"淳"牌有机鱼送到家，淳鱼智能化节奏正在加快。"公众号+粉丝+小程序"是解决"IP+持续内容+交易入口"的最小配置，背后是认知、交易、关系一体化的新营销架构。淳鱼各种线下场景的"一鱼一码"，创造了线下、线上、社群三度空间融合连接，使每一次品牌信息的触达都产生价值。没有社会流量的企业，需要购买社会流量，邀请明星代言，达到引爆品牌话题的目的。没有粉丝流量的企业，需要购买更多的内容创作和社群运营的能力，产生粉丝的集群。没有交易流量的企业，则通过天猫、京东等交易入口平台做页面广告，购买交易流量，引导更多人下单购买。淳鱼的流量逻辑是，文化做势能，制造"空中的"社会流量；粉丝强链接，留存"手上的"粉丝流量；电商来变现，用好"台面上的"交易流量，最终实现低成本创意营销在移动互联条件下的营销闭环。这样的营销闭环，因为社会价值远大于企业商业价值，消费者的重复购买会是一种自然而然的价值认同。

所有不能改变行业排名的营销都是徒劳的，所有只靠增加要素投入驱动增长的方式都是落后的。如何调整结构、方法、逻辑的非连续性创新，已成为驱动发展的最大动力，如何减少要素投入成为效率的源泉。易变性、不确定性、复杂性、模糊性构成超级复杂的时代图景，客群在变，消费理念在变，生活习惯在变，营销也在变，已经找不到一块风吹不着、雨打不着的港湾，而这样的商业状态可能长期持续。我们是什么？有何不同？何以见得？点点滴滴的进步，就来自于把这套问答一直进行下去。所有优势都可能是前进中的阻碍，对变化的敏锐感知，勇敢地去尝试，目标、打法、资源、激

千发商城小程序上线

励，专业变得没有信念重要，决策正确变得没有动态适应重要，围堵对手变得没有自我提升重要。新产品、新零售、新渠道、新营销、新组织，是企业战略的五新模式升级。从更底层的逻辑出发，品牌爆发力的源泉是与时代同步，品牌持续力的源泉是文化深耕。新文化进行价值塑造，新传播进行价值传递，新营销进行价值变现，这是新传统企业市场能力的重塑。优秀的企业是社会的企业，关注企业的社会价值，在好产品、好品牌和好回报之上，建设适合这个时代的能力体系，基于增量思维，选择最优路径，减少创新的成本压力，提高创新强悍度，是技巧，是速度，是韧劲，是身段，也是对创新信心拷问。没有一劳永逸的成功，持续创新是唯一的护城河，用一件事历练一个人，用一堆事历练一群人，这个过程需要经历很多困难，甚至是挫折，所有挫折都会成为好的挫折。淳鱼也从未像现在这样，如此关注生态化、智能化、国际化，眼前的道路非常陌生而惊险，没有稳定的商业，只有稳定的能力。淳鱼从一条很普通的鱼变成家喻户晓，背后有着与众不同的原因，是洞察先机，是勇气和果敢，更是默默耕耘的厚积薄发。商业比拼到最后，比

的最终都是人，是产品、质量、行为背后，一群人的精神面貌。美好的未来就在那里，它足矣激励千发人披荆斩棘、奋勇前行。一米宽，一万米深，能看见的淳鱼世界在无限延展，千发人在美丽的千岛湖挥洒青春，全世界正在赶来的路上。

第五节 试错和试对

千发集团创立的 20 年，千岛湖渔业也走过了 60 年，从传统渔业、品牌渔业，文化渔业、到保水渔业，淳鱼形成了全产业链模式，这是从无到有的一路试错创新，"做一条价值最完整的鱼"不仅是千发集团的愿景，也是一个思维体系，是 0 到 1 的完美蝶变。作为标杆，千岛湖淳鱼参与全国渔业行业的升级转型，不断强化可复制性，转换不可复制性，推动了千岛湖淳鱼过渡到标杆渔业的新阶段。站在新的战略起点，通过 60 年的产业技术管理的积累，20 年的品牌运营经验沉淀，千发集团提出了"一湖推十湖，十湖带百湖"的战略构想，在全国选择投资 10 个左右的优秀水库，进行渔业、旅游的综合开发，同时带动全国 100 个湖泊的共同发展。这是一个从 1 到 100 的全新过程，但也绝不是简单的复制千岛湖的已有经验，它是另一种新的探索，对千发集团的理念、管理、人才和技术提出了更高要求，高品质、高效率、高智能、低污染、低消耗、低成本，将是下一代中国淳鱼的根本特征，也是一个更值得期待的美好愿景，给千发集团带来脱胎换骨的改变。

千岛湖创造性的保水渔业，是践行大水面生态渔业的典范，也是"绿水青山就是金山银山"理论的具体体现。"保水渔业"20 年的实践与研究，千岛湖的水质得到了很好的保护，千岛湖渔业产业蓬勃发展，以渔业为基础，"养殖、管护、捕捞、销售、加工、烹饪、旅游、文创"为一体的一条完整产业链形成，达到了经济效益和生态效益的双丰收。独具特色的千岛湖生态渔业经营模式，成为中国水库生态渔业发展的标杆，也成为国家大宗淡水鱼产业技术体系的首批核心示范点。国家大水面渔业先后经历了天然捕捞、人

中国科学院桂建芳院士致辞

工增殖、集约化"三网"养殖，到基于生态系统管理的生态渔业发展过程。最初，人们对湖泊、水库生态系统的脆弱性认识不足，管理落后，富营养化日益加剧等问题出现后未能进行有效控制。大水面渔业开发与资源环境保护未能协调兼顾，局部地区出现了资源利用和生态保护失衡等问题。过量放养草食性鱼类，导致沉水植被遭受破坏，集约化投饵网箱、网栏和网围养殖无序发展，导致水体富营养化。江湖阻隔切断了江湖之间生物洄游通道，降低了江湖生物多样性。20年来，千发集团水产科研院常年对千岛湖水体进行监测和研究，与中国水产科学研究院、中国科学院水生生物研究所、上海海洋大学、浙江工业大学等多家院校和学术科研机构常年保持良好合作。2018年11月，中国科学院水生生物研究所大水面生态净水渔业研究中心正式落户千岛湖，同时在千岛湖设立中科院水产科学研究所桂建芳院士工作站，千岛湖保水渔业模式已成为全国水库渔业的范本。全国各级科研机构相继参与千岛湖保水渔业研究，连续不间断地进行国家级生态渔业的科技攻关。2019年5月，国家大宗淡水鱼产业技术体系专家汇聚千岛湖，进行千岛湖核心示范点产学研合作，集成了"以鱼控草""以鱼抑藻"

中国大水面生态净水渔业研究中心挂牌

"以鱼净水"等大水面生态渔业理论和实践,千岛湖"保水渔业"已经具备了国家级科技支撑。对接地域特点和产业发展需求,开展共性关键技术研发与示范推广,打造"产业+技术"的大水面生态渔业发展理论,辐射和带动全国大水面生态保水渔业绿色发展,与全国各大水库广泛进行合作,最终实现全国水库"两山"高水平转化,这已成为千岛湖淳鱼一项水到渠成的时代机遇。

2017年6月,中国内陆天然水域产销联盟在千岛湖成立,该联盟由中国水产流通与加工协会联合全国大水面渔业企业及技术专家共同发起,旨在推进全国内陆天然水域的"湖库"生态渔业发展,搭建交流合作平台和产销桥梁。千发集团作为首届联盟主席单位,针对中国天然水域鱼品产销存在有销路没产品,或有产品没销路、供需脱节、产品结构不合理、行业标准缺乏、产品质量良莠不齐等很多问题,抱团发展,避免恶性竞争,实现信息共享。通过制定行业标准,规范生产,促进行业的健康有序发展,中国内陆天然水域产销联盟正式颁布了由千发集团负责起草主编的《天然水域活鲢、鳙鱼分割规范》《天然水域冻鲢、鳙鱼制品》两个团体标准。与会专家一致认为,该标准的整体技术水平达到了国内先进水平。当时,国家尚无鲢、鳙冻鱼的产品标准,两项团体标准与国家现行标准接轨,突出天然水域中鲢、鳙活鱼分割的操作要求,突出天然水域中鲢、鳙鱼鲜冻制品的理化指标和生产工艺的操作,并注重标准的指导性、合理性和可操作性。两套标准的发布,规范了生产,促进了行业的健康有序发展,维护了天然水域鲢、鳙鱼冻制品的信誉,也为市场监督检查和监管提供技术支撑。中国内陆湖泊、水库、河流星罗棋布,有着丰富的渔业资源,渔业标准化的推进,加强了现代化技术引入企业生产经营,不仅从降低生产成本、提高生产效率对渔业经营起到促进作用,更重要的,标准化的实施,对保护渔业生态环境、保护人体健康和安全起到保障作用。两套团体标准作为一个起点,企业参与、联盟推进,也将标准化

制定工作作为中国水产流通与加工协会中国内陆天然水域产销联盟分会的一项重点工作，对内陆天然水域产销联盟乃至整个水产行业起到很好的示范带动作用。随着行业供应链思维的深入，初级产品越来越少，即便是初级产品也需要冷藏、冷链运输、运营传播等专业配合，未来农产品的升级会不出现"行业公众品牌"？想象空间巨大。行业和市场的全面整合，给产业再造提供了可能，从前依托单个企业简单地扩大自身的利润回报的思维很难形成行业合力，无序竞争也极大减弱行业整体效益，在新使命、新愿景、新价值观的指引下，所有联盟参与者打开边界，创造了新的可能性，以千发集团这样的具有前瞻性发展实力的企业作为引领者，行业才能聚焦一个方向，驾驭更好的未来。

"一湖推十湖，十湖带百湖"的战略落地和推进是非常具体的课题。网箱养鱼是作为东南亚国家先进的养鱼方式，后来也被推广到世界各地。20世纪70年代，中国开始大力发展，各地政府出台扶持政策，成为渔民增收的有效途径。如今的全国各大水库"箱"满为患，影响船只畅通，网箱密布，乱搭乱建，影响景观，也制约旅游业的发展。大量投饵，造成水体污染，影响群众生活，靠牺牲环境换取的经济效益已不能持续。网箱养殖模式已成为落后的代名词，但退出历史舞台也带来了阵痛，网箱拆除与百姓就业需要合理的产业形态进行疏导和承载。2016年以来的中央环保督查，各地纷纷出台网箱上岸政策。网箱清理后，水面更干净，景观效果明显提升，水质好转，透明度增加。但是问题随之而来，在中国推行40多年的网箱养鱼基本退出历史舞台，涉及大量的群众就业和百姓的致富，解决库区群众的生活出路问题成为当地政府的难题。单一的保护不符合中国国情，千岛湖"保水渔业"模式成为破解难题的最有效的途径。全国湖泊共有24800个，其中面积在1万亩以上的湖泊（水库）达1500余个，要在全国范围内推广千岛湖模式，除了千发集团具有的品牌、技术、市场和管理团队以外，还需要政策、资金等各方面资源的推动。该项计划已经上升为千发集团投资控股方"中林森旅控股有限公司"（以下简称中林森旅）和母公司"中国林业集团有限公司"（以下简称中林集团）战略的一部分。中林集团提出"做生态产业领袖，创世界一流企业"，把"湖泊+"作为其重点内容。"一湖推十湖，十湖带百湖"发展战略，筹集发展资金，解决千发集团的资金瓶颈。同时，充分发挥中林森旅20余年深耕旅游取得的市场、信息优势和中国林业产业联合会森林生态旅游分会的平台优势，对湖泊进行渔业、旅游等综合性开发，以发挥更大的带动效应。已经落地或正在推进的项目有：江西余干鄱阳湖，阳明湖、湖北富水湖、陆水湖、丹江口水库，新疆赛里木湖，吉林月亮湖等，还有一大批湖泊正在考察洽谈之中。

2018年7月7日，杭州千岛湖发展集团有限公司与江西省崇义章源投资控股有限公司签订了阳明湖战略合作协议，千岛湖与阳明湖成为"姐妹湖"，千发集团充分利用成熟系统的有机渔业经营模式与技术，与阳明湖开展针对性指导合作，将阳明湖打造成千岛湖有机保水渔业模式推广复制全国水库的

淳鱼产业技术导入江西阳明湖

样板。为进一步加强千岛湖与阳明湖之间的紧密合作，充分展现"姐妹湖"的连接，推动提升阳明湖保水渔业发展水平，应崇义章源投资控股有限公司邀请，2019年2月22日——3月10日，千发集团克服生产任务重、人手不足的情况下，派出水产骨干力量赴阳明湖开展渔业模式与技术服务，与崇义章源投资控股有限公司渔业分公司全体员工一起共同开展工作。工作前期，千发集团技术人员充分利用现代科技与传统经验，对阳明湖全湖开展了渔业资源侦查与评估，摸清鱼群分布情况，同时利用鱼探仪对水库底部地形进行

"扫描"。充分梳理阳明湖渔业公司现有网具、船只等配置，赶在涨水之前取得捕捞成效，紧急从千岛湖抽调1750米拦网、4000米单层刺网和部分三层刺网以及一副张网，与阳明湖渔业公司现有网具，合理搭配共同作业。捕捞期间，共计设置阳明湖定置网4次，千岛湖张网2次，顺利起网2公斤以上鳙鱼7.5万公斤以上，其他品种7.5公斤以上的活鱼近1万公斤，其他规格较小的鱼通过网目筛选，就地放入水库，保护鱼苗。双方还在静养基地改进、苗种培育与投放注意事项、当前阳明湖网具以及助渔设备改进、护渔护库管理、拦网防逃、凶猛性鱼类捕捞技术等全过程进行沟通探讨，梳理出合理的建议与改进方向，提升了阳明湖渔业作业能力和水平。这一次的捕捞生产前后历时12天，克服了连续阴雨甚至暴雨天气、鱼群进定网前水位上涨过快、全库水浑浊不利鱼群进网等问题，在阳明湖捕捞团队全体成员和千岛湖派遣的骨干团队成员积极努力下，阳明湖春捕工作顺利，获得了双方公司高层的一致肯定，也为"保水渔业"走出千岛湖积累了宝贵经验。双方友好合作，把千岛湖保水渔业模式60年来摸索的一整套的经验和体系，毫无保留地教给阳明湖，让千岛湖"两山"理论高水平转化、高质量发展的实践在崇义县落地开花。

标杆和模式两个概念的差异，标杆是突出首创性，只能学习不能照搬，而模式则是按图索骥、照表操课，突出的是可以简单复制性。千岛湖淳鱼建立了一个淡水渔业的行业标杆，是一种系统性创新和专注精神，在行业内树立了高度，是"立范"而非"铸模"。千岛湖淳鱼的全流程、全渠道品牌运营经验，看到的是品牌力，其实是组织力；看到的是爆发力，其实是持续力；看到的是传承力，其实是创新力。体系成就淳鱼，模式赋能行业，普适性、前瞻性、系统性的架设，是一种有利于企业自己，同时又宏大包容的产业生态共同体，这是目前传统企业所不具备的，时代呼唤着这种新的经营逻辑的迭代升级。在目前的时代背景下，学习优秀者也不再是照搬套路，通过扩大再生产满足市场需求的商业模式空间越来越小，带来的往往是产能的再次过剩，创造和唤醒需求的产业经营思维的成功率越来越大。直接学习套用千岛湖淳鱼的成功经验实际上是不现实的，学习淳鱼只是减少了"试错"的成本，但如何将淳鱼经验放到更多的具体环境去实践的"试对"，同样也是一项新的系统工程。在各自独立的新的环境里建构渔业产业发展体系，仍需要具体问题具体分析。每年有好些访问团来千岛湖学习，有很多人看完一圈，说这个可以搞，那个也可以搞，但只有提升和超越才是时代的参与者，能给淳鱼发展更大创新启发。

生态渔业未来前景广阔

"农夫山泉有点甜"的概念成就了农夫山泉的品牌影响力，以千岛湖地域概念起步的农夫山泉已经实现了把千岛湖的好水卖到全国的战略目标，在运输半径受到很大限制的情况下仍然是全国性的大品牌，这是农夫山泉从 0 到 1 的"试错"。生态是这个时代最大的"风口"，2009 年以后，农夫山泉开始布局全国优质水源地，经营重心仍然放在"好水"这个风口利润上，做有品质、有品格的产品和产业，将千岛湖农夫山泉的经验集萃为脱离了地域性理念，做"大自然的搬运工"，这也是农夫山泉从 1 到 100 的全面"试对"过程。随着千岛湖淳鱼品牌溢价的提高，全国渔业产业实际上也会迎来更多跨界而来的参与者，产业发展步骤在加快，淳鱼不进步，不自我提升，对整个全国渔业产业发展不利，对淳鱼从"千岛湖淳鱼"走向"中国淳鱼"本身也会带来发展障碍。在"一湖推十湖，十湖带百湖"的战略指引下，淳鱼再次扬帆起航。

第六节　让世界记住千岛湖的味道

千岛湖的鱼头是有魔性的。2019年5月，杭州举办亚洲美食节，先是在杭州的各大媒体发布四道征集令，其中一道就是千岛湖鱼头王厨神争霸赛，以往许多活动冠以"国际大赛"也只是邀请几个外国人作为嘉宾，当千发集团的干部职工看到政府的正式下发的文件，亚洲美食节由中宣部统一部署，从中央到地方一层层批示。亚洲40多国家共同参与，由杭州市政府承办，俨然是一场亚洲国家的国际盛事，结结实实的中国杭州"主场外交"，千岛湖淳鱼则有幸成为这一场盛事的主角之一。

从2019年3月起，亚洲美食节千岛湖鱼头王厨神争霸赛的预热活动就正式启动。以杭州电视台为首的媒体阵容对13个区县市进行了前期拍摄，寻找各个地区使用千岛湖鱼头不同的烹饪方法和有趣的故事，而在淳安县的寻味活动中，则确定在千发集团下属的鱼味馆、捕捞队等单位，千发集团驾轻就熟的媒体采访配合，杭州电视台的编导也感慨，拍摄任务非常流畅，内容扎实。为了拍摄到地道正宗的千岛湖鱼头烹制方法，电视台不仅聚焦鱼味馆白汤鱼头的制作过程，还来到捕捞队探访捕鱼全过程，对烹饪中非常讲究的秘制辣酱进行跟踪，来到宋村乡的农家进行探秘。青山找酱，绿水寻鱼，一道菜肴能

千岛湖鱼头王争霸赛

成为绿水青山的乐章，智慧忽现的创造性和精益求精的匠心，使美食有了满满的人间烟火味。为了做好淳安赛区"千岛湖鱼头王"的选拔，淳安县宣传部、文广旅体局、商务局等单位前期做了很多工作，确定3月29日在千岛湖钓鱼岛举办淳安赛区"千岛湖鱼头王"的区域决赛。比赛分为专业组和民间组大厨两个组别，两个总冠军都设置了万元大奖，通过宣传部的传播网络进

行前期宣传，报名非常踊跃。千岛湖鱼头王厨神争霸赛是亚洲美食节的首发活动，淳安县的鱼头王区域赛则是整场厨神争霸的首发活动，大杭州、大厨神、大鱼头，在千岛湖钓鱼岛自家门前的比赛，千岛湖淳鱼就是要"让世界爱上千岛湖的味道"。

3月29日9：00，亚洲美食节千岛湖鱼头王厨神争霸淳安县区域比赛在千岛湖钓鱼岛正式出发，千岛湖淳鱼品牌号召力的背后，是强大的动员组织力、战斗力和创意力。正值旺春季节，利用钓鱼岛大型湖畔广场，大厨们在千岛湖边烧鱼头，是个什么体验？浓浓的鱼汤在春意中荡漾。作为千岛湖鱼味馆的分店，钓鱼岛店也进行了精巧的布置，有古筝和茶艺表演，将鱼头烹饪大赛也融进了淳安的地方文化元素。各大酒家及民间的众位高手轮番对决，专业评审、各界名人以及市民代表组成的评审团现场观战、盲品、盲评，40余名专业组和民间组大厨们都使出自己的"浑身解数"征服专业评委和在场市民游客的味蕾及眼球，上午专业组、民间组鱼头王厨神八强出炉，下午八强再次比赛，最终千岛湖鱼味馆的大厨邵宝玄和千岛湖捕捞队食堂的厨师许能和通过激烈竞争，分别获得专业组和民间组的淳安县区域冠军。

亚洲文明对话大会举行
"争夺千岛湖鱼头王"活动

之后的一个月中，几乎每天都有新的消息，杭州拱墅区"千岛湖鱼头王"专业组和民间组的两强陆续产生，同样使用千岛湖鱼头为原料，拱墅区的大厨们有着不一样的理解和表达。之后下城区再下一城，在江干区和下城区的比赛中，千岛湖鱼味馆的杭州分店中的两位大厨宋建仁和余海鸥，分别获得两个区域的专业组冠军。各区县市专业组的比赛自然有板有眼，而民间组的对决更有故事，江浙地区男人当家做"主厨"的比例很高，创意也亮点多多，有给鱼头加香薰的，还有夫人场外督导狂秀恩爱的。千岛湖、新安江、富春江直到杭州的钱塘江是一衣带水的关系，而千岛湖鱼头在建德有和千岛湖上一样的"九姓渔民"文化,建德的大厨们将水上的渔民风情融进鱼头菜肴,江南古韵,淳朴地道。西湖区、上城区、余杭区、富阳区、滨江区、临安区、萧山区、桐庐县就在马不停蹄中完成各自比赛,杭州电视台全程跟踪采访拍摄,《生活大参考》的美女记者一轮下来,都感觉自己瘦了,但也觉得非常有意思。通过区县市的比赛,千岛湖鱼味馆摘得了"淳安县千岛湖鱼头王""下城区千岛湖鱼头王"和"江干区千岛湖鱼头王"三个专业区域冠军,捕捞队食堂厨师许能和则是淳安县民间组的冠军,千岛湖鱼味馆各店和捕捞队食堂大厨们用精湛的烹饪技术赢得了每一场评审团和大众评审的青睐。

这场亚洲美食节的千岛湖鱼头王厨神大赛都采用千岛湖淳鱼作为全程活动的唯一指定使用参赛原料,参赛选手使用千岛湖淳鱼进行鱼头烹饪,也确保了赛事的菜品品质。千岛湖淳鱼在杭州13个区县市骄傲巡航,也大阵仗集团军式的挺进杭城,排浪式一城一城步步为营,礼花式一点一点绚烂绽放,病毒式一站一站成为热点,区县市自媒体也火力全开,各区县市电视报纸传统媒体和自媒体刊发无法计数,单单就每个地区的政府官方自媒体"某某发布"的新闻报道放在一起就很壮观。杭州电视台生活频道《生活大参考》节目每天晚上8点则是准时播出半小时13个区县市千岛湖鱼头寻味之旅,各地大厨们一一亮出绝活,从千岛湖的第一站开始,然后寻味之旅一直持续到五一长假,最后是杭州决赛的聚焦报道,再到五月中旬的亚洲美食节现场活动。千岛湖淳鱼全国上千家酒店客户也没放过这个宣传时机,"联动式"传播成为以点带面的全国性话题引爆。这样一场大型活动直接或间接参与人数在数十万人,持续到五月决赛达到峰值。进决赛的千岛湖鱼头王区域厨神冠军代表着一个地区的荣耀,在杭城举行的总决赛也成为"王者荣耀"的千岛湖鱼头版。13个区县市好吃的千岛湖鱼头厨艺在杭州大集结,超级鱼头美味杭儿风席卷杭城,品牌鱼、品牌店、好鱼头、好厨艺,助推了杭州风情扬名亚洲美食节。千岛湖鱼头王大赛也不断进入央视的新闻报道,区县市冠军一一在央视汇总报道,而神秘的总冠军在5月正式举行的亚洲美食节国际大舞台上再次亮相。

4月29日，千岛湖鱼头王厨神总决赛在杭州天元大厦拉开序幕。决赛派出了强大的评审阵容，两位专家的评委更关注的是千岛湖鱼头的做法，中国烹饪大师、中华名厨、国家一级评委胡忠英的标准是，第一个是顺眼，第二个是味正，然后才能达到完美。十几位民间高手有9位烧的是红烧鱼头，这也显示民间烧菜更拿手的是红烧。中国烹饪大师、国际一级评委叶杭胜认为，滑润鲜嫩、汤醇味厚才是好的鱼头，最好的鱼头是把鱼的本味烧出来，看起来叶大师也是偏向于白汤鱼头的。新杭帮菜肴的代表，外婆家创始人吴国平也为千岛湖淳鱼打卡，"鱼头好，怎么做都好吃！"而对于余杭民间组区域冠军高仙峨做的一道蚕乡鱼头，吴国平也有颇好的印象，觉得她想法很有创意，吃饭主要是解决三瘾，第一是胃瘾，要吃饱，第二是味瘾，要有味道，更重要的还有嚼瘾，鱼头中放入蚕豆，吃起来就有嚼头。评审中还有美食畅销书作家美食博主臻妈、网红美食主播月亮晶晶、《都市快报》副总编林琳、浙江工商大学饮食文化研究所博士周鸿承，组委会还特意邀请了流潋紫、南派三叔两位80后作家作为评委，他们则分别是《甄嬛传》《如懿传》和《盗墓笔记》的作者。最终，捕捞一队许能和再次不负众望，以一道"青椒诱惑鱼头"夺得93.1分的好成绩，不仅在白汤组获得了最高分，也胜过了红汤组的最高成绩92.4分，成功获得了千岛湖鱼头王杭州总决赛民间组冠军。次日，千岛湖鱼味馆杭州店的宋建仁大厨以一道纯正地道的"生态鱼头"获得了专业组的总冠军。

千发集团四位大厨进入总决赛合影

千岛湖鱼头王争霸赛，比厨艺也比颜值，经过杭州13个区市县的区域决赛，15位专业技能超强的大厨和12名民间厨艺高手凭借自己拿手的鱼头美味进入最终决赛，而27道千岛湖鱼头美味组成"鱼头盛宴"形成了一道靓丽的风景线，由这些菜肴图片组成的千岛湖鱼头王争霸赛"最具网络人气奖"评选也就开始了。大赛组委会将这27道千岛湖鱼头美味放上网络，决定权交给网络来票选，票数最高的一道菜肴，获得"最具网络人气奖"，在 2019 年 5 月 21 日亚洲美食节期间的千岛湖鱼头王争霸赛巅峰对决现场，被授予荣誉牌匾。为配合亚洲美食节的活动，两位来自千岛湖并在这场过关斩将的比赛中脱颖而出的千岛湖鱼头王厨神宋建仁和许能和也再次在亚洲美食节现场和全亚洲的美食高手同台竞技。

国家一级演员、青年歌唱家周旋与淳鱼合影

每一段传奇背后一定有另一段传奇相印证，每一道菜背后都有一位明星相衬托，淳安县邀请了《千岛之湖》的演唱者、国家一级演员、女高音歌唱家周旋作为代言嘉宾，她也成为亚洲美食节千岛湖鱼头王争霸赛 13 区县市淳安县的专场明星，她和淳鱼的故事在五月的亚洲美食节杭州巅峰对决中娓娓道来。淳鱼现象，前期是有高度的理念，是把握趋势的势能；中期是有体验的场景，是找到场景的抓手；如今是有默契的自动自发，是开放融合和共鸣。让世界记住千岛湖的味道，千岛湖淳鱼从自主创新，慢慢走向全社会参与自动、自发的联动式创新阶段。

媒体链接：千鱼千寻
CCTV7《食尚大转盘》时间：2018年6月17日

鱼头一抬，好运常来；鱼头一动，好运来到！

主持人（女）：欢迎！今天咱演播室来了大鱼了。

主持人（男）：来的大鱼好棒啊！

主持人（女）：介绍介绍。

何光喜：这是我们千岛湖鱼头。

主持人（女）：千岛湖的鱼头知道吗？大名鼎鼎。据说很多人去千岛湖就是慕名而来，一定要尝一尝砂锅鱼头是吧？

汪子夏：没错没错，像咱们这个鱼最显著的特点是"三头身"。

主持人（女）：也就是说它的头要长得特别特别大，这么一看还真是。要是长在曹震身上，三头身。

主持人（男）：那我上街回头率1000%。你说，这么大的鱼好捞吗？

何光喜：有上百号人，一次可以捕10多万斤鱼。

主持人（女）：哇，一次10多万斤。那网得多大？比我们这演播室大多了吧！

何光喜：那大多了，我们可以一次围几万亩的面积。可以说是"中华一绝——巨网捕鱼"。

主持人（女）：想不想去看看？

主持人（男）：太想了。

主持人（女）：那咱们"食尚猎人"现在出发。

这是一场巨网捕鱼，布下的天罗地网只等这一刻收网。在高达2000多亩的包围圈里，到底会有多少鱼呢？鱼群能按照预定路线带入收口处吗？一切都是未知数。

食尚猎人：现在我们做的事情是拉网，这个网越缩越小的时候，我们可以看到前方的胖头鱼，已经开始鱼跃而起了。

"一二，嘿咗！一二，嘿咗！"

食尚猎人：我看这鱼挺大的，他们一般有多大重量。

叶志清：这个是八斤以上的，八斤以下的鱼自然会筛掉的，因为它这个网眼很大，所以它自己会跑掉的。

食尚猎人：这个网是有学问的，八斤以上的鱼才会被这个网所网住。太壮观了！这样的场面，这么多人的共同努力，我相信捕上来的鱼一定非常美味。

"一二，嘿咗！一二，嘿咗！"

突然，大家停下了手上的工作，鱼还在跳跃，浮球却沉入水中。到底发生了什么事？

捕捞队员：网不要收起来，前面鱼太多了！

丰收的喜悦还没完，网就因为鱼太多开始下沉，也许这是要集体逃亡了。

叶志清：因为鱼太多了，如果说几十万斤鱼，一下子一起齐心协力用力的话，这个网就会沉掉。就像电影院散场，大家都挤，前呼后拥的，前面的人走不出去，后面的人往前挤。下面的鱼因为出不去，挤在网上面，后面的鱼往前挤，鱼通过挤压之后造成窒息死亡。

眼看着几天几夜的围捕就将前功尽弃，叶队长凭借21年的捕捞经验，派人紧急加浮漂，用人力拉紧围网，人和鱼的较量正在上演。

一场危机化解了，捕鱼继续，今天会是个大丰收吗？

食尚猎人：我们叶大队长英明神武，又一次化解了危机，现在我们终于可以收网捕鱼了。走！

"一二，嘿咗！一二，嘿咗！"

食尚猎人：拉网的时候能够明显感觉到，这些鱼非常有力量，它们一跃而起的一瞬间，能够感受到肌肉的爆发力，可以想象肉质多么紧实。

食尚猎人：好重，我第一次抱这么大的鱼，我已经不知道该怎么说话了，导演我该说什么？（哈哈哈！）真的，我第一次见到这么大的鱼，它们在千岛湖里面生长了7年，终于成了一代鱼王。叶大哥，这是不是今年捕到的

第一条"鱼王"?

叶志清:是的,是的,今年第一条(鱼王)。

食尚猎人:今年捕到那么多鱼,我说有几万斤,是不是今年最大的丰收了?

叶志清:是的,这一网鱼有七八万斤,还有另外一张网有七八万斤,总共有十几万斤。

食尚猎人:十几万斤?(鱼王挣扎跳动)哇,它特别调皮,太滑了,这条鱼大概有多少岁了?

叶志清:应该是9~10岁的鱼。

食尚猎人:接下来我们刚刚收网捕到的鱼会通过活鱼运输船运输到我们的目的地。

今天是个好日子,捕到了今年第一网近8万斤的丰收鱼和一条40多斤的鱼王,在千岛湖这个壮观的场面被称为"巨网捕鱼"。而实际上真正的巨网捕鱼是一套科学的复杂工程,学名叫"拦、赶、刺、张联合渔具渔法"。两艘渔船拉着上万米的围网,依靠岛屿的轮廓将鱼困在包围圈中,再用一道道刺网将惊扰的鱼群步步紧逼到唯一的"出口",经过日夜的驱赶,只等最后一刻的收网。在这辽阔的水域里,鱼群是处于野生的自由生长状态,鱼群在哪里,就在哪里下网。

食尚猎人:咱们这么大的一个千岛湖,那您怎么知道哪儿有鱼?

叶志清:嘘~,别吵,要静下心来听湖面上鱼起跳的声音来找鱼。

捕捞队长可不是浪得虚名,需要凭借15年以上的经验,才能发现合适下网的渔场。

食尚猎人:哎,我看那有一条。

叶志清:是的,那里有一条。那是白鲢,叫作鲢鱼,它起跳的水花大一点,就咕嘟、咕嘟,不是咚,那不是敲鼓,是咕嘟、咕嘟。

与经验相结合的,还有一个高科技产品——探鱼仪,它能帮助探测到水下鱼群位置和地形,食尚猎人正兴奋地研究鱼群,就要有意外的收获了。

食尚猎人:这个是什么呀?

叶志清：这个是水下面的桥梁。

食尚猎人：水下桥梁是什么意思？

叶志清：原来这里有两座古城。

食尚猎人：这个水底下有两个古城？

叶志清：对，有两座古城，你看，这个是水下的梯田。

食尚猎人：哦，这水下完全就是一座城镇的样子。哇，能否想象这平静的千岛湖的湖面底下，居然有两座古城。生活在这里的鱼确实太幸福了，每天都可以游弋在残垣断壁之中，这两座古城太令人兴奋了，我要去看看。

在当地一位具有14年潜水经验的胡师傅的带领下，食尚猎人整装待发，准备去探寻水下古城，难以想象，当鱼儿游弋在水下古城的残垣断壁间是幅怎样的画面？

食尚猎人：我现在已经换好了装备，这千岛湖底下的古城到底有没有？我看能不能找到就靠这一次了。

千年古城即将展现在我们的眼前了吗？加油，食尚猎人！

迅速调整好状态以后，三个人向水深处游去，渐渐地看到了一些残垣断壁，突然一座写着"山屏水带"四个字的牌匾映入眼帘，字体苍劲有力，感觉得到曾经的兴旺繁华，让人兴奋的还有在台阶上悠然自得的鱼，显然这是它们的世界。对于几位外来者，它们表现出了极大的友好，千岛湖的鱼果然是有文化的鱼。据说，淹没在碧波之下的，是建于公元208年的贺城和狮城两个千年古城。在建国初期，为了修建新安江水电站，27个乡镇1000多座村庄连同古城永远沉淀在了水下。

食尚猎人：太神奇了！我真的看到古城了。太牛了，千岛湖的古城我们终于探索到了它，真的是不虚此行。

要想真的不虚此行，当然要吃到鱼头才行。

食尚猎人：这边大部分的鱼头馆卖的鱼，基本都在100元到200元一个鱼头，但是听说有一家鱼头馆，把鱼头卖到了688元。这到底是什么情况？我们去看看。

千岛湖的砂锅鱼头大名鼎鼎，看上去并没有复杂的调味，那卖到688元一个,到底贵在哪了呢?今天就来深度探寻一下它的奥秘。

食尚猎人:今儿我就得搞清楚这688元的鱼,到底贵在哪?何大哥,这688元的鱼到底是哪条?

何光喜:好,我给你挑一条688元的千岛湖大鱼头。

原来我们吃到的鱼就是从这个静养池中捞上来的,而这里的鱼是捕捞上来后,由活鱼运输船运到这里的,经过静养一个月以后,才能上市销售。别小看这一个月,鱼好像经过了一次禅修,经过静养的鱼肉质更加细嫩,那688元一个的鱼头又好在哪里呢?

何光喜:我来捞条688元的鱼,让你看看千岛湖的大鱼头。

食尚猎人:来,兜一下,我把鱼抱怀里来,好在我每天都在健身,一般人真的抱不动这个鱼。

正所谓没有对比就没有伤害,再来捞一条388元的鱼,来对比一下看看。

食尚猎人:何大哥,您这个先上秤称一下。

何光喜:好,来吧,看看。

食尚猎人:哇,11.15公斤,我的这条6.4公斤,我这条就是12斤左右的鱼。

体重相差5公斤,再来量量身长。

(大的99厘米,小的89厘米)

食尚猎人:这两条鱼长度没差多少啊?何大哥。怎么价格差那么多呢?

何光喜:这条鱼养了7年,这条鱼养了10多年,估计12年,相当于在水里多生活了四五年。

食尚猎人:这两条鱼差了四五年的养殖时间,可想而知,它的肉质到底有多么的鲜美。到底有多好吃?我们去鱼味馆看看,走。

准备好了鱼头,只需要在砂锅中加入千岛湖的水,放上几片姜,将新鲜的鱼头放入水中,难道味道鲜美名满天下的千岛湖砂锅鱼头就这么简单?您还别不信,好吃的秘诀呀,一个是水,另外一个就是足足炖上4个小时的真功夫了。大火烧开,小火慢炖,直至汤汁奶白,鱼头软烂,满满的胶质在锅中颤抖。

"一二，嘿咗！一二，嘿咗！"

鲜美的食材是大自然的恩赐，更是勤劳的人们用双手奉上的心意。鱼跃而起的壮阔，如波浪起伏的队形，震耳的号子是人们向自然的致敬，为美味得来不易的欢呼。

何光喜：来，泽华，请你在千岛湖上吃一下正宗的千岛湖鱼头。

食尚猎人：千岛湖面上吃千岛湖鱼头，我还真没吃过，我相信很多人应该都没有这个经历，今儿我得试试。揭锅了，大鱼头，来，赶紧撒点葱花。这里是千岛湖，想吃鱼头来这，你就不用再找……，这儿的胖头鱼，味道真的一级好，到底怎么做，我真的不知道，大厨你有没有什么高招？

（演播大厅）

主持人（女）：今天就做鱼头泡饼了。

夏大厨：我们就让你好吃到爆，我们今天就要把经典中的经典，拉下神坛，分分钟在家学会经典的鱼头泡饼。

主持人（女）：这可不好做，我觉得很难的呀。

夏大厨：我跟你说，难不难就在于夏大厨手里的一碗酱，好吃不好吃全在它。五花肉下锅，霸气！补充点动物油。你知道吗？咱们中国有一家鱼头泡饼馆，一年得卖两三四亿元。

主持人（男）：一年两三四个亿？

主持人（女）：号称每一分钟卖出两个大鱼头，你能做得那么好吃，挣那么多钱吗？

夏大厨：今儿夏大厨还就做了，咱做的鱼头就得比它好吃，还就一定得让您在家学会做，今儿我就把我这"两亿元"教您了。好啦，锅里面的肉一定要煸出油脂来，让这个肉有一些焦黄状态的时候，你想想那个肉渣煮在汤水里边香不香？

主持人（女）：香，所以要增加这种鱼类的肉香，是一种复合的香味。

夏大厨：大块的葱姜蒜一定少不了，我们还要借香，辣椒，那边郝大厨也经常使用。他要的是他的辣，我要的是辣椒的香，不要加多，而且提前拿水微微浸泡一下，让它缓慢释放辣味。鱼头怎么这么好吃，因为用了千岛湖的鱼头。

主持人（女）：你每次做千岛湖鱼头都这么开心吗？

夏大厨：价值"两个亿"的独家秘制酱料，一点儿都不要吝啬。咱们再往锅里放一些酱油，要让它继续释放出酱香，所以说，咱们的鱼头泡饼怎么能吃出不一样的味道来，就是一个酱。现在我们漂亮的千岛湖鱼头请入锅。（鱼和主持人脸对比一下）杜掌门，真的，您就看看您这张小脸。

主持人（女）：回头我可以吹牛说，人家脸很小的，比鱼头都小。你看越是野生的鱼，鱼头整个都是很黑的，漂亮也是野生鱼的一个鉴定标准。你就直接把鱼扔进锅里去了？你不腌一下，煎一下，抹一下之类的？

夏大厨：因为今天我们用的，第一个是千岛湖大鱼头，第二个用的是神秘酱，不会有任何腥膻味道。

这么大的鱼头，不做任何去腥处理，能行吗？鱼的腥和鲜就在一线间，杜掌门教您如何吊鲜。

夏大厨：看到我手上的这一碗螺丝了吗？

主持人（女）：对，是我们嘉宾千岛湖带来的。

主持人（男）：千岛湖的螺丝颜色特别好看，外壳发青。

夏大厨：来，千岛湖螺丝入锅了。

主持人（女）：大家说味精为什么鲜，其实里面就是含有谷氨酸钠，我们可以从天然的很多食材当中来摄取这种东西，就比如说这种小螺丝就非常鲜美，不信？问问张教授。

张教授：说得高，螺丝肉确实含有多种呈味氨基酸，它的鲜味就是从这来的，同时，它的钙含量远远超过牛羊猪肉，所以它是一种非常有营养的高蛋白低脂肪鲜美食材。

夏大厨：好了，汤开锅了。

做鱼放水可是有讲究的，您知道吗？

夏大厨：如果吃肉就必须放凉水，如果喝汤那一定要加开水，白汤才会更加明显。鲜味这还不算完，还有咱们在家里边常用的蔬菜，如果放到里边，它也能增鲜。

有一种蔬菜是鱼头泡饼必不可少的,您知道是什么吗?

夏大厨:青椒能够闻出青草香味。

主持人(女):你不记得咱每次吃砂锅鱼头的时候,里面必放的就是青椒,真的,一定要有。哎?你连切都懒得切。

夏大厨:只有这样慢慢揉捏,整条放到汤锅里边,让青椒的清香味道逐步散发出来。

主持人(男):杜云老师你发现没有,这个鱼头这边这个皮是起来的,胶质,特别想吃这一块,能尝了吗?

夏大厨:咱们鱼头泡饼还得够火候。

主持人(男):鱼头泡饼的鱼是要大火还是小火?

夏大厨:大火烧开,中火炖制,小火慢煨,再放上香葱,盖上锅盖,走起。耐心等待吧,美味30分钟即将到来。

主持人(女):那还可以,看看老郝那边,看看他怎么整鱼头。夏大厨那鱼头泡饼太经典了,我跟你说,你今天绝对麻烦了。

看这几样配料,猜得出郝大厨的菜吗?没错,就是泡椒鱼头。今天绝对算得上经典对决,好戏不断,咱们接着看。

郝大厨:我们这个油烧到七成热,现在我们通过这种淋炸的方法。来,你看通过这种淋炸,鱼皮在慢慢收缩。

主持人(女):真的卷起来了,而且这个方法好,我刚才还在担心谁家有那么大锅,能炸得了这个鱼头?他这样一淋,小锅都可以做得到,勺,家里都有。

经过淋炸以后,鱼头会更加入味,接下来就要开始炒底料了,能不能学会这道经典的泡椒鱼头,就看这一步了。

主持人(女):泡椒鱼头,灵魂来了。

郝大厨:泡椒下锅,马上就能闻到四川的味道,我们炒泡椒的时候,一定是小火慢炒,让泡椒断生的同时,让它的这种红色逐渐释放出来,颜色更漂亮。川菜做鱼的时候,尤其做河鲜必不可少的是蒜蓉,然后是泡子姜。

主持人(女):你说你今天这个方法,除了做鱼,做其他泡椒类的菜是不是都可以？

郝大厨：泡椒牛蛙、泡椒牛肉，都是同样这样的底料和方法。接下来，我们烹入的是糯米料酒，还有酱油加进来之后，直接注入开水，这样泡椒底子就基本上打好了。

郝大厨：鱼头下锅，估计这鱼头杜掌门一只手端不起来。

主持人（女）：我两手能端起来，我都觉得很厉害了。

郝大厨：把这个酱汁逐步淋在鱼头上，这样就越来越入味了，挂上辣椒漂亮多了。这里面需要调上一些味道，加入适量的白胡椒，烹制河鲜的时候，胡椒是必不可少的，还有白糖。

主持人（女）：曹震你知道吗？一般如果做这种鱼头，用几斤的鱼头比较好，是有讲究的。这是个专业问题，我跟你说大概6斤是最好的，你不信问问郝大厨。

主持人（男）：我知道为什么了，六六大顺、年年有鱼。

主持人（女）：这也挺吉利，主要是跟它的肉质和成长年限有关。

郝大厨：如果说太小的鱼头就太瘦，越肥可能吃起来会有腻口的感觉。所以，我觉得六斤左右是最好的，这还要加秘酱。

主持人（女）：你也有秘酱啊，他那边有一个神秘调料说四种 ABCD 酱，两个亿。

郝大厨：还 ABCD，我这就 ABC。（哈，也不少！）

主持人（女）：那我不放这个酱，我觉得前面的泡椒也已经很好了，已经很复合味道了。

郝大厨：放入这个酱就完美了，就秒杀他那个鱼头泡饼了。

主持人（女）：千岛湖鱼头能不能快递。

何光喜：可以网上下单，我们现在鱼头通过分割，经过冷链系统可以送到千家万户，今天我们免费请各位观众品尝。

主持人（女）：太好了，那赶紧扫这个二维码吧。这么大鱼头快递到你家你要不要？

千岛湖鱼头里有一样宝贝，而且一个鱼头只有一块，知道是什么吗？

夏大厨：杜云老师，这个您都能完成。

主持人（女）：我知道您要我找什么了，我在千岛湖吃过一道名菜，盘子不大但内涵丰富，叫鱼明骨，晶莹剔透的，一条鱼身上只有一根。

夏大厨：打开鱼鳃，找到鱼鳃的位置。

主持人（女）：我先看到鱼云了，你看这块好肥美啊，最经典的地方，颤颤悠悠的，鱼鳃就是指这块是吗？

夏大厨：没错，鱼鳃的主鳃我已经去掉了，我给你留了一根让你去"寻宝"，没错，把整条鱼鳃取出来。

主持人（女）：摸到了，摸到了，这是好东西，我真的从来没有取过这么晶莹剔透的鱼明骨，这就是鱼里面的宝，来看看这宝是怎么样的。对，就是这个，我吃过的鱼明骨。晶莹剔透的，要不扔咱锅里。看看锅里面的鱼头炖好了吗？香！

这一锅诱人的大鱼头，只需增加一个中草药，瞬间就能成为一道滋补的药膳，是什么呢？

主持人（女）：咱有养身专家，请教一下张教授。

张教授：这个很简单，鱼头搭配天麻那是绝配，而且它能够健脑，改善记忆，还有降血压的作用。所以，中老年人特别适合吃天麻养身，要是鱼头里不加天麻那就亏大了。

夏大厨：我做鱼头，尤其是做大鱼头，我就爱用天麻，必放，天麻和鱼头就好比牛郎织女一样，真的是绝配。咱们把天麻放到鱼头汤里一起煲煮，那这个汤就不光是鲜美香浓了，更有滋补作用。咱刚才说的是叫经典鱼头泡饼，饼从何来？今天的饼也大有来头，一张饼就把老郝拍底下了。千岛湖鱼头得配千层饼，都是千字辈的。

层层叠叠、外焦里嫩的千层饼，是怎么做到的呢？完整过程大揭秘，错过你就亏大了。千层饼叫层数多，擀面皮你就别吝啬，又大又圆还要薄，上面对称铡几刀，一角一角叠上去，千层饼就叠好了，入锅烙成金黄色，味道怎么样啊？当然好啦，你学会了吗？

郝大厨的泡椒鱼头也到了关键一步。

郝大厨：杜掌门太偏心，她给夏大厨那边提供了什么？千岛湖的螺丝。

鱼头怎么做得鲜，杜掌门又推荐了一道吊鲜好食材，是什么呢？小河虾。

郝大厨：你看看这千岛湖河虾的品质。

主持人（女）：晶莹剔透的，这个虾怎么能炸得酥脆呢？小河虾炸酥了非常好吃的。

郝大厨：是啊，这虾里面需要加上一些黄酒，做菜的时候，加黄酒味道更醇厚。

主持人（女）：大概要什么样的油温才能炸得更加酥脆？

郝大厨：油温最好控制在七成热左右。

主持人（女）：炸虾大概要多长时间？

郝大厨：我跟你说，还有独家秘方，虾下锅之后，从心里边默默数八个数，好，我们准备炸虾，12345678 瞬间变色，就这个颜色，漂亮！

主持人（女）：太棒了，而且小河虾的虾皮一定要吃掉，特别富含钙。

郝大厨：接下来，咱这鱼头先把汁滤出来，这大鱼头过瘾，芡汁勾好之后，浇汁了。

主持人（女）：曹震肯定要欲罢不能了，这道菜垂涎欲滴。

郝大厨：您就看这颜色，这大鱼头实在太美了，往里放虾，蘸上它的味道，吃着河虾的同时，还能品尝到鱼肉的鲜美。

主持人（女）：怎么样，这味道？

主持人（男）：好香啊，泡椒不辣。

主持人（女）：看曹震吃得挺香，我也尝一个。实在忍不住，看着太香，其实真的不是很辣，可以接受，不过后劲挺足的。我从边上捞这块，大鱼头特有的胶质，入口即化的感觉。

夏大厨：鱼头泡饼，完全都是通过煲煮，鱼头本身的胶质完美地呈现，而且你发现没有？天麻在里面有点睛之笔，有淡淡药香在里边。好了，最后热油一浇，青蒜的香，辣椒的香，千岛湖鱼头配千层饼，怎么样？

今天是不是收获特别大呢？鱼头泡饼、泡椒鱼头，您学会了吗？

CHAPTER

03 第九章

淳鱼密码

千岛湖围绕渔业所展开的一切商业活动，
都必须始终建立在资源保护的大平台之上，
湖里的水，湖岸的森林，土壤，其他生产活动之于环境的影响，
都必须做好精心的统筹和计划。

在前面的章节里，我们大致描述了一条鱼从千岛湖出发的进化历程，当然这种进化不是指在自然界，而是人们如何通过智慧借助市场的无形之手不断整合与创新，使得这条普普通通的鱼重焕生机。

放眼未来，我们无法确切地知道这条鱼还将以怎样的方式游动，又将如何游向更广阔的空间，不过有一点可以肯定，千岛湖渔业若干年来所积累的经验、观念和思维方式还将发挥重要作用。

某种意义上，千岛湖渔业所做的一切并不仅仅是为了积累财富，尽管它一开始是为了走出生存危机。但这条鱼的游动轨迹又不能完全用一般商业逻辑来涵盖。在21世纪的今天，很多生产经营者已经认识到，企业的最终目的不是也不应该是赚钱，它也不该仅仅只是一个生产和销售的系统。企业的使命在于通过服务、创造性的产品和健康的商业为人类造福。

正如一位西方环境生态学家所说的那样：赚钱本身是毫无意义的，它是我们这个错综复杂的社会的一种永远无法满足的追求。我们已经走到工业文明的一个动荡不安、影响深远的转折点。企业要么致力于把商业改造成为一项可恢复生态环境健康的事业，要么将社会推向灾难。

在环境的空前压力下，一场全新的变革正悄悄到来；对应这条鱼，我们不妨称之为"淳鱼密码"。

第一节　为生态而生

首先，"淳"鱼是一条折射可持续发展理念的鱼，它的生命历程受到了最大程度的尊重。从鱼苗的培育到大规模的投放，从长时间的成长到细心的捕捞，从活鱼运输到有伦理的宰杀，作为一种鲜活商品，这条鱼完整而相对无痛苦地游完了一生,价值规律使它成了经营者眼中的"宝贝"。

西方学者的一份调查报告表明:"过去半个世纪以来,地球上的每一种生命系统都处在严重的衰退之中,更为糟糕的是,我们正处于10亿年才有一次的碳氢化合物疯狂使用的顶峰时期。"归根结底,随着人口的爆炸式增长,欲望的无休止发酵,人类对于自然资源的掠夺,对于生态环境的毁灭已无所不用其极,以至于美国作家怀特早在半个世纪前就忧虑地写道:"我对人类感到悲观,因为它对于自己的利益太过精明。我们对待自然的办法是打击并使之屈服,如果我们调整好与这颗行星的关系,并深怀感激之心对待它,我们本来可有更好的存活。"

实际上,善待鱼,乃至善待生态系统中每一个有生命的种群,就是善待我们自身,这一点我们责无旁贷。与一般的商业不同,千岛湖的鱼类资源处于一种与自然的平衡之中,这也使得当地的渔业发展必须首先尊重生态法则,这里的人们必须首先保证鱼类种群的稳定生长,然后不断通过技术进步去靠近"最佳产量"。无论是过度捕捞,还是只顾索取产量而不注重鱼种的投入,千岛湖渔业的发展都无法做到持续,也就是说,尽管人们可以从大自然中自由地获取资源,但必须掌握一种安全的节奏,有时候甚至要放慢节奏以等待资源的恢复,以免扰乱自然界的运行。不仅如此,生活在千岛湖乃至整个新安江流域的人们都必须像呵护自己的眼睛一样去保护生态环境,试想一下,假如有一天千岛湖不再拥有初生的光亮,又将发生什么?

鱼是大自然的处子,优美的线条,灵动的身躯,能够瞬间唤醒人们心中潜藏着的美好情感。

它们是造物主的无偿馈赠,在地球上已经自由自在地生活了3亿多年了。它们有着与人类一样的情感,但从不外露。它们是人类最忠实的朋友,与人类订立了长久有效的契约。它们从来与世无争,它们按照季节的规律生长,繁殖,奋力溯流而上,寻找最适宜繁衍后代的场地。它们以生命之火奉献了美味,满足了人类的味蕾,同时也丰富了人类的想象,给人类带来新鲜的灵感。因此我们必须承认,商业的奇妙在于整合资源,但我们无法创造出一个新的自然。

在 1962 年出版的那本革命性的生态思想经典著作《寂静的春天》中，美国海洋生物学家、现代环境保护运动的先驱蕾切尔·卡森曾一针见血地指出："'控制自然'这个词是一个妄自尊大的想象产物，是当生物学和哲学还处于低级幼稚阶段时的产物，当时人们设想中的'控制自然'就是要大自然为人们的方便有利而存在。我们必须与其他生物共同分享我们的地球，为了解决这个问题，我们发明了很多新的、赋予想象力和创造性的方法；随着这一形势的发展，一个要反复提及的话题是：我们是在与生命——活的群体、它们所经受的所有压力和反压力、它们的兴盛与衰败——打交道。只有认真地对待生命的这种力量，并小心翼翼地设法将这种力量引导到对人类有益的轨道上来，我们才能在生态群落和我们本身之间形成一种合力的协调。"

事实上，生产、消费、加工是贯穿人类社会发展的一道主线，而大自然本身也可纳入一个完整的经济体系之中。在千岛湖，每天从日出到日落，鱼儿们和人类的生产经营活动已融为一体，无论湖里还是岸上，都无时无刻不在忙碌着，各自都在为创造世界的财富做出自己小小的贡献。从这个意义上说，渔业作为整个系统运行的一个齿轮或装配车间，它渐渐知道如何扮演好自己的角色。

从理论上讲，尽管人类的生存空间还能够维持很多年，末日一说还是无尽遥远的天方夜谭，但如果不能深刻地理解人与自然的关系，并付诸切实有效的行动，我们谁也无法保证，一条河流、一个湖泊、一片森林究竟还能维持多久，这一点对今天的中国来说，显得尤为紧迫。

与先行一步的西方国家相比，由于历史的原因，中国的经济发展曾经滞后了一两百年，但发力甚猛，如同一个喜马拉雅山的崛起，必然伴随着一个四川盆地的陷落一样，这些年我们所付出的代价正开始日益困扰世人。一方面，任何一个区域都点燃了快速推动经济的强烈诉求；另一方面，为一时的发展而牺牲环境、无视子孙福利的行为也随时都在发生。所谓可持续发展，按照世界各国公认的定义，即那种"既能满足当代人的需要，又不对后代人满足其需要的能力构成危害的发展"。但在很多地方，可持续发展还只是一个愿景，或亟待真正破题。

中国水产科学研究院产学研合作

千岛湖的故事表明，要做到可持续发展，任何可行的经济发展方案都应努力延长资源使用的期限，并要积极致力于恢复已遭破坏即出现生态质量下降征兆的环境系统，正如一位渔业专家所告诉我们的那样："湖水和人的机体一样，当它还年轻的时候，湖底及湖岸土壤对各种有害元素的降解能力很强，但我们必须承认，随着湖泊年轮的增长，它的新陈代谢能力会逐渐下降。如果修复生态系统的速度或效率赶不上人们对于资源的消耗和透支，任何后果都会发生。"

确切地说，千岛湖围绕渔业所开展的一切商业活动，都必须始终建立在资源保护的大平台之上，湖里的水，湖岸的森林，土壤，其他生产活动之于环境的影响，都必须做好精心的统筹和计划。某种意义上，淳安的每一个居民，每一个企业，每一届政府都成了系统中不可或缺的一员。

第二节 为市场而生

"淳"鱼还是一条不乏创新精神的鱼，它的价值一步步地被人们放大，得以在市场中尽情邀游。它的历程连接了三个时代，一是农业经济时代；二是工业经济时代；三是生态文明时代。在农业经济时代，它的价值以数量取胜；在工业经济时代，它学会了呼吸市场中的新鲜空气，在市场风雨的锤炼中茁壮成长；而在即将到来的生态时代，它提前迎接了能量的释放。

值得欣慰的是，生态文明、和谐社会正日益成为未来中国全面发展过程中的一个关键词，对它的意义人们不再有怀疑，大量触目惊心的事实已经教育人们，传统的粗放性增长难以为继。过去 30 多年，中国经济突飞猛进，创造出了举世瞩目的成就，但今天我们已进入生态时代，商业的价值规律在一个更高端的状态上依然发挥着作用。

在这条通往未来的道路上，中国所面临的任务远比西方一些发达国家要艰巨而繁重得多。作为拥有世界人口约 1/5 比重的发展中国家，中国的经济发展与环境资源紧张的矛盾将日益凸显。于是在中国崛起的背后，一个无法回避的命题已摆在每一个有责任感的人或是企业、公民面前：中国的经济发展模式到底如何转型升级，如何让有限的资源发挥出尽可能多的长久价值？

想办法回答好这个问题，或许正是千岛湖渔业的成功之处。显然，这是一种事半功倍的商业模式。应该说，千岛湖鱼是一条市场神经颇为敏感的鱼，为实现这一点，企业做出了不同寻常的事情。简言之，企业的行为对于环境是人道的，但同时面向市场时也是创造性和高效的。

从最早的注册商标到一以贯之的品牌运营，从捕捞技术的不断创新到颠覆农产品的营销模式，从鱼种的培育到成鱼的销售，千岛湖渔业始终坚持产业一体化的理念，致力于提升渔业的综合效益，为市场提供完整全面的产品和服务。这条鱼从各个角度最大限度地接近市场，同时不遗余力地推进标准化建设。

我们有充分的理由说，没有创新的商业运作就没有千岛湖渔业的今天，仅仅靠先天的产品质量不可能改变最根本的境遇。如熊彼特所说："创新就是建立一种新的生产函数，即生产要素的重新组合，把一种从来没有的关于生产要素和生产条件引进生产经营体系之中，以实现一种革命性的新变化。"

走向全国的千岛湖淳鱼

按照熊彼特的创新理论,千岛湖渔业至少进行了四个方面的商业创举:

第一,某种意义上,"有机概念"的占领和强化使这条鱼巧妙地为人们提供了一种新的产品,或者说人们所不熟悉的产品的某一种新的特质。10多年前,当大多数人还对有机食品未知未觉的时候,千岛湖鱼被赋予了独有的内涵,事实表明,精准的品牌定位以及大张旗鼓的品牌先行策略为这条鱼的新生带来了巨大的机会,使自身长期以来处于一种无竞争的状态,实现了从产品到商品的惊险一跳。

第二,千岛湖渔业采用了新的生产方法。淡水渔业作为人类最古老的行业之一,人们更多是凭经验发展生产,追求数量和规模的增长,这种思维方式为千岛湖渔业的崛起提供了空间。千岛湖渔业的生产方式与商业界常说的"精益生产"颇有异曲同工之处。由于资源有限,千岛湖渔业始终追求所有的经营活动都必须有效有益,如同每条鱼的价值都要开发到极致一样。

第三,千岛湖渔业依赖于品牌的成功运作,果断开辟出了新的销售市场,它彻底改变了传统的流通渠道,按照"奢侈品"而不是一般农产品的特性撇开中间环节,实行点对点的专供体系。这个市场以前可能存在也可能不存在,但至少在那个年代无人进入,甚至至今也鲜有竞争者。

第四,千岛湖渔业某种程度上聚合了一种新的组织,今天这条鱼几乎成了有机鱼的代言人，它时刻地掌握着专业领域的话语权，通过不断完善和解释游戏规则主导与之有关的相关领域。这条鱼通过不断观察产业的发展趋势，及时发现社会中的隐性需求，达到一定意义上的"垄断"。

但更有趣的是，千岛湖渔业也不经意地探索了一条可持续发展的商业之路，资源的有限使得它必然走上精细化运作的方式，这条鱼的附加值的源泉更多来自理念，而不是资源本身。从中我们也可以看到，在环境保护中，商业的力量并不是洪水猛兽，反而能阻止环境的恶化。这条鱼的历程从一个侧面说明：企业有可能也有责任减少商业活动的副产品，创造出一种积极的生态商业。

我们相信，在生态商业时代，通过有效的理念创新，社会各个方面也将获得更好地满足。尤其是对于与我们的生命有着最基本联系的农业来说，在这个即将到来的时代将揭开新的篇章。

千岛湖的鱼与同类相比，本身并没有天生的奇异之处，只是它自由自在地生长在中国东部一片生态资源异常富集的辽阔水域中。仅仅10多年前，它还很廉价，但时至今日摇身一变成了同类中的贵族，并且激活了当地的鱼产业、鱼文章。这一切固然是由于它本身的味道格外鲜美，但更重要的是，有人赋予了它额外的价值。正如本书一开始所强调的，它又不仅仅是一条鱼，而是一种被世人忽略已久的商业方式。这种商业方式的魅力在于，它追求可持续的稳定增长，在生态与环境、商业与责任、人与自然之间找到了一种尽可能妥善的平衡。

第三节　为创意而生

《圣经》上说："每一个人来到世上都是为了寻求光明的"。哪怕是一束微弱的光，如同狂风大作的雨夜，波涛汹涌的海面上的一座灯塔，也能照耀人们前进的方向。

当女娲用黄河之泥捏就了第一个人之时，也将神的智慧赋予了这群生于天地之间的顽强生灵，人类的奇思妙想往往让自己都感到惊讶。普通的鲢、鳙鱼，不普通的千岛湖人，千岛湖渔业的发展在"山重水复疑无路"的窘境中总是有"柳暗花明又一村"的豁然开朗，这是千岛湖渔业人对商业智慧的精彩演出，也是对山水自然的深刻参悟，在处理人与自然和谐共生的永久游戏中，人类的智慧可以穿越任何艰难险阻。

千岛湖渔业的成就源于商业，如果没有价值规律的无限魔力，淳鱼不可能构建覆盖全国的庞大销售网络，但如果这里的这个"商业"的定义是给人类带了无限麻烦甚至毁灭的话，千岛湖人的这种智慧远远超越商业本身，假设没有对这一湖秀水的深切热爱，就不可能有千岛湖渔业的今天，而通过传统的营销方法，仅仅靠产品本身，千岛湖的鱼也不可能有"跃身成龙"的奇迹出现，更不可能被我们许多人所推崇，并且心向往之。

头脑风暴是最为人所熟悉的创意思维策略，这种方法由美国人奥斯本于1937年所倡导，在集体思考中，人们的思维互相碰撞激发灵感，构想出大量新的意念。千岛湖渔业的经营智慧总是出于一种团队协作和问题聚焦，在一种有序的传承将解决问题的创想推进到一个更高的阶段。几艘舢板船，几片蚕丝网，围坐一圈，吱吱闪烁的旱烟杆，新安江上的几个老渔翁促膝而谈，淳安的先祖们在很早的时候就已经开始了这种渔业生产技能和方法最原始的沉淀，而这样的沉淀最后归结为成立后的捕捞队的传承和升华，成为千发集团的"拦、赶、刺、张"联合渔具渔法、巨网捕鱼、活水船、活鱼运输，为市场开发而激荡出产业经营的各种行为。

如果说这种创意出自人类谋取生存的本能，那么活鱼商标、新闻发布会、淳鱼身份证、"非典"危机营销、区域专卖、直营直销等等，这些千发集团所采用的创新方法又是另一个层面和角度的智慧闪光，自觉地融于社会商业洪流，使商业为企业和区域经济创造价值。有人说，商业的本意是唯利是图；也有人说，商业的本意是满足消费的需求。而实则，商业的本质是交换，它就是一种人类对资源流通采取的规则和方式，赋予商业内涵的恰巧是人类本身。人类将商业描绘成怎样，那么商业它最终就是怎样，如果商业包含污染和破坏，那它是人类赋予的；如果商业饱含明媚的阳光、清新的空气、纯净的水源，那它也是人类赋予的。

我们庆幸地发现，许多商业创意为一个新的、有序的、可持续的生态秩序而贡献力量，同时这些商业行为背后的商业主体——企业，创造了丰厚的回报，为人类未来提供了启迪，并受到社会的敬仰。沃斯特在《自然的经济体系——生态思想史》一书中说："这些人热切地感到，失去了自然的富有活力的洪流的接触，就是邀请疾病进入他的体内，导致灵魂的衰亡，因此，不与生态共同体连接在一起，就会有缺陷，就会生病，就会破碎，就会死去。"

浪漫的环保主义者认为，未来的世界和远古的世界是一样，没有机器人、没有航天飞机、没有3D游戏机，甚至不需要电器，有的只是蓝蓝的天空、绿绿的山林草场、悠然自得的动物和人类和谐相处，人类只是大自然的一分子。我们不敢妄想那样的一天会到来，人类科技的脚步无法逆转，我们只能期望人类对自然的改造是出于一种更理性、更生态、更有利于所有地球生物的方式去发展，而人类在其中同样成为这一庞大体系的受益者。

淳牌有机鱼的"新春第一网"

生态思想的本质是要节制对自然资源、能源的掠夺性索取，要"恩泽鸟兽，惠及子孙"，要在追求人与自然和谐协调的过程中实现人类社会的可持续发展。千发集团的"保水渔业"在企业实践中更多照顾到了这种自然生态的平衡性，而这样的商业运营是我们以前从来都只有憧憬而未曾真正实践过的。

有机鱼，这个千发集团创造的新商品"品类"，这些年里似乎以一种魔幻般的方式创造着全国淡水渔业的销售狂潮，而可笑的是，商业的贪婪，使更多的人借用一切手段使自己生产的鱼以获得这个"有机鱼"的光环，这样的小聪明不会对社会商业的转型和发展带来任何益处，而是与整个新型商业规则的建立背道而驰，人类有时需要在内心进行一次阳光与黑暗的搏斗，做对的事情比把事情做出自己满意的结果更重要。

今天，绿色生态思想已成为日益改变整个人类思想观念和生活方式的一种国际思潮。绿色思想的广泛传播，促成了一系列国际环保组织的成立，推动着国际环境保护运动的蓬勃发展，为新世纪人与自然的协调和谐，为人类社会实现可持续发展指明了正确方向。除了企业自身，千岛湖渔业系统更有政府的主导和社会的参与，而其目的又是在更大的范围维护这样一种系统性的平衡，地方政府通过渔政部门、乡镇联合执法，对千岛湖渔业的保护正是出于对千岛湖的一湖秀水的保护，而淳安县"以湖兴县"的提出，亦是一种政府对商业经济的考量，是一种新的生态化商业形态的一种体现。从千发集团的限制捕捞规格，4公斤以上方可捕捞，到每年固定投放一定数量的鱼苗，再到千岛湖放鱼节，这些经营中的创意，同样源自这样一种生态理念，又为商业推广带来价值，从而在商品销售上得到回报的思维方式，这也体现了一种更为高层次的经营技巧和智慧。

第四节　为文化而生

言必讲文化也许是当下最大的流行，当人类活动空间无法超越自身透过物质世界达到的极限时，当"纵横八万里"已是触手可及的事实时，当人类只能为梦想而梦想时，"上下五千年"也许能成为人类寻求心灵依托和智慧源泉的唯一途径。同时，文化自身也具有超越地域的辽阔伸展性，成为一个群体智慧对另一个群体智慧的启迪和馈赠，成为一种思维模式，或者说思想标准，如果说思想界也有类似 ISO 标准的一种最高层次的营销。在当今时代，知识经济初露端倪，文化成为经济发展的重要资源，而文化产业则成为重要的支柱产业，基本上是低污染、低消耗、高效益的朝阳产业。

作为一种产业形态，英国著名媒体理论家尼古拉斯·加纳姆（Nicholas Garnham）最早从文化的商品性和服务性的角度出发来界定文化产业。他认为："大多数人都有对文化的需求和渴望，无论这种需求和渴望是好是坏，它们都要由商品和服务等市场化的东西来提供。如果一个人不重视对占主导地位的文化进程的分析，那么他就既不能理解我们这个时代的文化，也无法理解占主导地位的文化对公共政策制定者提出的挑战和机遇。"

文化产业与其他产业相比，具有文化和产业的双重价值，文化产业的特殊性使其在国家和区域的社会、经济、文化发展中都具有重要的地位。文化产业的特殊性，一方面表现在其产品的精神性上。文化产业的内容是由物质形式承载的精神文化，是内容生产者的观念、判断和感受，以及他的政治思想、道德观念和审美情趣等。因此，文化产业在提供产品和服务时，会对人们的精神世界产生影响，能够引导人们的人生观、价值观和意识形态等。另一方面，文化产业又是一种现代化的产业形态，在市场经济条件下产生，具有生产、销售、传播等一系列的产业链结构，能够产生巨大的经济利益，在创造财富、扩大就业，提高人民生活水平

中国鱼拓大师杨阿永

中具有重要的作用。文化产业的特殊性表明，文化产业能够同时创造物质财富和精神财富，文化产业对国家和区域的影响是广泛的，发展本土文化产业，对提升国家和区域的竞争力具有重要的意义。

鱼儿天生就具有文化性，人类来自海洋，很大程度可以说，人类的远祖就是一条生长在海里的鱼。淳鱼文化的宣传中经常会用到一句话"一条游动在历史长河中的鱼"，在2012年的千岛湖有机鱼文化节展览会上，展出了一条在淳安姜家甘坞村出土的1.5亿年前的鱼化石。它从活生生的一条鱼出发，穿越亿万的日出日落，与现代的我们面面相对，却似久未谋面的亲友默默地倾诉，这或许就是文化的感染力。近年来，依托千岛湖得天独厚的自然生态和淳安县大量丰富的历史文化资源优势，特别是借助别具特色的千岛湖渔业历史和文化，千岛湖渔业进入文化渔业阶段。

作为具有50多年渔业开发历史的企业，千发集团积极开发和挖掘千岛湖淳鱼文化，在浙江省乃至全国形成了一股中国鱼文化热，千岛湖的鱼从实用性分离而出，成为满足人们日益增长的文化精神需求的一种优秀载体。随着千岛湖鱼文化产业的全国性推广，吸引人才、构建平台，可以预期，它将成为中国实体经济文化产业的一个全新亮点，以及中国鱼文化产业化发展一次全新的尝试。从目的论的角度来看，也许文化冰山中最具意义的部分就是文化价值观了。在探讨文化时，大家对"价值观"这个名词的定义非常明确和有限：文化价值观是一群人认为有益的、正确的或有价值的信条或特点。千发集团是非常爱思考能讲故事的企业，将自己对个体、企业、商业、伦理、自然、国家的认识进行总结并融于自己的事业，从而得到与企业价值相得益彰的结果，这似乎成为千发集团企业经营颇具张力的一个重要原因，而千岛湖开发几十年，新安江人文积淀的数百年，甚至"中国鱼"这个概念所承载的数千年的中国文化，都成为千发集团这种文化张力不竭的能量宝库。

淳鱼文化产业以"淳"牌有机鱼产业为核心，依托千岛湖优质生态资源，以淳鱼文化为特征，形成了集渔业、旅游业、餐饮业、服务业、文化创意产业等为一体的淳鱼文化产业链。淳鱼文化包含了"淳"

法国鱼头艺术家 Anne-CatherineBecker-Echivard

牌的品牌文化、有机鱼的有机文化、传统的鱼文化、千岛湖的"湖"文化和淳安的"淳"文化。淳鱼文化产业以其对区域竞争力的强力影响,通过"文化产业化"和"产业文化化"这两种方式,提升了文化竞争力的软、硬实力。淳鱼文化产业促使千岛湖渔业与旅游业、餐饮业、服务业等联动发展,为地区第三产业的增值做出了贡献,提升了千发集团产业结构的高级化程度,并促使产业聚集。淳鱼文化产业的发展促进了巨型水库渔业养殖技术的提高,提升了企业的科技竞争力。淳鱼文化产业为社会提供了大量的就业机会,提升了人才竞争力。淳鱼文化产业与千岛湖旅游业联动发展,带来了每年数百万的游客,促进了区域辐射能力和社会交流能力,从而提升了区域的对外开放竞争力。淳鱼文化产业的发展促进了千岛湖湖区生态环境的优化和政府对文化创意产业的政策制定。可以看出,千岛湖淳鱼文化产业的发展对区域综合竞争力具有巨大的促进作用。

九姓渔民、锦鳞长卷,甚至淳淳吉祥物、桃木鱼等,这些具体的淳鱼文化现象,从千岛湖鱼文化展示中心到即将建设的中国鱼博园,千发集团举文化之旗汇聚智慧,凭文化之力拓展空间,借文化之义展示精神,千岛湖鱼、有机鱼、淳鱼、中国鱼,这是一方山水之间,喷薄而出,从涓涓细流到浩瀚大海,一种不断进取、和谐发展、融入社会回馈社会的赤子情怀。

第五节　为梦想而生

时至今日,淳安这方水土与鱼已经难舍难分了,鱼的意象无处不在。小镇中心的广场上,湖边的延绵木栈道上,那些公共空间的雕塑小品,富丽堂皇的五星级酒店里,一页页餐饮美食的招贴画上,在旅游宣传画册里,随处都能见到鱼的形象,它们以各种具象或抽象的形式告诉着远道而来的客人:千岛湖不仅拥有美丽的自然风光,一望无尽的浩瀚秀水,还是人类的朋友——鱼的家园。在这里,游千岛湖,赏秀水,品鱼头,沐浴森林氧吧,体验农家乐,应有尽有。

在这幅和谐的画卷中，我们渐渐看到，"淳"鱼的体验价值正熠熠生辉。10多年前，它从湖水中游向了市场，10多年后，它又以另一种方式游回了千岛湖，游向了更多的人。今天，鱼已经成为淳安人文化生活中的一部分，这里的人们谈起千岛湖鱼时流露出几分自豪的神情。而在可以预见的未来，这条鱼还将继续以新异的姿态吸引四海宾朋，联结更多人的友谊。

尤其是体验经济时代，关于鱼的每一次体验，都会给人以深刻的烙印。无论是在大自然里还是在餐桌上，也无论是观看巨网捕鱼还是欣赏鱼文化，鱼所带来的美的体验和遐思鲜能替代。

归根结底，人类创造商业不是为了制造痛苦，随着物质生活的富足，人们有朝一日还是要寻求情感的寄托。但正如有人所说："创造美的愿望是一种尚未开发的动力，它不仅存在于社会也存在于商业。"的确，无论商业如何日新月异，人们最终期待的，还是快乐而充实的生活。在商业运营中，有什么事业比那些有助于环境又能优化生活品质更有价值和意义的呢？

穿越时光的隧道，鱼在人类生活的河流中其实已经游了数千年了，凡是有人们居住的地方，就有它的传说。作为一种文化元素，自古以来，我们捕鱼、养鱼、观鱼、画鱼、说鱼，从未感到过厌倦，从鲤鱼跃龙门的美好向往到竭泽而渔的生态警示，从年年有鱼的生活愿景到"与其临渊羡鱼，不如退而结网"的理性教诲。此刻，一条鱼的体验价值已悄悄被人们重新点燃。

出于人类的共性，中国人天生喜鱼，但毕竟田园牧歌式的时代已经远去，幸运的是，我们在千岛湖看到了一种可能的存在，那就是通过一场独具特色的人鱼之恋，鱼在人们的情感生活中再一次复活了，通过这条鱼，每个人都发自内心地更加热爱生活的这方水土，更加热爱生活。

某种意义上，通过千岛湖渔业，我们也看到了商业之美。这条鱼说明商业不再是掠夺性的，而是幸福的创造者。只要千岛湖鱼是快乐的，人们也将收获持续的快乐。有一点可以肯定：我们所有人都希望生活得更好，更有品位，更有质量，人们希望商业给自身带来福祉，而不是一场迟早的毁灭。因此，通过人们的不断创造，这条鱼活得越旺，活得越精彩，世界也将越美好。

中华一绝——千岛湖巨网捕鱼

解读这条鱼的意义或许在于告诉我们,这个世界上没有一成不变的商业运行方式,我们有充分的机会转变既有的那种不计长远后果的行为方式,重塑一种更健康的商业运行机制。夕阳西下时分,当我们再一次漫步在千岛湖畔的时候,我们隐隐感觉到,湖水仿佛知道一切,它每时每刻都饱含着默默地期待,以及对人类生活的美好祝愿,而那随之跃出湖面的,也是闪光的未来。

如果没有千岛湖的一汪碧水,这条鱼的故事不会如此精彩,我们很难孤立地讲述这条鱼本身。但同时,我们更希望通过这条鱼,更多的人能够重新理解生态,理解商业。在我们所共同期待的生态时代,没有旁观者,我们的每一个人都应担负起责任。

为了明天,我们该减少一些商业的自负了,我们所面临的生存挑战已经显现;我们是时候俯下身来,从所剩越来越少的绿水青山中谛听它们的每一次心跳,每一次呼吸,每一次脉搏的颤动。

第六节　为时代而生

为深入贯彻落实习近平"绿水青山就是金山银山"的重要思想,2019

年 9 月 10 日至 11 日，农业农村部在千岛湖召开了全国大水面生态渔业现场推进会。农业农村部渔业渔政管理局、中国水产科学研究院和全国水产技术推广总站为指导单位，中国水产学会、中国水产流通与加工协会、上海海洋大学、中国水产科学研究院渔业机械仪器研究所和淳安县人民政府为主办单位，国家农业现代产业技术大宗淡水鱼体系和国家农业现代产业技术特色淡水鱼体系为协办单位，淳安县渔政渔港监督管理局和杭州千岛湖发展集团有限公司为执行单位，大会也是 2019 年杭州千岛湖秀水节的重要内容之一。农业农村部副部长于康震，中国科学院院士曹文宣，水利部、国家林业和草原局以及农业农村部办公厅、计划财务司、科技教育司、长江流域渔政监督管理办公室、中国水产科学研究院、全国水产技术推广总站、中国水产学会等有关单位的代表，各省、自治区、直辖市从事渔业管理、渔业行政、推广的代表，全国大水面渔业企业代表共 300 余人参加会议。这也成为中国渔业历史上，推进产业转型、实现高质量发展的一次里程碑式的会议。

农业农村部于康正副部长参加增殖放流活动

会议期间，农业农村部副部长于康震一行调研了淳安县渔政执法和渔业资源保护体系，深入了解千岛湖渔业资源保护体制机制，肯定了淳安县渔政渔港监督管理局获得"全国渔业执法工作先进集体"荣誉称号；大水面渔业捕捞技术作业现场——千发集团捕捞队，感受"鱼丰水清"的巨网捕鱼场景；在金山鱼湾参与增殖放流；并考察了鲟鱼生态养殖情况。淳安县委副书记、县长董毓民，中林集团党委书记、董事长宋权礼，中林森旅控股总经理、千发集团董事长汪建敏，淳安县农业农村局局长方海珍、副局长吴福建，千发集团总经理何光喜等参加调研活动。在当天举行的"大水面生态渔业高峰论坛"和"大水面生态渔业科技创新联盟成立大会"两场大会中，农业农村部渔业渔政管理局二级巡视员江开勇、全国水产技术推广总站、中国水产学会站长（秘书长）崔利锋、浙江省农业农村厅童加朝副厅长分别致辞，对千岛湖生态渔业发展模式在全国推广的典型性和适用性给与了肯定。淳安县副县长商松懋代表县委县政府致欢迎词。中国水产科学研究院刘英杰、中国科学院水生生物研究所殷战、中国科学院南京地理与湖泊研究所谷孝鸿、上海海洋大学刘其根分别围绕大水面生态渔业科技创新规划、大水面生态增养殖容量及评估方法和生态保护、保水渔业理论与实践等作主题报告，在千岛湖渔业创新发生的第一现场，专家学者以科研视角扎实审视了中国渔业的未来之路，更有切身的体会和紧迫感。大水面生态渔业科技创新联盟的成立，旨在全面提升渔业水域生态修复的科技创新能力，加快恢复和改善水域生态环境，保障水域生态系统安全，实现大水面生态渔业全面升级和可持续发展。联盟成立大会上，中国水产科学研究院院长王小虎就如何办好大水面生态渔业科技创新联盟，提出了三点意见：一是统筹布局，科学制定发展规划；二是创新驱动，强化科技引领作用；三是凝聚力量，推动绿色健康发展。在大水面生态渔业科技创新联盟成立仪式上，千发集团总经理何光喜代表联盟成员签署协议。

10日下午"全国大水面生态渔业现场推进会"正式举行，农业农村部副部长于康震的作重要讲话，充分肯定了千岛湖以鱼保水、养鱼治水的经营模式。他指出，"千岛湖将渔业生产、渔政管理、生物治水、文创发展、渔旅融合、乡村振兴等相串联，形成了一条完整的产业链，千岛湖模式值得全国推广学习。"农业农村部渔业渔政管理局局长张显良主持会议。中央党校孙要良副教授在会上作了"绿水青山向金山银山转化路径"的报告，这也是千岛湖"保水渔业"案例在中央党校的课程讲解的浓缩提炼，是站在推进我国大水面生态文明的视角上，给与会的全国渔业嘉宾传递的千岛湖生态发展的实践成果。查干湖区代表介绍了生态渔业发展有关经验，浙江省政府副秘书长蒋珍贵致辞,浙江省农业农村厅厅长林健东围绕推进浙江大水面生态渔业的发展进行了交流发言。

在 11 日举行的"大水面生态渔业高峰论坛主题演讲"环节,有中林森旅控股总经理、千发集团董事长汪建敏作《千岛湖渔业案例:打造一条价值最完整的鱼》、浙江省水产技术推广总站丁雪燕站长《浙江省大水面开发利用模式和发展探索》等主题的精彩演讲。在千岛湖建设国家级"保水渔业"生态产业园,加快"保水渔业"模式的赋能赋值,落地千岛湖"两山"学院和"保水渔业"学习培训基地,"一湖推十湖,十湖带百湖"的理念将进一步推广。

全国大水面生态渔业现场推进会在千岛湖举行

"全国大水面渔业应吸收千岛湖'保水渔业'经验,推广科技攻关和顶层设计,学习千岛湖在渔业技术研发、精深加工、模式推广、市场培育等方面的经验。"中国水产科学研究院副院长刘英杰这样说。今后,农业农村部也将支持各地依托千岛湖生态渔业模式等典型发展样板,集成、展示"千岛湖模式",组建技术专家组,因地制宜,加强科研技术和模式示范,引领新技术、新模式的推广应用,鼓励各地依托行业组织、科研院所、高等院校、技术推广机构和有关企业,加强"千岛湖生态渔业模式"科普宣传,打造一批"生态渔业"样板,带动全国大水面生态治理与生态产业融合转型发展。

中华民族已经进入到了中国特色社会主义的新时代,发展的新旧动能正在发生实质性的转变,从过去粗放的、对环境产生破坏作用的、不可持续的发展模式向着高质量、高水准的方向转变，建设社会主义生态文明成为保持我国经济持续发展的必然要求，也成为我国当前的国策。社会发展进入新阶段，中国的主要社会矛盾已不再是过去人民日益增长的物质文化需求同落后的社会生产力之间的矛盾，人民对美好生活的向往同发展的不平衡、不充分的矛盾日益显现，全面建成小康社会、全面建设社会主义现代化国家，各行各业都需要适时作出调整。我国幅员辽阔，拥有广阔的水域面积，渔业是关系国计民生的重要产业，也是和国家生态资源息息相关的战略产业。着眼供给侧改革，千岛湖进行的改革实践，不仅是国家高质量发展的要求，更是顺应时代推动质量变革、效率变革、动力变革的一次新长征。作为"绿水青山就是金山银山"萌发地的千岛湖，是习总书记对生态文明建设作出顶层设计和总体部署的浙江实践的一部分，将千岛湖"保水渔业"推向新的发展阶段，习总书记的重要指示也为淳鱼从高速发展到高质量发展指明了方向、提供了根本遵循，中国渔业的"凤凰涅槃"，也必定能走出一条无愧时代的生态发展新路子。

以时代国企的责任和担当，千发集团正走在产业发展的先锋队列，紧紧围绕服务国家重大战略，开拓创新，锐意进取，让结构更优、效益更好、质量更高，让企业基业常青，在平凡岗位上实现国家"两个一百年"奋斗目标、实现中华民族伟大复兴的中国梦，千发人正积极投入、只争朝夕、不断进步！

媒体链接：破浪前行　筑就一流品牌

《渔业文摘》时间：2012 年 5 月

作者：吴建平　郑家平

在浙江省西部有一个美丽的地方，它便是"生态文化名县"——淳安。淳安是全国著名的生态旅游胜地、国家 5A 级景区和国际花园城市，这里因有一个美丽的千岛湖而闻名遐迩。1959 年，为修建当时我国最大的水利工程新安江水电站而形成了浩渺的千岛湖，面积 573 平方公里，湖上有 1078 个大小岛屿，形态各异、气象万千。千岛湖总蓄水量在 178 亿立方米，相当于 3000 个西湖大小，所以，郭沫若诗句中有"西子三千"的赞美。由于当地历届政府注重环境保护，千岛湖水在中国大江大湖中位居优质水源之首，誉为"天下第一秀水"，也正是有了如此一个景色绝美、环境一流的湖，淳安才孕育出了一个名叫"淳牌有机鱼"的品牌神话，创造这个神话的是杭州千岛湖发展有限公司。一直以来，千岛湖的鱼儿"养在深闺人不识"，通过千发集团几十年的努力，这些看似普通鱼儿成为餐桌上的宠儿，成为记者镁光灯下的明星，成为千岛湖和杭州的骄傲，成就了千发集团完整的千岛湖淳鱼产业链，也确立了千岛湖在全国大库渔业的领导地位。

1978 年，公司的"拦、赶、刺、张"联合渔具渔法获全国科学大会奖；1988 年，公司沉浮式多用船获得国家专利；2000 年，首家通过国家环保总局有机食品发展中心（OFDC）有机认证，成为国内第一条"有机鱼"；2003 年，"淳"牌有机鱼项目被列入国家级星火计划，同年，"淳"牌有机鱼通过国家地理标志保护产品注册；2004 年，公司被命名为"浙江省骨干农业龙头企业"；2005 年，"淳"牌有机鲢、鳙鱼基地被认定为国家级标准化示范区，千岛湖有机鱼生产基地被列为国家有机食品生产基地；2006 年，公司"淳"牌鳙鱼被农业部评为首届中国名牌农产品；2007 年，公司《有机鱼品牌的创建与运营》获国家级创新成果奖；2008年，公司总经理汪建敏被评为"中国当代渔业企业领军人物"，"淳"牌有机鱼进入"杭州七宝"；2009年，"淳"牌（有机鱼）被国家工商总局认定为中国驰名商标；公司总经理汪建敏被杭州市委、市政府评为首届品质杭商；2010年，公司被评为浙江省文化产业"百强振兴计划"企业；2010—2011年，连续2年被授予杭州市百强服务业企业，并成功举办两届"中国杭州千岛湖有机鱼文化节"。

历年来，千岛湖淳鱼沐浴阳光，中央首长和省市领导数十次来公司莅临指导；全国知名媒体高度关注，千岛湖淳鱼产业典型新闻进入《新闻联播》8次，《走遍中国》《讲述》《让世界了解你》《财富故事会》《致富经》《天天饮食》《每日农经》等中央电视台热门节目专题进行采访报道，各地卫视和省市电视台的报道和专题节目不胜枚举，一路护佑千岛湖淳鱼的品牌影响力和美誉度。

一、三个阶段打造"淡水渔业领军企业"

千岛湖淳鱼产业体系的建立和发展经历了三个历史阶段，从传统渔业、品牌渔业过渡到现在的文化渔业、创意渔业阶段，这三个阶段时间跨度50年，千发集团历经以生产为导向的传统渔业、以市场为导向的品牌渔业，转型到以文化为统领的文化渔业、创意渔业，将千岛湖淳鱼产业最终推进到结构合理、脉络清晰、内涵丰富、全面发展的新阶段。

1. 传统渔业阶段（1962—1999年）

千岛湖渔业的管理前主体"新安江开发总公司"成立于1962年，系当地最大的资源型国有企业，公司产业涵盖林、渔、工、旅等，渔业产业主要包括新安江水库的鱼苗鱼种繁育，成鱼放养及管理，一些特色水产品的网箱养殖，以及保鲜冷藏等。主要的经营内容是围绕渔业生产进行"以养为主，增养结合，合理开发，科学管理"。20世纪60~70年代，千岛湖的鱼主要以冻品的形式进行销售，有一部分出口东欧、北美、中东及澳大利亚等十多个国家和地区，深受消费者欢迎。千岛湖大湖面养殖捕捞技术在当时是一个全新的课题，通过开发总公司几代渔业工作者的默默耕耘，千岛湖的渔业生产得到了国内外同行的肯定和好评，并在1978年获得了首届全国科学大会科技成果奖。1983年,在浙江省水产局主持的"三江(新安江、富春江、钱塘江)渔业论证会"上,来自全国各地的水产专家、学者通过对湖区的实地考察后认为,多年来千岛湖渔业遵循科学养殖方法,鲢、鳙鱼产量在全国湖泊中名列前茅,成本和规模效益显著。从那时起,渔业产业就始终是开发总公司各产业的主导,成为公司效益的主要来源。

在计划经济时代,公司在全国大水面渔业养殖行业中已奠定了领先地位。经过长期的经营管理积累,公司的产品不愁销路,产多少销多少。一直以来,公司的主要经营活动都集中在生产领域,公司产品走向市场没有商标、没有产地、没有标准,产品形态是冰鲜鱼和冻鱼;销售上采取的是等客上门,与消费者不直接见面;随着计划经济向市场经济的转型,全国池塘养鱼、网箱养鱼、稻田养鱼蓬勃发展,鳜鱼、鲈鱼、银鱼等名优品种异军突起,公司的鲢、鳙鱼开始滞销,价格下行,生产成本逐年提高。1999年后,企业开始经营困难,出现严重亏损。由于鲢、鳙鱼过于廉价,千岛湖渔业开始转向鳜鱼、鲈鱼、银鱼养殖,鲢、鳙鱼资源枯竭,1998年、1999年连续两年,千岛湖部分水域暴发蓝藻,千岛湖"保水渔业"的课题浮出水面。

2. 品牌渔业阶段(1999—2009年)

在公司的品牌渔业阶段,1998年新成立的杭州千岛湖发展有限公司围绕市场,破解市场开发中的一个个难题,经过品牌化经营和运作,"淳"牌有机鱼成为中国淡水鱼界一块响亮的金字招牌,使公司跻身行业优秀企业的行列。首先是公司注册了商标,只要有了商标,公司生产的鱼不仅可以与其他同类的鱼区分开来,而且可以受到《商标法》保护。2000年,千发集团注册的"淳"牌商标,它既代表淳安县,又代表鱼的品质,有"纯——一流的环境、醇——一流的品质、淳——一流的服务"这样的含义,从此千岛湖的鱼儿有了自己的名字"淳鱼"。2009年4月,"淳"牌商标被认定为中国驰名商标,成为中国第一个通过国家工商总局认定的活鱼类商标。有了"淳"牌商标,但并不等于有了品牌,一般农产品消费者都特别关注产地概念,2000年,千发集团就着手开展产地注册,2003年正式通过了国家质检总局原产地标记注册,产品走向市场一律打上"千岛湖"原产地标志,正名为"千岛湖淳鱼"。2000年10月，经过半年的严格审查，千岛湖"淳"牌鲢、鳙等10个品种的鱼类又被国家环保总局有机食品发展中心认证为有机食品，成为中国第一个通过认证的"有机鱼"。接着，为了迎合市场需求千发集团进行了一系列的生产技术创新，制定了产品技术标准，鲢鱼和鳙鱼分开卖、死鱼和活鱼分开，活鱼质量分出一二级等，规格分成大（11公斤以上）、中（7~11公斤）、小（7公斤以下）三类。公司改进大水面冬季捕捞和活鱼静养技术，彻底解决了鲢鳙活鱼常年对市场供应的问题。储运技术上和上海海洋大学专家合作开发，解决了淳鱼长距离活鱼运输问题。

这一系列的"内功"组合拳，最大的目的就是为开发高端活鱼市场做铺垫。2002年9月，千发集团在杭州山外山菜馆召开了首次产品新闻发布会，"淳"牌有机鱼一举成名，宾馆酒店纷纷上门求购，之后在杭州、上海、北京等城市多次举办新闻发布会，千发集团走出了品牌营销的最关键的一步。公司不断地参加政府举办的展会，争取成为亮点，在地方上两年一度的秀水节，公司积极融入，不仅进行嵌入式的软性宣传，更重要的是历年来都组织"中华一绝，巨网捕鱼"表演，和中国烹饪协会共同举办"全国淡水鱼烹饪大赛"，和中国钓鱼协会共同举办"全国钓鱼比赛"，召开"千岛湖美食节"等，使这些项目成为千岛湖秀水节中的重头戏。这期间，千发集团不断创造新闻热点，主动接待各方媒体，成为央视、全国各大卫视、省市电视媒体争相报道的对象。

千发集团对营销模式也进行了创新。变"坐商"为"行商"，成立淳鱼销售中心，建立淳鱼配送车队，在全国范围内发展指定经销酒店，进行高端酒店的直营直销。许多客户慕名而来，实地考察淳鱼生长环境，使客户对淳鱼产业提高了认识和信心。建立了全国统一的价格体系和质量追溯制度，为客户建立档案，进行客户评等定级。在售后服务上，千发集团利用下属的中国名餐馆千岛湖鱼味馆的有利资源，将其转变为菜肴研发中心、客户培训基地、厨师培养基地。经常组织客户进行有机鱼菜肴烹饪技术交流。

通过10年的努力，"淳"牌有机鱼成为全国鲢鳙活鱼市场价格的风向标，"有机鱼"成为"淳"牌千岛湖鱼的代名词，"淳鱼"从一个低端的普通鲢、鳙鱼市场分离出来成为一个产品门类，千发集团也被国内各种商业研究机构当作一个重要的农业品牌营销案例进行深入剖析和研究。在"淳"牌鲢、鳙鱼大获市场好评的时候，千发集团积极发展加工产业和对外合作，进行鱼品深加工，把鱼身子加工成罐头，成为礼品和旅游商品，研制方便的真空包装鱼头等深加工产品。同时，通过合作形成了生产规模中国第一，世界第三的鲟鱼生产养殖基地、全国最大的（123）鱼养殖加工出口产业基地。淳鱼成为一条真正意义上的品牌鱼、科技鱼、富民鱼。

3. 文化渔业阶段（2009—至今）

千发集团发展步入逐渐稳定期，在此期间，公司提出了"以淳鱼文化为统领，以淳鱼产业为核心"的完整产业链整体发展蓝图。通过传统渔业和品牌渔业的积累与提升，千发集团的经营团队比以往更有勇气和决心，抓住历史机遇，让淳鱼游进"文化圈"，把"有形的鱼"变为"创意的鱼"，把"吃的鱼"转成"文化的鱼"，实现"传统渔业、品牌渔业"到"文化渔业、创意渔业"的升级转型。

2008年，千岛湖鱼文化创意产业被杭州市列为市文创产业专项资金扶持项目，2009年4月，在中国义乌文化产品交易博览会上，时任省委常委、宣传部部长黄坤明亲临参观淳鱼文化创意展示，对鱼拓现场创作表演和巨网捕鱼幻影成像等项目给予高度赞赏和鼓励。2009年，公司牵头，经民政局批准登记，成立了淳安县鱼文化协会。同时，公司下文成立了文化创意领导小组，千岛湖秀水街上的千岛湖渔业文化展示中心正式对外开放。2010年，杭州市政府在千岛湖举办首届千岛湖有机鱼文化节，至今已举办八届。这一系列事件标志着千岛湖渔业进入到文化渔业新阶段，形成了目前四大板块淳鱼文化产业格局。

第一，中国鱼拓艺术。作为中国古老艺术形式的鱼拓被千发集团挖掘并提升到艺术品的高度，使千岛湖成为全国鱼拓艺术的发祥地和人才资源的集散中心。2008年，千发集团聘请了国内鱼拓大师杨阿永，成立了第一家千岛湖鱼拓社，开展鱼拓创作交流活动，举办鱼拓艺术展和国际鱼拓精品展，并且多次邀请韩国鱼拓社社长和中国鱼拓大师进行现场鱼拓制作和艺术交流，吸引众多鱼拓艺术爱好者参观学习，杨阿永创作了千岛湖《青鱼王》《鳡鱼王》《江雪》《九鲤朝阳》等鱼拓作品百余幅，成为千岛湖鱼拓艺术精品。创意制作的《千岛湖锦鳞图》汇聚了社会各方力量和智慧，历时三年，全长34.8米，高1.04米，共分"鲲鹏览胜、九鲤朝阳、中华同春"等9个篇章，集中了千岛湖114种鱼类188条，诗词百首，印章110方，是目前全球鱼拓作品中单幅面积最大、图卷最长、鱼类最多的鸿篇巨作，体现了当今鱼拓艺术的最高水平。2011年6月，中日韩首届国际鱼拓大赛在千岛湖举行，这一赛事成为中国鱼拓艺术界最高级别的一次盛会，会上宣布中国渔业协会鱼拓专业委员会正式成立，从此中国鱼拓艺术成为一个有专业组织的全国性正式艺术品类。

第二，淳鱼文化中心。浙江自然博物馆的分馆——千岛湖鱼博馆，是千发集团为弘扬淳鱼文化的特色展馆，通过各种科技和文化的手段，充分展示钟灵毓秀的千岛湖渔业文化。它采用图片、视频、文字和实物相组合的表现形式，大家可以尽情畅游淳鱼的世界，感受党和国家领导人对淳鱼发展的殷切关怀，领略大水面渔业生产的壮观场面，参观千岛湖鱼王的雄姿，了解淳鱼生产流程。

第三，千岛湖巨网捕鱼。千岛湖巨网捕鱼原本是千岛湖上大湖面捕鱼作业的一种劳作方式，它是几代千发渔业人员智慧的结晶，曾经一网捕捞最高产量是30.3万公斤，捕捞最大的鱼是青鱼83公斤，是目前为止捕获的最大的淡水鱼。正是这样一种劳动场面成为融入了淳安地方文化、新安江渔民文化、中国古老渔业文化的视觉盛宴，成为千岛湖上最具震撼效果的文化旅游项目。

第四，淳鱼文化餐饮。"玩在千岛湖，吃在鱼味馆"，一直以来中国名餐馆千岛湖鱼味馆都是千岛湖最有特色的淳鱼文化餐馆。通过深入挖掘中国鱼文化和淳安地域文化的深厚底蕴，依托得天独厚的千岛湖秀美山水的独特魅力，千岛湖鱼味馆形成了以"淳"文化为核心理念的餐饮文化特色品牌，成为中国名餐馆、中华餐饮名店、全国绿色餐饮企业、国家五钻特级酒家。目前，千岛湖鱼味馆在千岛湖镇已拥有3家店，在北京和杭州共4家分店，在文化上各有的特色又相互关联，成为每年来千岛湖游览的几百万游客最完美的选择。淳鱼品牌节庆"中国杭州千岛湖有机鱼文化节"。2010年以来，由杭州市政府主办、淳安县政府协办、千发集团承办的这一节庆活动，已经成功举办了八届，主要内容涵盖千岛湖淳鱼的全过程，系千岛湖规格最高、特色最显著的农事品牌节庆。

二、五点经验成就"中国第一鱼"

2002年9月10日，当千发员工惴惴地打开刚拿到手的《都市快报》时，头版上一句醒目的红体大字"见识中国第一鱼"，旁边还有一张公司领导拎起一条活蹦乱跳的"淳"牌有机鱼的大幅照片。就在前一天，千发集团首次在杭州召开了"淳"牌有机鱼的新闻发布会，大家还在揣测这样的新闻发布会是否真有效果，"大胆"的记者就为"淳"牌有机鱼喊出了"中国第一鱼"。当时的千发员工除了兴奋多少有些忐忑，会小心翼翼地问问同事"是不是有点夸张？"。时过境迁，如今，当千发集团在新一轮发展中提出将淳鱼产业提高到一个全新阶段时，所有人都可以很有底气地说，这一条"中国第一鱼"的产生有着很多的必然性。

第一，保水渔业——鱼水和谐，保持千岛湖渔业的可持续发展。千岛湖蓄水以来，一直以山清水秀闻名于世。然而在1998年和1999年，千岛湖局部水域两次发生水质异常变化，主要现象是水面上漂浮着一层蓝绿色状异物，并发出怪味。水质的异变引起了淳安县领导班子的高度重视，经过有关专家的认真调查认定，主要原因是蓝绿藻过度繁殖所形成的"水华"。对照1998—1999年"水华"的发生，与千岛湖放养的鲢、鳙鱼资源遭到严重破坏有关，因1999年鲢、鳙鱼产量不足25万公斤，是历史上最低产量。参照西湖、东湖治理蓝绿藻的经验，若在千岛湖放养足够数量的鲢、鳙鱼，最大限度消耗蓝绿藻以净化水质是有可能的，这种利用鱼类净化水质的渔业，称之为"保水渔业"。2005年5月，《淳安县千岛湖渔业发展规划》通过中国水产科学研究院、上海水产大学等单位的专家审核。在这个规划中，确定了千岛湖在发展渔业的同时更要着眼于千岛湖的水体保护，为达到规划的要求，每年千发集团投放大规格鲢、鳙鱼种的数量不少于60万公斤。同时，政府进行"三大"整治活动,实行网箱上岸,以杜绝网箱养殖带来的各种污染,成立渔政局,以行政方式保护千岛湖的渔业资源,将保护渔业资源提高到保护千岛湖水质的高度上来。

第二,创意营销——实现了以企业为主体,将农业品牌在短时间低成本打造成全国知名品牌。主要是:概念营销:通过"淳"牌商标注册、千岛湖原产地注册、有机鱼认证等方式;新闻营销:通过新闻发布会、"非典"时期危机营销、媒体互动等方式;渠道营销:通过依靠客户酒店店堂内宣传公司品牌和文化,成立淳鱼销售中心构建全国配送网络,参加专题展会引起商家兴趣等方式;文化营销:通过借助政府平台举办各类淳鱼文化活动,融入千岛湖秀水节,编排淳鱼餐饮文化秀,统一淳鱼宣传物料(砂锅、鱼盘、文化墙),编辑《淳·文化》内刊,开发鱼文化创意产品,进行烹饪技术培训等方式。通过各方面的创意营销,公司形成了市场营销的基本思路和方法,而整个营销过程都是通过低成本和具有高美誉度的方式进行的,这成为农业企业开展品牌营销的一种良好的范本。

第三,过程控制——通过严格的标准化体系建设,不断推进企业内部管理从优秀走向卓越。"一流的企业做标准",而农业企业的标准化是一个非常艰难的过程,千发集团努力地把它实现了。2002年,千发集团就在所有单位推行ISO 9001/14001质量环境管理体系,并专门设立专职的标准化办公室进行控制实施。为使淳鱼生产严格按照规定进行,公司组织人员制定了有机鱼生产标准,经专家论证、研究总结,历时2年多,在2003年发布了《千岛湖有机鳙鲢鱼系列标准(DB330127/T015)》,按照GAP(良好农业规范)、HACCP(危害分析与关键质量控制点)等质量管理控制原理,从鱼苗培育、夏花鱼种生产、一龄仔口鱼种生产、二龄老口鱼种生产、成鱼养殖捕捞、运输等环节严格规定生产标准。

第四,持续创新——千发集团在各方面的创新带来了活力,逐步构筑了企业的市场竞争壁垒。这主要包括技术创新、管理创新和体制机制创新。在技术创新方面,最为突出的是苗种、捕捞和储运技术,由于行业的特殊性,许多创新都是通过公司自己的技术管理人员自己摸索的成果,而且这些成果申请了国家发明和使用新型专利,成功转化为公司的无形资产。在管理创新方面,公司建立了完善的现代企业管理制度,建立立体式全覆盖考核体系,不断开展"管理创新""创意之星""合理化建议""职工提案"等活动,挖掘和激发员工的创新思维。在体制机制创新方面,公司实现与外部多种方式的合作,或直接经营,或派驻主要管理人员,或仅资本介入,为企业发展提供更大空间;在统一的薪酬框架下建立灵活的用人机制;进行企业文化建设,打造发展软实力。创新建立了企业、渔政管理部门及乡镇一体的渔业资源管护体制,保证了正常的渔业生产。

第五,示范带动——发挥农业龙头企业作用,勇担社会责任,塑造企业良好外部形象。公司依托"淳"牌有机鱼的品牌优势和销售网络体系优势,大力发展有机鱼产业化项目,打造淳安的"中国鱼都",打响千岛湖渔业在全国的品牌影响力。近年来,通过产业带动,全国淡水渔业,特别鲢、鳙鱼的销售成为市场热点,推进了全国水库的渔业和鱼头餐饮业的发展,鱼头菜肴风靡全国,仅千岛湖涉鱼产业规模每年在10亿元左右。千岛湖的餐饮成为鱼宴餐饮,形成了几处成规模的"吃鱼一条街",淳安的鱼宴餐馆开遍全国,淳安的鱼头厨师在全国实现就业。千岛湖和鱼相关产品热销也带旺了千岛湖的特产销售以及鱼产品加工业的发展,千岛湖特产店一排排整齐的鱼干成为千岛湖镇的一景,许多千岛湖特产通过淘宝网等网络平台或者在杭州、上海等城市建立门店销往全国各地。淳安当地,渔业生产加工企业杭州千岛湖鲜龙科技股份有限公司已经进入上市辅导期,浙江千岛湖方鼎水产食品有限公司成为全国最大的千岛湖鲷鱼和营养调理食品的生产企业。

三、全产业链整合实现"卓越淳鱼"

2012年,千发集团正在积极导入"卓越绩效模式",争创"政府质量奖"。2011年初,千发集团成立了战略管理领导小组,对企业下一步的发展进行了五年规划,并同时梳理和提炼了企业文化,作为公司多年来经营管理思想的精髓,它提炼了企业的愿景是"打造中国淡水渔业的领军企业",企业的使命是"让人们尽情享受原生有机的品质生活",这一目标和使命在一定程度上已经成为现实。同时,大家都认为千发的经营理念是"卓越淳鱼,和谐千发","和谐"是千发人经营中所形成的一种发展智慧,在发展的各个阶段公司都在寻求并且得到了方方面面的理解、支持和帮助,这是千发集团实现"卓越"的核心保证。

依靠持续旺盛的工作激情,千发集团将在四个方向上精耕细作谋求公司淳鱼产业的更大发展。第一,淳鱼产销作为公司支柱产业,保持现有的销量和市场份额,形成以资源为核心的高价值品牌,通过原产地、产品稀缺性、差异化品质的传播,实现品牌价值进一步提升。第二,淳鱼餐饮作为公司扩张产业,加强内部管理,强化对"淳"牌价值的运用,整合经营资源,凸显定位的差异化,在管理提升后有条件地对外扩张。第三,淳鱼加工作为公司培育产业,以现有产品为基础,加强产品和销售的市场化进程,增强产品、价格、渠道、传播等营销要素优化组合,实现"淳"牌资产的收割。第四,休闲文创作为公司潜力产业,走文化增值和传播价值化路线,寻求"文化产业化、产业文化化"的发展突破。同时,构建淳鱼休闲旅游的系统化,强化巨网捕鱼、淳鱼文化展示中心等项目的可观赏性、趣味性、娱乐性、体验性,培植打造淳鱼休闲旅游和文化创意品牌。

千发集团是个简称,有"千帆竞发"的意思,现在的杭州千岛湖发展有限公司,以生态为依托、以保水为前提、以文化为统领,已将"养、管、捕、加、销、烹、旅、研"八字产业链组成了中国淡水渔业的一支旗舰编队,过去的辉煌也许是力量,也许是羁绊,"雄关漫道真如铁,而今迈步从头越",千发集团和它淳鱼产业将在目标明确的航程中继续书写历史。

后　记

讲完了一个鱼头和千岛湖的故事之后，让我们再次来重温一下本书从一开始就试图探寻的主题，那就是，21世纪的商业究竟能否找到一条既可以获得可观回报，同时又不增加生态环境压力，能够普遍造福人类生活的道路，即一种可持续发展的商业，对子孙后代负责任的商业。

坦率地说，虽然目前中国已有所行动，现实是从世界范围来看却不容乐观，而且某种程度上越来越糟，即使是某些常常大谈社会责任的大公司，生态环保也多半是一种经营理念的点缀，一个巧妙而吸引人的话题。事实表明，环境整体恶化的趋势仍在继续。尤其是在一些落后的发展中国家，工业化的阴影依然如溃疡般扩散。过去的40多年来，中国创造出了举世瞩目的经济奇迹，但也付出了极其严重的环境代价。对中国这样一个国情莫名复杂的国家来说，生存与发展似乎永远是一对矛盾，改变永远在路上。

今天的中国无疑正面临着发展模式的拷问，虽然对可持续发展这个词语人们早已耳熟能详，但事实上，由于发展的惯性和体制的原因，转型之难几乎超出了所有人的想象。不转型，中国梦终将化为泡影，而如何转型，敢问路在何方？但有一点可以肯定，无论我们将走向何方，商业已然成为推动中国转型的决定性力量。或许我们是时候思考这样的问题了：未来的商业该如何扮演自己的新角色，以应对一个新时代的到来？简单地说，为了追寻更好的未来，我们必须重塑传统的商业理念。

正是从这个意义上，我们从千岛湖，从千岛湖里的一条鱼身上欣喜地看到了商业发展的另一种可能性，它看起来似乎是一个例外，但我们有足够的理由相信，有例外就有希望，淳鱼或许能给中国渔业，乃至世界的商业带来一种启迪。我们还进一步认识到，光有呵护环境的理念是远远不够的，重要的是掌握一套行之有效的商业运作方式。

因此，本书之所以叫《中国鱼》，并非一个简单的概念，乃是基于这个故事本身所想表达的内涵。

在我们看来，"中国鱼"——"淳"牌有机鱼多年的商业故事蕴含着一套令人耳目一新的运行方式。

首先，它的商业理念不经意地站在一个全新的起跑线上，这条起跑线诉求的不是简单的利润最大化，而是生态保障。20世纪90年代，当千岛湖的渔业人员听到市场的发令枪响后，特殊的环境使得这家公司必须兼顾商业和生态环保的考量，也就是说，他们所追求的商业，注定了不是盲目的，追求回报无限增长的，而是首先建立在对生态环境的尊重和理解之上，我们也可以将其称为有机的增长，即真正可持续发展的商业，而不是一味索取或是不负责任的商业。

有趣的是，正是在商业运营的基因中注入了生态理念，这条千岛湖里的鲢、鳙鱼也才有了日后在市场上享有唯一性、权威性的可能。这条鱼当之无愧地成了同类中的大赢家，获得了价格垄断的优势。

其次，从商业层面来看，这条鱼颠覆了行业的传统思维，巧妙地引导和重新定义了消费者对于产品的认知。重要的不是如何把鱼卖出去，而是如何把一条普通家鱼的价值做到最大。对这条中国鱼来说，市场是做出来的。这种经营战略的出发点驱使千岛湖的渔业经营者一步步改造整个渔业的生产系统，事实上，系统的改造虽不像品牌运营那样立竿见影，但却是根本性的和革命性的。

同时，也是必然的，中国鱼的故事也将给农业经营者带来希望。如同人类无法脱离大地母亲的怀抱一样，农业的工业化、商业化和品牌化在今天的中国还只是刚刚破题。一方面，农业领域蕴含着极大的商业空间；另一方面，农业本身对环境极其敏感和脆弱，灾难性的后果一旦大规模出现，修复需要数十倍的时间。但如果农业经营者找到了其间精妙的平衡之道，可谓海阔凭鱼跃，天高任鸟飞。当农业插上了新商业的翅膀，一个美丽新世界正徐徐展开。

最后，请允许我们再一次强调，中国鱼的故事折射出了这样一个简单的道理：商业也可以是美好的，对于利润的追求并不一定总是站在生态环境的对立面，生态和商业完全可以建立新的伙伴关系。我们期待新的商业生态，也希望淳鱼在全国的复制能够成功。在一切没有变得更糟乃至无可挽救之前，我们还有机会。

放眼未知的未来，我们真心希望，"中国鱼"的故事只是一个开始。

附录：淳鱼回眸

1978年，公司"拦、赶、刺、张"联合渔具渔法获全国科学大会奖。

1986年，公司发明的沉浮式多用船获得国家发明专利。

1998年6月，成立杭州千岛湖发展有限公司。

2000年，理顺关系年

  首家通过国家环保总局有机食品发展中心（OFDC）有机鱼认证。

2001年，制度建设年

  策划推出中华一绝——千岛湖巨网捕鱼。

2002年，市场开拓年

  千岛湖鱼味馆被评为"中华餐饮名店""全国绿色餐饮企业"。

  公司通过ISO9001/14001质量环境管理体系双认证。

  公司在杭州山外山菜馆召开千岛湖有机鱼新闻发布会

2003年，品牌建设年

  淳牌有机鱼项目被列入国家级星火计划。

  淳牌有机鱼被评为浙江省名牌产品。

  淳牌有机鱼通过国家地理标志保护产品注册。

  千岛湖被评为"中国有机鱼之乡"。

2004年，队伍建设年

  公司被评定为浙江省科技创新与科技进步优秀企业。

  公司被命名为"浙江省骨干农业龙头企业"。

  公司被认定为"全国农业标准化示范单位"。

2005年，资源保护年

  "淳"牌有机鲢、鳙鱼基地被认定为国家级标准化示范区。

"淳"牌有机鱼被授予中国烹饪协会推荐产品。

公司被省林业厅确定为省级林业重点龙头企业。

千岛湖有机鱼生产基地被列为国家有机食品生产基地。

歙县披云山庄荣获"中国徽菜名店"。

公司项目荣获国家环境保护科技成果证书。

2006年，管理创新年

公司"淳"牌鳙鱼被评为"中国名牌农产品"。

"淳"牌商标被认定为浙江省著名商标。

公司被评为"中国全国水产先进企业"。

2007年，项目推进年

"淳"牌有机鱼休闲观光园区荣获"全国农业旅游示范点"称号。

"淳"牌有机鱼被评为"中国生态农产品十佳品牌"。

国家级农业标准化项目《千岛湖有机鲢、鳙鱼标准化示范区》通过验收。

公司《淳牌有机鱼创建与运营》获国家级企业管理创新成果奖。

2008年，机制创新年

公司荣获"全国水产行业十佳企业"。

公司成立十周年庆典活动隆重举行。

"淳"牌有机鱼进入"杭州七宝"。

2009年，风险管理年

"淳"牌（有机鱼）被国家工商总局认定为中国驰名商标。

公司被授予"浙江省龙头企业十大创牌先锋"。

中国烹饪协会副会长高炳义大师成为"淳"牌有机鱼形象代言人。

千岛湖鱼味馆荣获国家五钻特级酒家称号。

2010年，成本管理年

公司被评为浙江省文化产业"百强振兴计划"企业。
"淳"牌有机鱼荣获浙江省"水产品双十大品牌"。
"淳"牌有机鱼生产基地被评为2010年度全国有机生产示范基地。
公司一网捕捞30.3万公斤鲢、鳙鱼被载入浙江农业吉尼斯纪录。
成功举办首届中国·杭州千岛湖有机鱼文化节。

2011年，精细管理年
公司被评为"中国水产业诚信经营企业"。
公司被国务院国资委评为"中央企业法制宣传教育先进单位"。
"千岛湖"（餐饮）商标被认定为浙江省著名商标。
"披云百变徽宴"被中国烹饪协会认定为"中国名宴"。
成功举办第二届中国·杭州千岛湖有机鱼文化节。
成功举办首届国际鱼拓大赛。

2012年，文化建设年
浙江卫视《千岛湖锦鳞图》大型纪录片获国家广播电影电视总局电视节目技术质量奖"金帆奖"。
成功举办第三届中国杭州·千岛湖有机鱼文化节。
淳鱼走进电影《百星酒店》，黄百鸣、吴君如、杜汶泽等香港一线明星演绎千岛湖鱼头故事。
《浙江日报》头版以大幅的新闻图片报道公司开展的小鱼治水活动。

2013年，科技创新年
公司首次被国家人力资源社会保障部和国务院国资委联合授予中央企业先进集体。
由浙江大学采写的《千岛湖有机鱼该游向何方》管理案例获全国管理案例百强奖。
成功举办第四届中国·杭州千岛湖有机鱼文化节。

公司钓鱼岛被评为中国休闲渔业示范基地和中国餐饮名店。

首次联合京、浙两地工商部门在北京市场开展打击假冒"淳"牌有机鱼行动。

2014年，转型发展年

公司企业名称正式变更为杭州千岛湖发展集团有限公司（简称"千发集团"）。

公司被浙江省工商行政管理局、浙江省企业信用促进会授予"浙江省信用管理示范企业"。

公司经营团队应美国大自然保护协会（TNC）邀请，随同农业部组团前往美国参加"亚洲鲤鱼"大会，就如何解决密西西比河流域"亚洲鲤鱼"问题进行实地调研。

千岛湖鱼宴被中国烹饪协会评为"中国名宴"。

"千岛湖鱼之旅休闲旅游项目"正式启动。

位于千岛湖镇的首家"淳"牌有机鱼直营店正式开张。

2015年，体制创新年

公司荣膺2014年杭州市政府质量奖。

千岛湖有机鱼入选首届"中国好食材"。

千岛湖鱼味馆杭州庆春店正式营业。

千岛湖鱼味馆被评为"国家钻级酒家示范店"。

千岛湖淳鱼增殖放流众筹活动隆重上线，9小时完成20万元公益众筹。

成功举办2015中国杭州·千岛湖有机鱼文化节暨千岛湖生态环保增殖放流活动。

国内首家专业鱼文化博物馆、浙江自然博物馆分馆——千岛湖鱼博馆在淳安千岛湖秀水街正式开馆。

千发集团首位全国劳模晏文娟赴京受奖。

2016年，资源整合年

公司被浙江省质量协会评为2015年浙江省"用户满意称号"。

公司被县委、县政府授予2015年度"淳安县服务企业发展典型"。

公司获2015年度浙江省卓越经营奖。

千岛扒鱼脸入选G20杭州峰会20道"峰菜"。

香港千岛湖淳鱼商贸有限公司在香港正式挂牌。

公司"淳牌"被授予"2016年最具影响力水产企业品牌",成为杭州市唯一获评企业品牌。

捕捞一队"叶志清技能大师工作室"被授予"杭州市技能大师工作室"。

公司获2016年度"全国实施用户满意企业"。

千岛湖钓鱼岛获批国家AAA级旅游景区。

2017年,提质增效年

公司成功举办第六届杭州千岛湖有机鱼文化节暨中国内陆天然水域产销联盟成立大会。

千发集团隆重举行全国淳鱼客商大会。

阿里巴巴救人工程师获终身免费吃鱼头,引爆社交媒体上亿人次关注。

"淳"牌有机鱼荣获第十五届中国国际农产品交易会参展农产品金奖,并连续两年获最具影响力水产企业品牌。

公司连续举办的有机鱼文化节被农业部认定为国家级示范性渔业文化节庆。

公司顺利通过浙江省信用示范企业复评。

公司接受原中央书记处书记赵洪祝、浙江省省长袁家军、农业部副部长于康震等领导视察。

2018年,人才建设年

捕捞一队队长叶志清被授予"杭州市首席技师"。

杭州市副市长王宏为千岛湖鱼味馆颁发最受游客欢迎餐厅奖。

千发集团荣获"浙江省最具成长性科技型百强企业"称号。

附录：淳鱼回眸

鲟龙公司总经理王斌入选"国家科技创业领军人才"。
鳌山渔村入选浙江省首批休闲旅游示范村。
公司渔业模式正式输出江西阳明湖。
首个中国农民丰收节上，千岛湖淳鱼在央视等多家媒体报道和网络直播平台形成100多万人次的观看。
公司荣获中国水产60年推动成就企业。
公司荣获2018年度中国林业集团先进集体。

2019年，产业发展年

千发集团被淳安县委授予"发展带头人"标兵团队。
亚洲美食节千岛湖鱼头王厨神争霸赛杭州13区市县初选及在杭州进行的决赛上，公司许能和、宋建仁分别获得民间组和专业组总冠军。
全国政协委员、浙江省政协副主席吴晶在全国政协会议上提案建议推广千岛湖保水渔业产业模式。
缅甸自然资源和环保部部长吴温翁一行调研千岛湖保水渔业产业。
千发集团捕捞队长叶志清荣获浙江省劳动模范。
千发集团总经理何光喜荣获中央企业优秀共产党员。
千发集团与江西阳明湖深度合作，"一湖推十湖，十湖带百湖"战略持续推进千岛湖保水渔业案例进入清华大学课堂。
淳鱼鲜冻产品电商平台全面上架，分割淳鱼首秀盒马生鲜引发高度关注。
国务院国资委党委书记、主任郝鹏调研千发集团。
中国科学院水生生物研究所大水面生态净水研究中心落户千岛湖。
农业农村部全国大水面生态渔业现场推进会在千岛湖举行。
公司与安徽瓦埠湖签署合作协议，千岛湖"保水渔业"对外输出再下一城。

……